O chão da mente

FUNDAÇÃO EDITORA DA UNESP

PRESIDENTE DO CONSELHO CURADOR
Mário Sérgio Vasconcelos

DIRETOR-PRESIDENTE
Jézio Hernani Bomfim Gutierre

SUPERINTENDENTE ADMINISTRATIVO E FINANCEIRO
William de Souza Agostinho

CONSELHO EDITORIAL ACADÊMICO
Danilo Rothberg
Luis Fernando Ayerbe
Marcelo Takeshi Yamashita
Maria Cristina Pereira Lima
Milton Terumitsu Sogabe
Newton La Scala Júnior
Pedro Angelo Pagni
Renata Junqueira de Souza
Sandra Aparecida Ferreira
Valéria dos Santos Guimarães

EDITORES-ADJUNTOS
Anderson Nobara
Leandro Rodrigues

Luiz Costa Lima

O chão da mente
A PERGUNTA PELA FICÇÃO

editora unesp

© 2021 EDITORA UNESP

DIREITOS DE PUBLICAÇÃO RESERVADOS À:
FUNDAÇÃO EDITORA DA UNESP (FEU)
PRAÇA DA SÉ, 108
01001-900 – SÃO PAULO – SP
TEL.: (0xx11) 3242-7171
FAX: (0xx11) 3242-7172
www.editoraunesp.com.br
www.livrariaunesp.com.br
atendimento.editora@unesp.br

Dados Internacionais de Catalogação na Publicação (CIP) de acordo com ISBD
Elaborado por Vagner Rodolfo da Silva – CRB-8/9410

L732c

Lima, Luiz Costa
   O chão da mente: a pergunta pela ficção / Luiz Costa Lima. – São Paulo: Editora Unesp, 2021.

   Inclui bibliografia.
   ISBN: 978-65-5711-047-8

   1. Crítica literária. 2. Filosofia. 3. Psicologia. 4. Antropologia. I. Título.

2021-1342

CDD: 869.909
CDU: 821.134.3(81).09

Editora afiliada:

Asociación de Editoriales Universitarias
de América Latina y el Caribe

Associação Brasileira de
Editoras Universitárias

À MEMÓRIA DOS MESTRES AMIGOS
PAULO FREIRE E PAULO MENEZES

L'IMPEGNO DELLA CHIAREZZA [...]
CHE FORSE DOVRÀ CONFESSARSI
APPÉNA AGLI INIZI PROPRIO QUANDO
SI ILLUDERÀ D'AVER RAGGIUNTO IL
PROPRIO ESITO.[1]

ALBERTO GESSANI, *LA CRISI DELLA
CULTURA EUROPEA E LA FILOSOFIA DI
HUSSERL* (1977)

---

1 O compromisso com a clareza, [...] que talvez tenha de ser confessado bem no início, justamente quando se tem a ilusão de que seu resultado foi alcançado.

Sumário

Prefácio: Síntese de um périplo   11

I   Abertura   39
   1. Esboço de orientação   39
   2. Ainda a arqueologia do sujeito   55
   3. Representação e vontade em Schopenhauer   62
   4. Nietzsche: entre anomalia e genialidade   76
   5. Considerações finais   100

II Georg Simmel e a questão do sujeito   109
   1. Preliminares   109
   2. Passagem por algumas das obras de Simmel   115
   3. Arremate   155
   4. Vésperas das *considerações finais*   164
   5. Simmel e o ficcional   166
   Apêndice: Carta de Georg Simmel a Heinrich Rickert   175

III   179
   Primeira parte: Um momento com Freud   179
   Segunda parte: Complemento antropológico   211

IV A ossatura da ficção   *235*
    1. Mímesis e contornos   *235*
    2. A linguagem e a coisa   *244*
    3. Encontro com Wolfgang Iser   *260*

V Ramificações do controle   *275*
    1. A imaginação na Antiguidade e na modernidade   *275*
    2. O romance na filosofia da história: Schlegel e Hegel   *285*
    3. O controle e o romance como campo ideal
       para sua compreensão   *294*
    4. O controle em ato: a laminação do romance
       inglês no Setecentos   *301*

Referências bibliográficas   *309*
Índice remissivo   *321*

Prefácio

Síntese de um périplo

Em livros recentes, a propósito do requestionamento da *mímesis*, tenho entremeado o retrospecto do que desenvolvo desde 1980 com reflexões ainda inéditas. Além de nova, a combinação mostrou-se necessária porque, tendo escrito dezesseis livros desde *Mímesis e modernidade*, não era crível supor que um número bastante de leitores conhecesse a integralidade da sequência. Além do mais, bem recordo que, na tentativa de evitar que a teorização entorpecesse o tratamento do problema em foco, sempre combinei o tema básico com sua abordagem particularizada em autores diversos. Por essa razão, posso crer que o tratamento do problema seminal não terá recebido um número excessivo de páginas.[1] Dizê-lo, contudo, não evita que acrescente:

---

[1] Não devo concluir o périplo cumprido sobre a questão da *mímesis* sem ressaltar a posição assumida por Alfonso Reyes no capítulo VI de *El deslinde: prolegómenos a la teoría literaria* (1944) e por José Guilherme Merquior em um ensaio originalmente datado de agosto de 1967, "Natureza da lírica" (cf. Merquior, *A astúcia da mimese: ensaios sobre lírica*).
Sou mais econômico quanto ao ensaísta mexicano. Muito embora ele ainda permaneça preso à caracterização tradicional da *mímesis*, já se afasta de sua identificação com a *imitatio*, à qual chama de interpretação falsa e que, com acerto

durante toda a extensão, o autor tem por "finalidade [...] a representação fictícia de situações humanas".[2] O tratamento que eu daria ao requestionamento abrangeria não só a expressão verbal,

> relativo mas considerável, define como "metáfora mental" (Reyes, op. cit., p.161-2). Consegue com isso o avanço de aproximar a *mímesis* do termo "ficção", de que tem o cuidado de afastar da conotação cotidiana de fantasia aceitável, para aproximá-la de *"falácia lógica que es la poesía"* (ibid., p.190). Seu avanço, no entanto, é cerceado por entendê-la ainda submetida ao primado da verdade. Sem que aqui nos demoremos a respeito, diga-se apenas que Reyes ainda não a relacionava ao polo da semelhança (a verossimilhança), pelo qual a obra recebe e mantém um grau de bastante proximidade com os valores assumidos e mantidos pela sociedade em que foi engendrada, condição indispensável para que o *mímema* desenvolva seu foco principal: a diferença.
>
> É bastante provável que no começo de meu questionamento não percebesse o quanto Reyes e Merquior traziam elementos de inovação que eu teria de redescobrir por conta própria (só assim explico que, no contexto da análise do conceito, não tenha me referido ao papel desempenhado pelos dois).
>
> Já em suas primeiras linhas, Merquior antecipava o núcleo de que, décadas depois, partiria minha indagação. Assim como os demais gêneros literários, a obra lírica, dizia o autor, tem por "finalidade [...] a representação fictícia de situações humanas" (Merquior, op. cit., p.17). A novidade de sua formulação estava no qualificativo, "fictícia". Este justificava que um pouco antes dissesse que "na poesia [...] o significante é tão visível quanto o significado, isto é, que a carne das palavras é tão importante quanto seu sentido" (ibid.). Mas logo Merquior estabelecia sua concordância com a tradição: "A lírica é, por conseguinte, uma forma de imitação" (ibid.). O reconhecimento da força do ficcional não o impedia, portanto, de manter a sintonia com o estabelecido.
>
> Sua Inteligência de novo se rebelava, ao menos em parte, contra o que se conservava em: "A mimese é regulada pelo verossímil, não pelo verdadeiro" (ibid., p.21). Como se pensasse de acordo com um pêndulo, logo se reaproximava do estabelecido: "A imitação [...] figura o concreto, mas exibe o universal" (ibid.). Alguém mais cético poderá dizer que o que tomamos como novo em Merquior era respaldado pela linguística de Jakobson. O respaldo é evidente, sem que ele explique a inovação. Apenas insinuaria que ao longo da carreira do autor o pêndulo aos poucos se desfez, em favor da concordância com o que se conservava. Para aquele que foi seu amigo, não é simpático reconhecer que seu amadurecimento profissional se fez por contrariedade com a chama que trouxera na juventude.
>
> Na década de 1970, Raimundo Faoro, sob o impacto de *The Mirror and the Lamp* (1953), de M. H. Abrams, relia a *mímesis* a partir do papel do sujeito criador: "[...] Esquecido o fantasma da *imitação*, conceito ambíguo e que lança mais dúvidas do que certezas, haveria a interdependência dialética, por via da qual o homem encarnado no autor cria a mensagem e dela, em revide, recebe o impacto de significações, em um complexo cultural total. [...] A raiz comum do pensamento não confunde o fato social com o fato artístico" (Faoro, *Machado de Assis: a pirâmide e o trapézio*, p.486).

2 Merquior, op. cit., p.17.

como também a pictórica. Referindo-me à aproximação, devo explicitar que, em vez do previsto, sucedeu a interrogação que expresso a seguir: a *mímesis* verbal distingue-se da pictórica a partir de seus termos polares. Nela, como temos insistido, semelhança e diferença são os extremos em que ela se move. Na pictórica, por sua vez, são eles substituídos pela cor e a construção do espaço plástico. A distinção tem por efeito que a *mímesis* verbal se atualiza em um plano semântico, sendo por isso figurativa, ao passo que a pictórica parte de uma menor proximidade da *physis* (natureza) e, por isso, *pode* ser ou não ser figurativa. Toda essa diferenciação não chegou a ser efetivada. Questão daí decorrente: se a obra pictórica recusar toda a aproximação com o figurativo, o que, pelo que foi dito, está em seu poder, recusará sua inscrição semântica e então já estará fora da *mímesis*. Daí dizermos que a *mímesis* tem como extremos opostos o realismo (quase absoluto privilégio da semelhança) e a abstração (enquanto recusa terminante de semanticidade, com a eventual possibilidade de aproximação da música). Para sermos mais explícitos: realismo e abstração (absoluta) configuram os limites negativos da *mímesis*. Assim, a pintura brasileira do século XIX, tendo por protótipo *A primeira missa no Brasil*, concretiza a síntese da *antimímesis* — se é que não configura nossa primeira *fake* news —, enquanto o vasto abstracionismo que se desenvolve a partir do século XX difunde o que Lévi-Strauss chamava de pintura decorativa. (Não me refiro sequer aos *installments* e aproximados, pois é possível que só tenha conhecido os infames.)

Sem que houvesse me proposto escrever uma outra história da *mímesis*, minha intenção inicial foi evidenciar o que sobretudo se destaca de sua formulação na Antiguidade greco-latina. Não será preciso repetir o nome de Hans Blumenberg[3] para

---

3 A recorrência ao nome de Blumenberg obrigou-me, em momento posterior à escrita deste texto, a chamar a atenção para uma evidente discrepância. Em texto publicado em 1964, apresentado no ano anterior, quando da instalação do primeiro simpósio do grupo Poetik und Hermeneutik, Blumenberg falava amplamente do Aristóteles da tradição medieval, ou seja, daquele de que só os

saber-se que Aristóteles, mesmo sem reiterar a subordinação platônica da *mímesis* à *ideia*, ainda não integrava a *mímesis* à exploração da *poiesis*, ou seja, à exploração do ainda não dito. É certo que a reformulação do princípio da analogia[4] a diferencia estritamente da reiteração do já dito na primeira definição – "Há analogia quando o segundo termo está para o primeiro o que o quarto está para o terceiro"[5] – e terá consequências imensas. Restrinjo a demonstração ao mínimo porque supostamente ela é muito conhecida.

A segunda formulação decorre de que há casos em que falta o segundo termo analógico, sendo desse vazio que reponta a

---

árabes então conheciam a Poética. Não teria maior importância aqui recordá--lo se não fosse a própria temática desenvolvida pelo autor em seu texto. Intitulado "Wirklichkeitsbegriff und Möglichkeit des Romans", dois pontos são ali fundamentalmente desenvolvidos: (a) as diversas concepções de realidade que o Ocidente tem conhecido, desde os gregos, (b) o fato de que a reflexão sobre a arte seja a consideração básica para apreciá-las devidamente (Blumenberg, 1964, p. 9-27). Nada a dizer sobre o primeiro ponto, além de reconhecer o que com elas aprendemos. É o segundo que nos interessa. Nossas visões sobre a experiência estética são bastante diversas. Para Blumenberg, é subjacente às concepções de realidade o critério de verdade. É ele não só o denominador comum dos conceitos de realidade, como o critério para que uma obra se afirme como artística. Por isso, ainda que o filósofo se afaste do conceito de imitação (*Nachahmung*), considera que a arte está ligada, e, com efeito, subordinada ao critério de consistência imanente da realidade. Ou seja, para que se mostre verdadeira, a obra de arte não poderia perder seu caráter de reprodução dos traços da realidade. Blumenberg não o diz assim diretamente; antes, prefere falar na realidade outra que a obra efetua – a síntese aqui feita visa a mostrar a extrema diferença em que nos pomos. Não se nega a consistência interna que a arte precisa alcançar, apenas se acrescenta que o critério de verdade não especifica a arte. Mais fundo que ele, a arte se realiza enquanto ficção, i. e., o que joga com a diferença do real. Sua afirmação de uma verdade subjacente aos critérios de realidade é um *a posteriori* ao alcance de sua particularidade. Como comenta Aline Magalhães Pinto, Blumenberg se prende a uma reflexão epistemológica, enquanto eu me concentro em uma perspectiva cultural. Ouso pensar: na perspectiva de uma antropologia filosófica.

4 Cf. Aristóteles, *Poética*, 21, 57b, 25 ss.
5 Ibid., 21, 57b, 16 ss.

metáfora de apreço. O que vale dizer: *a analogia completa, que sucede no primeiro caso, engendra a metáfora pobre, enquanto a metáfora de apreço deriva do vazio presente no segundo termo de comparação.* Na comparação de Aristóteles, para sua primeira definição da analogia: lançar o grão equivale a semear. A metáfora resultante nada ou quase nada acrescenta ao léxico vigente. Mas, no caso da segunda definição, a equivalência não se repete com "a luz que vem do sol", conquanto também ela atue sobre o grão, pois não há o termo que o complemente. Daí a metáfora de apreço: "semeando a luz divina". A contraposição que distingue as duas definições da analogia já era antecipada ao observar que a experiência oferecida pela imagem se distingue claramente da experiência do que é visto – "Há coisas que vemos com dor ao passo que nos dão grande prazer quando contempladas em suas imagens mais depuradas".[6]

Como assinala a discordância dos intérpretes, que não costumam entender a divergência das duas caracterizações da analogia, o confronto das passagens parece mostrar que a *Poética* se punha em uma encruzilhada: sem se confundir com a posição platônica, tampouco a fundia à pura invenção. Em nossa tradição, a indecisão aristotélica terá efeitos incalculáveis. É costumeiro observar-se a "correção" que receberia na poética renascentista, quando Robortello recusa que a poesia fosse mais universal que a história; a superioridade que conferia à história o inclinava a acatar a tradução latina do termo grego por *imitatio*. A indecisão aristotélica terá consequência ainda mais prolongada: ela não pesará menos na decisão romântica de definir a arte não como *mímesis*, mas sim como expressão do sujeito criador.

A introdução do paradigma subjetivo na teoria ocidental do conhecimento provocará ou a manutenção do interdito romântico ou a retomada incessante de sua acepção clássica. (Apenas se reitere que o uso do termo latino não deve ser entendido na concepção de cópia, mas de reiteração da formatação de um modelo). A retomada assumirá foros de afirmação filosófica

---

6 Ibid., 4, 48b, 9 ss.

com a Estética hegeliana, e a arte terá por padrão o formato do historicamente constituído. A formulação era fácil de ser compreendida e abreviava consideravelmente o trabalho do analista. Vemo-lo pelo rápido cotejo da concepção antiga de *mímesis* com o raro instante que Auerbach dedicará a seu objeto, em termos teóricos. Na Antiguidade, falar de *mímesis* supunha remeter à *physis*, portanto subordiná-la a um componente da natureza. Sem que isso justificasse a solução horaciana, não deixa de explicar sua fortuna.⁷

A extrema qualidade de analista que se afirmara em sua tese sobre Dante, *Dante: poeta do mundo secular* (1929), e se estenderá até o último capítulo do fenomenal *Mimesis* (1946),⁸ não será obstáculo para ser reconhecido, sem que precisasse remeter ao já consagrado Hegel. O ensaio aqui destacado, "Figura", originalmente publicado na revista filológica de Florença *Archivum romanicam*, apoia-se em um amplo espectro clássico, que vinha de Aristóteles e Lucrécio, Agostinho e Dante, e ressaltava que o termo latino *figura* a princípio se impusera na acepção plástica:

> [...] Embora possamos dizer em geral que no uso latino *figura* ocupa o lugar de *schema*, isso não exaure o poder da palavra, *potestas verbi*: *figura* é mais ampla, algumas vezes mais plástica, em qualquer caso mais dinâmica e luminosa que *schema*.⁹

No interior das atestações, destaca-se a que logo fará de Lucrécio: "Ele transpõe o termo da esfera plástica e visual para a auditiva [...]".¹⁰ A importante transição da forma para sua imitação, do modelo para a cópia, pode ser bem observada no trecho

---

7 Para um caminho diverso do que assumo, cf. Melberg, *Theories of Mimesis*.
8 Verifica-se a permanência do reconhecimento do autor por ensaios recentes a ele dedicados. Não deixo de lamentar que sua apreciação não avance além do usual (cf. Costadura, "Réalité représentée": la mimesis dans *Mimesis* d'Erich Auerbach, *Mimesis: Perspectives allemandes*, v.22,, p.35-47; Nichols, Erich Auerbach's Political Philology, *Critique Inquiry*, v.45, p.29-46).
9 Auerbach, *Figura*, p.16-7.
10 Ibid., p.17.

que se refere à semelhança das crianças com seus pais, à mistura das sementes e à hereditariedade".[11] É de igual ou maior validez o reforço que logo fará: "[...] *figura* "é mais concreta e dinâmica que *forma*".[12]

Não costumei destacar a passagem porque parecia suficiente atentar para a concepção auerbachiana de *mímesis*, na obra capital de 1946, como fenômeno analisável a partir de suas coordenadas histórico-sociais. Fazê-lo, entretanto, não deixava de ser um erro, pois eu não percebia que aquela projeção era um sintoma da razão da desnecessidade de aprofundar a concepção de *mímesis*.

A explicitação agora feita permite que se formule o quadro seguinte: por um lado, a indecisão aristotélica fora motivo para que preponderasse a reflexão mais imediata e superficial. O fato de ela estender-se como sinonímia de *imitatio*, designação insuficiente e grosseira, não impediu que a conversão se mantivesse. Do contrário, não seria de imaginar que o próprio Auerbach, com sua erudição e seu fino trato da palavra, não percebesse o quanto a conversão era imprópria. Daí o outro lado da questão: o problema seria ajudado a não ser posto pela mesma razão que explicava por que, dominando as fontes filológicas, Auerbach não sentia a necessidade de remeter a um Hegel, que conheceria desde os bancos escolares. Ou seja, a rígida separação das disciplinas, imposta mesmo por efeito do crescimento de cada uma, tinha o impacto negativo de o tesouro de cada uma permanecer inacessível a cada outra. A consequência era ainda mais grave: não era preciso que o filólogo se debruçasse sobre o acervo da filosofia porque sabia que, através do mais aclamado representante dela, a filosofia não contraditava o que declarava sua própria especialidade. A seriedade da questão merece ainda outra volta.

---

[11] Ibid.

[12] Ibid. O tradutor brasileiro, assim como o norte-americano, elimina o fim da frase por possível hesitação sintática: "*Figura* ist sinnlicher und beweglicher als *forma* und bewahrt das Selbst des Ursprunglichen reiner als *imago*". A frase inteira é: "*Figura* é mais concreta e dinâmica que *forma* e conserva o próprio do original na pureza de *imago*" (Auerbach, *Gesammelte Aufsätze zur romanischen Philologie*, p.58).

A frente filosófica, de fato, seguia a mesma trilha recoberta pela filologia. Tal caminho, no entanto, era passível de ser reaberto pela linguística então recente de Ferdinand de Saussure. Mesmo sem considerar seus "anagramas", cujos estudos Auerbach seguramente desconhecia, ao longo do *Curso de linguística geral* (1915) Saussure reiterara o caráter de "arbitrário" do signo verbal. Ora, se tanto a narrativa em princípio curta do poema lírico quanto a longa do épico ou do romance não lidam, de imediato, senão com a articulação de unidades "arbitrárias", esse traço comum não apresentaria o embaraço de o conjunto do texto poder ser entendido como "cópia" de um "modelo"? Nos termos de Auerbach, como "Abbild" de um "modelo" [*Urbild*]? A já citada edição dos ensaios reunidos (*Gesammelte Aufsätze*) deixa claro que Auerbach não recorria à fonte saussuriana. Isso indica que, conquanto soubesse de sua existência, não apostava na possibilidade positiva de seu emprego. Isso parece explicar por que a análise de *Ao farol*, no último capítulo de *Mímesis*, não diferenciasse o romance de Virginia Woolf da tradição realista do século XIX.

Enquanto o curso da narrativa manteve-se estável, o romance pôde ser entendido como "realista", e a imotivação do signo pôde não interferir na concepção secular de *mímesis*. No entanto, desde que a narrativa se desarticula, rompe-se a linearidade e, no interior da mesma frase, combinam-se vozes de interlocutores diversos ou de faixas temporais diferenciadas. Como então permanecer ignorando que o signo não é transparente a seu referente? E, reconhecendo-o, como continuar confundindo o uso do signo com imitação de um modelo? Em consequência, como ignorar que sua escolha provoca o surgimento de uma perspectiva particularizada e que esta ainda mais se especifica no texto que tematiza a própria linguagem? Isso equivale a dizer que desde Joyce e Woolf, de maneira mais discreta, desde T.S. Eliot e Pound, a narrativa que chamamos literária não só enfatiza a necessidade de penetrarmos no ficcional, de entendermos a propriedade do ficcional, quanto de compreender seu princípio gerador, a *mímesis*? A inferência que conduz à afirmação parece, ao menos nesses termos, indiscutível, sem que, por isso, sua comprovação concreta nos estudos literários encontre a mesma evidência. A progressão dos estudos sobre a ficcionalidade é um fato, sem que o mesmo possa ser dito a propósito da *mímesis*. O peso da inércia de séculos parece tornar-se indestrutível. Quando nada, assim se justifica que continue neste prefácio a mescla de recapitulação e observações ainda inéditas.

Contando com a publicação de *Mímesis e' modernidade*, precisei de quase quarenta anos para relacionar minha preocupação com a *mímesis* e a insuficiência, para não dizer a paralisia, da teorização sobre a *mímesis*. Bem sei que a periferia de onde escrevo assegura a marginalidade do que faço. De todo modo, caso paralisia seja o termo exato, ele tem sido compensado por vias travessas, desde logo pelos estudos sobre a poética de Mallarmé e a narrativa de Joyce, Virginia Woolf e William Faulkner, nomeadamente pela ensaística de Jean Starobinski e Haroldo de Campos.

Em síntese, o questionamento da *imitatio*, indiretamente, abala dois pilares da epistemologia pré-moderna: a pilastra da essência e a fundada na suficiência da consciência do eu. De imediato, limitemo-nos à primeira. A *imitatio* encontrava respaldo na essência porque esta supunha que, contra a acidentalidade do particular, cada coisa encontra maneira de ser humanamente compreendida, em decorrência da imutabilidade em que está contida. Falar, por conseguinte, equivale a remeter o campo da arte à armação de modelo e imitação, a que o *mímema* estaria subordinado. Por isso não parece estranho que, ao largo da travessia em que nos encontramos, tenhamos chegado ao ponto de contrariar a absolutidade da essência.

Até aqui nos demoramos em tratar da equivalência com a *imitatio*. Foi com alguma demora que se pôs a questão da essência. Nela, chama-se a atenção para a proximidade, no âmbito do pensamento ocidental, entre essência e conceito e, em consequência, da compreensão da *mímesis* pelo ângulo do conceito. Já aqui Hegel nos importará porque seu sistema estabelece tal enlace. Hegel continuará a ser decisivo para aproximar o conceito com a ênfase no sujeito.

A primeira passagem de sua *Fenomenologia do espírito* supõe a ideia de essência e explica a mecânica da ilusão: "À medida que o objeto é o verdadeiro e o universal, igual a si mesmo, enquanto a consciência para si é o mutável e o inessencial, é possível que lhe suceda perceber incorretamente o objeto e iludir-se".[13]

Permito-me deslindar a síntese da formulação hegeliana: dizer que o objeto é não só o verdadeiro, mas o universal, significa enlaçá-lo à essência que particulariza. Por isso, embora remeta ao universal, é passível de provocar a ilusão porque se mostra como particularidade. As proporções se invertem a propósito da consciência. De imediato, ela se confunde com o particular de João, Pedro, Maria, mas também remete à universalidade que cobre todos eles:

> A consciência percebente é cônscia da possibilidade de ilusão, pois na universalidade que é [seu] princípio, o ser-Outro é para ela, imediatamente: mas, enquanto nada, [como] suprassumido. Portanto seu critério de verdade é a igualdade consigo-mesmo, e seu procedimento é apreender o que é igual a si mesmo.[14]

Para não nos alongarmos, recorde-se apenas que, das propriedades deduzidas da coisa, resulta o modo como ela se apresenta para o sujeito individual: "A determinidade simples"

> constitui o caráter essencial da coisa, e a diferencia de todas as demais [...]: por ela a coisa está em oposição às outras, mas nessa oposição deve manter-se para si. Pois somente é coisa – ou o Uno para si assente – enquanto não está nessa relação com as coisas, pois nessa relação o que se põe é antes a conexão com o Outro, e a conexão com o Outro é o cessar de ser-para-si.[15]

---

13 Hegel, *Fenomenologia do espírito*, p.116, 86.
14 Ibid.
15 Ibid., p.125, 91.

Das passagens destacadas, infere-se o caráter do entendimento geral e a necessidade de vir-se além dele, pelo recurso da indagação filosófica:

> O entendimento percebente não chega à consciência de que tais essencialidades simples são as que nele dominam, mas acredita estar lidando sempre com matérias e conteúdos perfeitamente sólidos – assim como a certeza sensível não sabe que a abstração vazia do puro é sua essência. Mas, de fato, é através dessas essencialidades que o entendimento percebente percorre e traça a matéria e todo conteúdo; são elas a conexão e a dominação do entendimento.[16]

Façamos aqui um desvio, que equivalerá a uma interrupção provisória, voltando ao Auerbach que considerávamos. Por maior que seja sua qualidade, ele não era o único filólogo com força de crítico. Sem alargarmos seu círculo em demasia, apenas lembremos Leo Spitzer; só que sua orientação era bem diversa: em vez de buscar, por sua sensibilidade diante da obra poética, o efeito dos condicionamentos sócio-históricos, Spitzer praticava a estilística pela harmonia da formulação das palavras com seu lado afetivo. Ou seja, Spitzer seguia a orientação romântica, ao passo que Auerbach era um "hegeliano". Se o modelo de Spitzer, que também era o de Karl Vossler, teve maior penetração imediata, a onda da fortuna pouco depois mudou sua direção.

A rápida retrospectiva por Auerbach e Hegel foi necessária para contextualizar o quadro que antecedeu a motivação pessoal para o problema da *mímesis*. Neste se justificava a equivalência secular com a imitação; no que se segue, desenvolvem-se condições para seu questionamento.

A década de 1970 passou a ver com desconfiança tanto a prática essencializante quanto a romântica. Nos modelos chamados pós-estruturalistas de Foucault e Derrida e nas estéticas da recepção e do efeito, os princípios condutores são outros. Falando de meu estrito ponto de vista: se a estética da recepção

---

16 Ibid., p.131, 93.

de H. R. Jauss, em sua busca de revigorar a história da literatura, teve um impacto muito menor que a estética do efeito de Iser, as duas foram em comum o estímulo de que precisava para começar a cogitar na função da *mímesis*.

Entrando por um momento nesta trilha temporal, vale atentar para um desvio menos relevante. Em simpósio realizado em Dubrovnik, então Iugoslávia, o linguista Bernard Cerquiglini opunha-se à proposta de interpretação feminista, que era exposta no *paper* "Das Weib und die Idee der Menschheit: Überlegungen zur neueren Geschichte der Diskurse über die Frau" [A esposa e a ideia de humanidade: Reflexões para a nova história do discurso sobre a mulher], com o argumento de que, para ser reconhecida uma literatura *como* feminina, era preciso reconhecer-se a especificidade de uma sintaxe feminina.[17] A observação não teve maior eco porque o feminismo não se interessava (nem se interessa) por modelos linguísticos e sim pelo destaque das condições sócio-históricas com que a mulher se depara. Destaquei esse desvio porque mostra que a orientação dominante da crítica era de cunho sociológico. Como ela assim permanece, é facilitada a manutenção da marca "modelo e cópia", ao passo que, no esquema teoricamente mais avançado da estética do efeito, pouco ou quase nada se atenta para a *mímesis*. Em um dos capítulos que se seguirão, veremos Wolfgang Iser confundi-la com o performático.[18]

Que extraímos do desvio? Enquanto o debate referido entre Cerquiglini e uma crítica de orientação feminista acentuava a continuidade do confronto entre modelos textual e sociológico, nossa problemática supõe o ultrapasse do confronto. Em vez dele, trata-se de configurar um modelo inclusivo, em que o "efeito", no sentido preciso que *Wirkung* assume em W. Iser, impõe à análise do texto nas condições temporais em que ele se efetiva.

---

17 Cf. Cerquiglini; Gumbrecht, *Der Diskurs der Literatur und Sprachhistorie: Wissenschaftgeschichte als Innovationsvorgabe*.
18 Cf. ibid., p.168.

Isso posto, é de se esperar que a retomada do caminho que se abria com a alusão a Saussure tenha condições de ser mais bem explicitada, e com ela se aborde um outro tópico. A contiguidade da *mímesis* com a *physis* favorecia o entendimento do *mímema* como conceito. De certo modo, essa margem de proximidade já se mostrava pela compreensão auerbachiana da *figura*. Se a *figura verborum* compreendia as esferas plástica e visual e as transpunha para a auditiva, isso tanto indicava a dificuldade de conjugá-la conceitualmente, como o eixo conceitual ser considerado decisivo para o entendimento do objeto; em algum momento o transporte conceitual haveria de ser feito. A própria transposição horaciana há de ser entendida dentro deste arco. Que ela secundarizasse o papel da linguagem já indicava sua pobreza, mas não a improcedência de seu gesto.

Importa aqui recordar o caráter das conceituações oferecidas. Elas variam desde as homologias oferecidas ao condicionante sócio-histórico até à suposta metamorfose de sua motivação. Em qualquer dos casos, a *mímesis* era tida por um fenômeno passível de ser conceituado. À medida, ao contrário, que a aprofundamos como resultado da tensão entre semelhança e diferença, enfatiza-se a insuficiência de qualquer conceituação. (A diferença não assinala uma margem e/ou um grau preciso). Isso equivalia a estabelecer que a dificuldade de compreendê-la tinha por imediata consequência a urgência e, portanto, a suficiência de alguma conceituação. O que então ainda implica ressaltar que a questão da *mímesis* equivalia a pôr em discussão os meios indispensáveis para a constituição de uma teoria do conhecimento. Deste modo, de categoria secundária e dispensável, a remeter para o quadro da retórica clássica, com suas inumeráveis designações, vemo-la convertida em instrumento epistemológico de máximo alcance. Dizê-lo equivale a afirmar que *a linguagem, em sua ampla acepção, é composta pela articulação dos eixos conceitual e' metafórico*, e não pela subordinação do segundo ao primeiro. A vantagem imediata se acerca do primeiro. O conceito supõe a determinação de um lugar, ao menos mentalmente concebido, pois ele aspira a dizer o quanto possível univocamente de seu objeto. Ao historiador que conteste que a dimensão temporal impede o conceito de alcançar a plena univocidade, responderíamos que a contestação deverá considerar duas situações: (a) enquanto histórico, o conceito é de fato sempre atropelado pela mutabilidade temporal. Daí, em contrariedade aos editores da *Geschichtliche Grandebegriffe*, Carl Schorske afirmará:

> Para o bem e para o mal, Clio (a deusa da história) é efetivamente boa apenas em datas. Em inglês, a palavra *date*, como medida de tempo e local no tempo e como encontro erótico, passível de conduzir a uma relação gratificante e de duração indeterminada, tem um duplo sentido. A fixação de Clio em datas, no primeiro sentido, é profunda e séria, [...] mas não está bem equipada para estabelecer sua existência autônoma [...].[19]

Ora, a qualidade de Clio na fixação de datas automaticamente implica negar que ela propiciasse conceitos na acepção de univocidade. Mas o desenvolvimento das ciências naturais provoca ter-se de considerar a situação oposta: (b) a eficácia de cada ciência natural depende precisamente de sua capacidade de formular uma rede conceitual com seu atributo de unicidade.

Diante da antinomia de situações, é por certo evidente que o conceito unívoco não há de ser confundido com a categoria de essência, mesmo porque o conceito científico e, mais estritamente, o matemático, se modificam temporalmente. A distinção entre o campo da história e o das ciências naturais – dispensamos a alusão às ciências sociais, conquanto tenham uma propriedade diversa da ocupada pelas ciências naturais – é de angulação. Encaradas historicamente, as ciências naturais mudam de perfil; tomadas em si mesmas, diferenciam-se de acordo com o conceito temporalmente vigente.

A referida dualidade é reiterada no caso da metáfora. Seu uso cotidiano, na linguagem empolada dos tribunais, nas declarações

---

19 Schorske, *Thinking with History: Explorations in the Passage to Modernism*, p.219.

dos políticos ou no uso banal da televisão, se funda em um analogismo nauseante. Mas ele não é o único. Remetemos o leitor interessado para a discussão que efetuamos em *Os eixos da linguagem* a propósito do que Hans Blumenberg entende por metáfora absoluta. Reiteramos apenas duas de suas caracterizações: (a) ela contém "uma insuperável resistência ao contexto";[20] (b) na obra bem anterior de 1979, *Paradigmen zu einer metaphorologie*,[21] o filósofo dizia que ela supunha "o indecidível" – entendido como inconceituável.[22] Daí a expressão dos "horizontes totais", exemplificados por "mundo", "Deus", "vida".

Ainda se há de apontar que, do vasto horizonte da linguagem verbal, apenas uma parte, historicamente variável, é passível de um tratamento unívoco-conceitual. As concretizações oferecidas por Blumenberg dos "horizontes totais" são expressões filosóficas do que se multiplica pela poesia e narrativa de qualidade. O realce do metafórico é feito, portanto, em condições de igualdade com o conceitual – não se cogita de inverter suas posições. (O que leva a reiterar o quanto a teoria e a crítica literária não se confundem com o tratamento ficcional. Neste, prepondera o metafórico, naquelas, o metafórico encaminha para a conceituação possível).

Diante da expressão com que descrevo a constituição de cada *mímema, semelhança e diferença*, hesito em dizer que o primeiro termo é uma metonímia de *imitatio*. Fundamento o motivo da hesitação: embora do ponto de vista retórico o procedimento fosse correto, ele não deixaria de escorar-se em uma proporcionalidade; ou seja, em uma razão quantitativa. É certo que não se pensa assim quando, em geral, se fala em metonímia. Quando escrevo "velas" para designar embarcações no mar aberto não cogito na relação quantitativa da parte com o todo. Mas a dominância contemporânea do pensamento quantitativo justifica a hesitação. Em seu lugar, digo mais simplesmente: o vetor

---

20 Blumenberg, *Teoria da não conceitualidade*, p.197.
21 Id., *Paradigmen zu einer metaphorologie*, p.23.
22 Cf. Costa Lima, *Os eixos da linguagem*, p.127.

semelhança corresponde à parte da realidade referencial que a *poiesis* precisa manter para que permita ao receptor localizar a que concerne o poema ou a narrativa em prosa e assim ganhe um ponto de orientação no acúmulo de diferenças que o texto ficcional lhe apresenta. Por conseguinte, o destaque da semelhança não significa a presença de alguma transigência favorecedora da comunicação, pois ele é o próprio meio para que se aclimatem as diferenças que se seguirão.

A explicação oferecida é de um fato tão corriqueiro que me pergunto se deve ser mantida. De todo modo, em vez de uma concretização exemplificativa, é preferível apenas reiterar a propriedade da combinação entre semelhança e diferença.

Dizê-lo não equivale a negar que contamos com um inequívoco contraste com o que é requerido pela própria condição humana. Ao passo que a *imitatio* enfatiza a permanência de um modelo natural e, portanto, se encaixa com o propósito de estabilidade visado por cada indivíduo, a combinação proposta ressalta que o discurso ficcional se diferencia da modalidade cotidiana por romper diretamente com o princípio da estabilidade. A profunda distinção que os separa é de imediato de ordem interna, porém se agrava a partir das décadas finais do século XIX. Reserve-se um instante a pensá-la.

Intemporalmente, é legítimo dizer-se que a posse da razão e da consciência pelo homem põe a seu alcance a possibilidade de mudar de perspectiva, portanto de modificar seu modo de ação. Tal possibilidade, entretanto, é muito menos frequente que a prática contrária. O homem, para não dizer todo animal, é criatura que procura manter uma conduta estável. A divisão do dia em etapas menores, por exemplo manhã, tarde, noite, tenta ajudar o agente a conservar uma constância nas mudanças que estabelece. Os relatos sobre as torturas provocadas pela ditadura militar de 1964-1984 oferecem um caso chocante. Focaliza-se um torturador no fim de uma sessão. Enquanto ainda se escutam os gritos da vítima, o torturador recebe um telefonema e, com um tom jovial, combina o encontro amoroso da noite. O contraste de condutas parecia fazer parte de seus hábitos.

Se a procura de estabilidade é a maneira mais adequada para impor autoajustes, a prática do discurso ficcional, em sua espécie interna — correspondente ao que se costuma chamar de literatura — implica o extremo oposto. É ele constituído por pontos que, por dissemelhança, convergem para o que se põe fora da intencionalidade autoral. Dito de maneira mais pausada, cada diferença presente em um *mímema* é sustentada por uma figura metafórica, que, diferente das demais, se não autônoma, aumenta sua força por contiguidade interna e não por ser intencionalmente motivada. Que tal convergência ou acréscimo converta-se para o receptor em divertimento é uma contradição imposta pelos modos de recepção social. (Formulação alternativa: assim não poderia deixar de suceder porque não é humanamente concebível uma conduta sempre desestabilizadora). De todo modo, á inquestionável uma pertinência que não há de ser esquecida. A narrativa vigente até o século XVIII, com a possível exceção apenas de *Tristram Shandy*, conciliava sua tensão constitutiva com uma apresentação propiciadora de uma leitura divertida e salteada. A norma deixa de ser esta a partir das poéticas de Mallarmé, Poe e Baudelaire, pouco adiante, pela prosa de James Joyce e Virginia Woolf, de Thomas Mann e Franz Kafka. O romance não mais pode se confundir com a história dos não historiadores. O que fora habitual passa, em princípio, a valer sobretudo para a criação dos *best-sellers*, ao menos para obras de cunho sentimental ou testemunhal. Em consequência, a literatura perde a popularidade que alcançara com a propagação do romance. Constatá-lo não significa lamentá-lo ou servir de pretexto para que se questione a problematização mallarmaico-joyceana. Mas, em vez de discuti-lo, é momento apenas de acentuar um dos efeitos mais visíveis do reconhecimento do eixo metafórico.

Em suma, o segundo grande ressalte no leque constituído pelo reexame da *mímesis* encontra-se na impossibilidade de entendê-la como conceito. Isso ocorre porque o componente da diferença se impõe sobre a parcela da semelhança, que ainda poderia se tomar como próxima à conceitualidade. Passa, por conseguinte, a não haver espaço para qualquer aproximação com a *imitatio*.[23]

Insista-se em que se impõe a necessidade de relacionar o questionamento da *mímesis* com a face moderna da ficção que acentua seu caráter de texto tenso, avesso a estabilizações. Estamos com isso dizendo: (a) a proposição a que temos nos dedicado tem uma temporalidade bem marcada; ela procura pôr-se ao nível de exigência do discurso que a move; (b) isso não significa dizer que sua dinamicidade se restrinja ao espaço e tempo da modernidade, senão que aí ela se torna patente e, por isso, em flagrante desacordo com os instrumentos estabilizadores com que operara a epistemologia desde os gregos. Assinalá-lo explica que a tensão constitutiva do *Quixote* não é menor que a encontrada em um relato de Borges ou de um romance kafkiano quanto ao *Fausto*, de Goethe. Muito ao contrário, a tensão atravessa o discurso ficcional. Não será preciso nos estendermos porque a tradição mais divulgada do discurso filosófico já o demonstra.

Passemos a um terceiro ressalte. Conquanto já antes houvéssemos destacado a questão do sujeito, ela ainda não se nos impunha com a veemência de agora. A consideração a seguir efetuada não estivera em minha cogitação, até porque não ressaltara o primado do paradigma subjetivo. A seu respeito, recorde-se apenas que, embora a Primeira Crítica kantiana o tenha como seu ponto de partida, ele aí não encontra seu marco inicial. Assim não sucede por considerar o sintético *a priori* um juízo que não se explica causalmente, sem tampouco sê-lo a partir de alguma propriedade do sujeito individual. Daí a relação que

---

23 No momento em que digito este prefácio, o desdobramento da questão dos limites da conceitualidade me conduz ao problema concreto da "teoria do romance" (cf. Nabil Araújo, Contra a teoria: do romance (entre a lei do gênero e a lei do gênio), in: Werkema, Teixeira e Araújo (Orgs.), *Variações sobre o romance II*). Embora acate a qualidade do ensaio mencionado, não concordo com a oposição indiscriminada da teoria com a "lei do gênio", como se aquela se confundisse com o limite e esta com o desejável. Vale recordar que teoria não é sinônimo de homogeneidade normativa.

enfatizamos entre a autonomia do sintético *a priori* e a negação da "coisa-em-si".

Para, neste brevíssimo espaço, estabelecer-se a relação de convergência, contrária à direção kantiana, entre o juízo sintético *a priori* e o sujeito, nada parece mais indicado que remeter à abertura da *Fenomenologia do espírito*. Tratar, como aí se trata, da abordagem da coisa mesma equivale a declarar "o conhecimento efetivo do que é verdade".[24] É certo que, para Hegel, o que é, em verdade, não se confunde simplesmente com a "coisa-em-si", kantianamente concebida, porquanto o esforço desse Hegel inicial consistia em conectar o em si com o para si. A natureza do objeto investigado, declara pouco depois, ultrapassa a separação entre objeto e sujeito: "O em-si do saber resultante dessa investigação seria, antes, seu ser *para nós*: o que afirmássemos como sua essência não seria sua verdade, mas sim nosso saber sobre ele".[25]

A formulação ainda se vale do futuro do pretérito porque ainda não era a mais adequada. A equivalência de propriedade do objeto com a especificidade cognitiva do sujeito está reservada para formulação adiante:

> [...] Chamando *a essência* ou o em-si do *objeto, conceito* e, ao contrário, entendendo por *objeto* o conceito enquanto *objeto* – a saber como é para um *Outro* –, então o exame consiste em ver se o objeto corresponde ao seu conceito.[26]

A superposição entre essência e o próprio do objeto, portanto da coisa, é fundamental para entender-se que o paradigma da subjetividade afastava-se do obstáculo que Kant lhe opusera e culmina em um desenvolvimento cujas etapas anteriores haviam sido Fichte e Schelling.

O excurso acima, a ser reunido ao que dissemos há pouco sobre a *Fenomenologia*, é bastante para enunciar-se a função

---

24 Hegel, op. cit., p.63.
25 Ibid., p.69.
26 Ibid., p.70.

primordial que o sujeito humano assume a partir do posicionamento do *cogito*, bem como das ressalvas e contestações que o *cogito* engendrará. Explica-se, por conseguinte, que o aprofundar do questionamento da *mímesis* conduza ao paradigma subjetivo. Mas dizê-lo ainda não explica a potência que o autocentramento assumirá. Por mais forte que já estivesse em Hegel, ele ainda não conhecia o grau que atingirá em Simmel, muito menos com a inflexão diversa com que se exibe na atualidade. Ao afirmá-lo, por certo não pretendo dar a entender que o terceiro ressalte houvesse sido previsto com a força com que ora se mostra. Declaro, ao contrário, que nenhuma das reflexões que imediatamente se seguiram ao *Mímesis e modernidade* supunha o longo trajeto que depois se abriu. A releitura de Georg Simmel foi o disparo que provocou o presente livro.

Em contraste com a extensão do que tenho escrito, meu contato com a obra de Simmel havia sido muito parcelada. Nos anos mais recentes, ao retomar sua leitura, surpreendeu-me não recair agora em sua apreciação inequívoca. A mudança de recepção me pressionou a desenvolvê-la em uma proporção razoável. Quase de imediato, percebi que a mudança se relacionava com o fato de agora considerá-la sob a ótica da indagação sobre a verdade do saber. Por não ser profissionalmente um filósofo, antes não o lera com realce para a questão da perspectiva subjetiva. A obrigação agora assumida de contextualizá-lo intelectualmente provocava a necessidade de vê-lo em correspondência com a linhagem tanto kantiana quanto hegeliana. Ou seja, não só a partir do momento em que se rompia a tradição objetiva da teoria do conhecimento como daquele em que dominava a inflexão inversa. Daí que o prosseguimento do que neste livro se apresenta no Capítulo II exigiu o levantamento de dados que gerou o capítulo anterior, que, de sua parte, teria provocado um outro específico sobre Hegel se em tempo não tivesse compreendido que fazê-lo implicava enredar-me em uma história da filosofia. Em vez disso, a reflexão sobre Simmel assumiu a direção temporalmente oposta, originando o capítulo sobre Freud.

A rememoração foi indispensável porque esteve associada à ênfase sobre uma questão, a do sujeito, que, não tendo esse destaque no início da pesquisa, assumiu o caráter de capital, ao lado do tópico sobre representação. Quanto a este, senti-me livre de evitá-lo com maior sistematicidade porque a ele me referi em ocasiões precedentes. Tendo em conta que devem ser poucos os anos de que ainda disponho como pesquisador, contentei-me com o que já dissera a respeito da representação, para concentrar-me em um tema que é indispensável na problemática do sujeito: o referente à questão do sentido. É a ele, pois, que dedico as linhas seguintes.

Em conformidade com o paradigma objetivo, não haveria como ou por que precisar a questão do sentido, pois ela se confunde com o próprio trajeto da indagação objetiva. Quero dizer, a investigação de algo que se entende fazer parte da *physis* é provocada pela procura de determinar o sentido e, em consequência, a utilidade desse algo. Ora, à medida que o ponto de partida se desloca para o próprio agente da indagação, o que permanecia implícito no trajeto investigador agora se converte na evidência a estudar.

Isso é cabal no texto que Rainer Koselleck escreveu sobre "Sentido e não sentido da história":[27]

> A "história propriamente dita" é uma expressão moderna que não havia antes de 1780. Antes, havia a história (*Historie*), por um lado, o *historein*, por outro, a *res gestae*, os *pragmata*, os acontecimentos, os fatos e sofrimentos das participantes e afetados. Essa oposição manteve-se terminologicamente no mundo pré-cristão

---

27 A questão do sentido é passível de ser positivamente tematizada a partir de Husserl ou, menos radicalmente, como extensiva ao pensamento ocidental. No primeiro sentido, será fecunda a leitura do capítulo 7, La "Crise" des sciences européennes et le sens de l'épistemologie phénoménologique, de Marc Richir (cf. Richir, *La Crise du sens et la phénoménologie*, p.213-71). No segundo sentido, cf. Löwith, *Meaning in History: the Theological Implications of the Philosophy of History*.

para o cristão, até ser destruída, desde o Iluminismo (*Aufklärung*), sobretudo no espaço verbal do alemão.²⁸

Se a oposição é ressaltada em alemão pela dupla terminologia vigente (*Historie* e *Geschichte*), nas demais línguas modernas a unicidade vocabular torna mais complicada a percepção da diferença. Seja, contudo, em alemão, seja em inglês ou nas línguas neolatinas, a questão do sentido latente é não menos que fundamental. Por isso, como assinalava Koselleck na abertura de seu ensaio, falar no "não sentido" (*unsinnig*) tem a desvantagem de configurar o problema a partir da raiz vocabular do sentido (*Sinn*). Razão pela qual é preferível optar-se por uma expressão menos dependente, "ausência de sentido" (*Sinnlosigkeit*). Destaco ainda suas afirmações decisivas: "Toda história, que analisamos como efetivamente ocorrida, é uma *logificatio post festum* (racionalização depois do sucedido). [...] Cada história, em sua consumação, em si mesma, não tem sentido".²⁹

Em contraste com a ênfase da *Historie* como evento, "a reflexão contemporânea exige que a história nascente promova a distância crescente quanto ao que consideravam as velhas histórias".³⁰ A premência moderna de converter a história em "objeto da narrativa e da ciência implica, pois, imputar a ela "um curso inevitável", "para que promova uma hipotética necessidade".³¹

A tese da "ausência de sentido" do evento histórico é bastante correta. Com isso, é também justa a crítica de que é merecedora nossa concepção moderna de *Geschichte*. Fundando-se no privilégio das fontes e arquivos, ela contorna o problema da arbitrariedade do signo e, dessa maneira, não verifica que a interpretação que oferece do passado é sempre parcial.

Nada disso impede que se empreste ao evento histórico... um sentido. O que equivale a dizer: o sentido de algo — obviamente,

---

28 Koselleck, Vom Sinn und Unsinn der Geschichte, in: *Vom Sinn und Unsinn der Geschichte*, p.20-1.
29 Ibid., p.19.
30 Ibid., p.11.
31 Ibid., p.23, 25.

não só na história – é uma atribuição do que falta a algo. Algo inquestionavelmente sucede: a atribuição de sentido se impõe até porque alguma coisa sucede a alguém, pertencente a um grupo social.

Elementar, a distinção é imprescindível: o sentido não é da ordem do em-si, mas decorre do que se põe diante do agente humano e precisa assumir para ele uma razão de ser; do contrário, seríamos seres que vagam em um universo cheio de coisas vagas.

Mantemos os enunciados anteriores ao se ter em conta que eles ressaltam algo não tão evidente: declarar que o sentido é uma atribuição implica o limite do cientificizável. E ser ele proposto por um agente que pertence a um certo grupo social significa que a atribuição feita sempre responde aos interesses de um certo grupo humano, não conforme ou mesmo contra os interesses de outros grupos.

As últimas inferências não pretendem se justificar com o nome de Koselleck. Na verdade, não coube ou não interessou ao historiador acentuar que a problemática do sentido supõe a introjeção pela ciência de uma contradição elementar. Ao verificá-lo, reiteramos que a contradição é inerente à condição humana. Em termos mais próximos da abordagem de Koselleck, análise e narrativa mutuamente se complementam, seja para aguçar nosso juízo, seja para passar por cima da ausência de sentido que nos envolve. A imposição de sentido, garantida pelo enlace entre análise e narrativa, implica que o sucedido, como nos casos históricos estudados no ensaio citado, por mais absurdos que tenham sido, se apresenta para os pósteros como passível de absolvição. Escreve Koselleck: "Depois que o absurdo se converteu em acontecimento, deveria ainda, com a imposição de sentido, alcançar absolvição".[32]

Creio que é legítimo considerar que o encadeamento do que se apresentou é suficiente, e poderíamos passar para o arremate. Mas a pressa nos faria perder um momento decisivo.

---

32 Ibid., p.30.

A observação de Rainer Koselleck, de importância decisiva, não considera que a passagem da ausência de sentido para o sentido (ou, esporadicamente, o contrário) não se efetua de modo automático, a não ser em casos bastante raros. Ou seja, que entre a admissão de um e a retificação do outro costuma haver um intervalo. A brecha que as separa pode ser breve ou longa. Se breve, pode deixar de ser indagada. Se longa, provoca a angústia que termina no suicídio — lembre-se sua frequência nos sobreviventes dos campos nazistas de extermínio — ou é passível de ensejar o que já chamei de *mímesis* zero. Se esta vence os obstáculos, instaura-se o processo que culmina em um *mímema*. Este se mostra como a concretização da *mímesis*. Precisar assim explica com mais clareza por que ela, sem se confundir com o falso, se distingue da afirmação da verdade. É certo que sua realização dá um sentido a quem a faz e/ou a quem recebe seu efeito. Mas já sabemos que esse sentido é polimórfico, ou seja, diverso da afirmação potencialmente unívoca do "isso é verdade". O plano do sentido envolve o *mímema* sem contaminá-lo em sua plena interioridade.

Sejamos mais explícitos. A não superposição automática entre a ausência de sentido atribuída a algo e a imposição de um sentido, sem o que um evento não assume significação humana, permite vislumbrar o que se passa no intervalo entre aqueles dois momentos. Ora, entendendo-se que o fenômeno da *mímesis* se concretiza e particulariza no *mímema* e este no ficcional, não é presumível que aquele intervalo configura o lugar em que o ficcional adquire corpo de presença? Raciocínio que o confirma: não é próprio falar-se de *mímesis onde* não haja salto inventivo, ou seja, onde a produção de coisas ou objetos siga uma ordem ou modelo preestabelecido. Enquanto perdura um certo paradigma, não há como falar de *mímesis*. Isso equivale a dizer: a concretização da *mímesis* pela ficção implica a abertura de um novo espaço. O novo espaço em que ela se mostra é especificamente seu lugar. Ser este seu lugar reitera que ela é simultânea à descontinuidade. A *mímesis*, em seu estágio zero, se inicia como uma condensação de fantasias; a condensação ganha corpo como desejo — desejo de algo outro e não desejo do outro, por isso menos erótico que mental, ainda que este não exclua aquele. (A teorização freudiana é indispensável, mas não bastante).

Em vez de se insistir na identificação com a *imitatio* ou de confundi-la com um conceito, entende-se a *mímesis* como um fenômeno intemporal que se dispõe em um *lugar*, em que se reitera a presença da vida e da sociedade humanas: lugar constituído pela brecha que assenta entre a falta de sentido e a admissão de sentido a algo.

Termino com um mínimo adendo.

No romance de estreia de Dostoievski, *Gente pobre* (1846), o protagonista é um velho e miserável funcionário público que se peculiariza por sua paixão pela jovem vizinha. O forte sentimento o leva a despesas incompatíveis com seu parco salário. A astúcia do narrador disfarça a razão de seus gastos como dedicação a uma parenta distante. Isso não basta para definir as ondas contraditórias que se acumulam sobre o eu do protagonista. Ainda depende da habilidade do narrador associar a indefinição da paixão amorosa com o papel de alguém que, invejando o literato vizinho, explique suas cartas à vizinha como um meio de aprimorar seu estilo. O propósito então de aprimorá-lo comprometeria a realidade de seu sentimento, apenas afirmada pelos mexericos dos vizinhos. O eu do pobre velho é tumultuado pela força de uma paixão que é negada tanto pela suposta comiseração por alguém de sua família quanto pelo propósito de tornar-se um estilista, reafirmada ademais pelo que circula entre os vizinhos. Ironia e reiteração se chocam e entrelaçam na composição da narrativa.

É evidente que o papel principal, a manifestação de um *eros* que se oculta, contrasta com a alegação emprestada à continuidade das cartas. A ironia aumenta pela consideração contraposta do literato: Rataziáiev seria um escritor de mérito, conforme declara o protagonista, ou um mero escrevinhador de encomenda, como o relato dá a entender? Cabe ao escritor que surgia atribuir ao herói de *Gente pobre* uma superposição de papéis que nega a seu eu o caráter de autocentrado.

A segunda consideração tem por objeto o *Mrs. Dalloway* (1925), de Virginia Woolf. Sua complexidade impede uma abordagem simples. À admiração que a escritora inglesa tem pelo Dostoievski da maturidade corresponde uma composição que se separava da linearidade de seus contemporâneos. A ela renunciava em favor do destaque dos percalços que todas as vidas conhecem. A radiante juventude e a frágil velhice são as fronteiras de um território que passava a ser explorado em sua inteireza. É a essa pluralidade de aspectos que Virginia Woolf se dedica. Explora-a sob os hábitos das dezenas de personagens que se acumulam. Desse modo, *Mrs. Dalloway*, e logo depois *Ao farol* (1927), são a cada parágrafo transpostos por imprevistos e sobressaltos. Em *Mrs. Dalloway*, eles se concentram no contraste entre um herói de guerra, cujo trauma o aproxima da loucura e da morte, e uma senhora da sociedade, que se afirma pela dispersão das festas que promove. Cada um ressalta um ângulo pelo qual é tematizada a pluralidade da vida. Em Septimus, é ressaltada a janela da morte, em Clarissa, a da aglomeração superficial. Em si mesma, a vida não tem qualquer sublimidade: "[...] Os seres humanos não têm bondade, nem fé, nem caridade, nada além daquilo que serve para aumentar o prazer momentâneo".[33]

Daí que o êxito mundano dos médicos implique a generalidade do critério de proporcionalidade, que provoca o próprio fracasso na compreensão do humano: "Saúde é o que devemos ter; e saúde é proporção; de maneira que, quando um homem vem ao nosso consultório e diz que é Cristo (um delírio comum) [...], nós invocamos a proporção".[34]

Os dois relatos têm extensões diversas, pois o suicídio de Septimus o interrompe, ao passo que as festas de Clarissa se repetem até o fim da narrativa. Assim, enquanto o relato de Septimus promove apenas sua companheira italiana, o de Clarissa destaca a variedade de suas relações, com realce do que mantém com Peter Walsch.

---

33 Woolf, *Mrs. Dalloway*, p.91.
34 Ibid., p.100.

Walsch é lembrado como uma antiga relação amorosa, cuja ruptura ela própria promovera; isso não o impede, no presente do relato, de ser recordado como aquele que, de volta a Londres, depois de anos na Índia, de imediato a procura para lhe contar de sua mais recente paixão. É patente o confronto de suas perspectivas. Mas elas não se confundem com a que guarda a chama da velha paixão e a que mantém a iniciativa de seu corte. Uma e outra se interrompem em seguida: o que fora a iniciativa de Clarissa é descontinuada pela carta que endereça a Walsch, assim como pelo modo como ele reage ao recebimento da carta, que o esperava regressar ao hotel em que se hospedava. Ao passo que sua reação, com reserva e distância, se diferencia de sua conduta de pessoa facilmente apaixonável, a iniciativa de Clarissa não deixa de ser apropriada a seu hábito de adequação a formalidades sociais. Ou seja, um desmente sua conduta frequente, enquanto o outro a reafirma, assim, contudo, contrariando sua iniciativa passada de corte da relação entre os dois. Em poucas palavras, à negação da vida como uma soma de virtudes se opõe seu amontoado de traços que apenas se superpõem. Em termos mais amplos, ao passo que a narrativa filosófica acentuava o autocentramento servir de amparo para a afirmação hegeliana do "saber absoluto" ou ao destaque simmeliano da vida como facho luminoso, a opção da romancista pelo confronto da pluralidade de personagens punha em xeque qualquer coerência do eu que se focalize.

Em vez de se ressaltar uma direção como superior às demais, encarece-se que o autocentramento leva a uma dupla e contraditória direção: ou à sua ênfase ou à sua divergência. Em termos ainda mais amplos: a ênfase no autocentramento implica propor um sentido que se atribui às coisas. No relato da história, o sentido ou sua atribuição se afirma por três modos: (a) à maneira de Hegel – pela combinação do que é próprio ao agente humano e o que é conforme à natureza; (b) à maneira de Ranke – ela é o demonstrativo como algo de fato sucedeu (*"wie' es zusätlich gewesen"*); (c) à maneira (incomum) de Koselleck – como o que é pura e imprescindível atribuição. Reiteremos: a ficção, com excelência em sua face moderna, se orienta pela negação da coerência.

Última observação: o livro que se segue não apresenta e sim contraria a face mediática do autocentramento. Tanto na visão hegeliana quanto na simmeliana, o autocentramento contém um índice positivo. O domínio mediático inverte este seu caráter: perde sua dimensão própria de pensamento para, potencialmente, se reduzir à dimensão performática. O eu deixa de ser fonte para uma teoria do conhecimento para se contentar com a mera exibição de seu próprio agente.

I

Abertura

1. Esboço de orientação

A questão do sujeito foi por mim abordada pela primeira vez em *O controle do imaginário*.[1] A meta — o controle exercido pela censura individual e institucional sobre os produtos do imaginário — era bastante nova e fecunda para que ali se esgotasse, conquanto o meio de fazê-lo — o sujeito encarado sob o prisma moderno da subjetividade — ainda fosse parcial e restrito. Comecei a superar o aspecto ainda limitado da questão em 2017, com *Mímesis e arredores*, ao tratar da distinção do agente em sujeito autocentrado e fraturado. Só agora disponho de alguma distância reflexiva para considerá-lo ao longo da história intelectual do Ocidente.

O percurso é temporalmente bem longo; suas curvas e largas reentrâncias exigem um conhecimento de que só me aproximo aos poucos. As duas razões, sobretudo a primeira, requerem que esse item assuma um caráter didático. É uma medida apenas sensata. Procurar entender a alocação concedida à subjetividade

---

[1] Costa Lima, *O controle do imaginário & a afirmação do romance*: *Dom Quixote*, *As relações perigosas*, *Moll Flanders*, *Tristram Shandy*.

em sua dimensão histórica usual, antes de, em algum momento, virmos à distinção entre autocentramento e fragmentação do sujeito, com a presença daquele acentuada no Ocidente das últimas décadas. Essa contenção desde logo se evidencia no resumo de *L'Herméneutique du sujet* [A hermenêutica do sujeito]. Reduzir o curso que Michel Foucault oferecia em 1981-1982 a um cunho didático não poderia ser feito sem empobrecê-lo. Isso é flagrante porque dele se subtrai a parte mais fecunda: a interpretação do pensamento helenista e romano dos séculos I e II de nossa era. O desconforto de reconhecê-lo é compensado por saber que a obra de Foucault é bastante conhecida e, com frequência, traduzida.

Baseando-se nos comentários dos bizantinos Proclus e Olimpiodoro, Foucault considera o diálogo *Alcibíades* "o próprio resumo da filosofia de Platão".[2] Por isso nele se apoia para extrair a concepção platônica do sujeito, assim como para preterir o lema "conhece-te a ti mesmo" pelo de âmbito maior, o "cuidado de si". Em contraste com o que sucederá nos tempos modernos, o "cuidado de si" remetia ao reconhecimento do divino na indagação pessoalizada: "Conhecer-se, conhecer o divino, reconhecer o divino em si mesmo: isso é, creio, fundamental na forma platônica e neoplatônica do cuidado de si".[3]

Parece-me daí derivar a extrapolação metafísica da preocupação com a verdade a se desenvolver pela diversa descendência platônica. Não é essa, por certo, a deriva assumida por Foucault, que antes enfatiza a ascese como prática da verdade e, por fim, a própria renúncia de si, pois a ascese supunha uma prática que, por "renúncias cada vez mais severas", chegava ao limite da renúncia de si.[4] (A relevância de tal trajeto está em acentuar que a primeira derivação do questionamento do sujeito assumia uma direção declaradamente não psicológica). As implicações dessa diversidade de direção são várias. Destaque-se que, no período

---

2 Foucault, *L'Herméneutique du sujet: Cours au Collège de France*, p.164.
3 Ibid., p.75.
4 Ibid., p.305.

áureo do cuidado de si, sua meta não estava em si pois tinha como alvo a cidade: "A cidade mediatizava a relação de si consigo e fazia que o si pudesse ser tanto objeto quanto fim, mas só era fim porque era essa mediação da cidade".[5] Ter a *polis* como alvo não implicava que "o cuidado dos outros (fosse) o índice que permitisse valorizar o cuidado de si",[6] porquanto a meta manifesta era algo diverso do humano.

A crítica que o *Alcibíades* profere contra a pedagogia ateniense prendia-se a que ela fosse incapaz de assegurar a passagem da vida adolescente, com seu fervor de *eros*, para a vida adulta e se convertesse em fonte do que constituía "a forma socrático-platônica do discurso filosófico".[7] É importante acentuar o resumo foucaultiano do pensamento platônico:

> Nesse esquema platônico, a relação entre cuidado de si e conhecimento de si se estabelece em torno de três grandes pontos fundamentais. Em primeiro lugar, é preciso cuidar de si porque se é ignorante. É-se ignorante, não se sabe que se é ignorante, mas eis que se lhe descobre. Precisamente em seguida [...] a uma questão que se ignora e que se ignora que se ignorasse. [...] Em segundo lugar, no modelo platônico, o cuidado de si, a partir do momento em que é afirmado e em que se procura cuidar de si, consistirá essencialmente em "se conhecer a si mesmo". [...] [Terceiro ponto]: a reminiscência está exatamente no ponto de junção entre o cuidado e o conhecimento de si. É lembrando-se do que a alma viu que ela descobre o que é. E é lembrando-se do que ela é que encontra acesso ao que viu. Pode-se dizer que, na reminiscência platônica, se encontram, reunidos e bloqueados em um só movimento da alma, conhecimento de si e conhecimento do verdadeiro, cuidado de si e retorno ao ser.[8]

---

5 Ibid., p.81.
6 Ibid., p.170.
7 Ibid., p.84.
8 Ibid., p.244.

Associar a passagem da meta coberta pelo diálogo platônico com o discurso filosófico não significa que o exercício de tal discurso se convertesse em meta geral para a sociedade grega, tanto porque se sabia que aquela meta só funcionava para uma elite que dispunha de servos,[9] assim como só era capaz de ser cumprida em certa idade da vida: a prática de si tinha por objetivo "a preparação para a velhice".[10] (A observação precisa tem o propósito de, sem considerar as condições sócio-históricas específicas, retificar a função ético-intelectual exercida e normalmente atribuída ao discurso filosófico). Em consequência, em vez de regra geral que seria proposta para a sociedade, o cuidado de si tinha como contravertente um polo mais popular e de caráter religioso, "mais cultual, teoricamente mais frustrado", ao passo que o cuidado de si, mais individual e cultivado, se realizava nos meios socialmente privilegiados e se apoiava nos círculos de amizade.[11]

A afirmação platônica recebe outra flexão com o cristianismo. Em lugar do outro plural da *pólis*, a meta se torna a salvação. A pergunta sobre o que pode ser salvo tem por efeito imediato, no sentido amplo do termo, o realce da medicina: "Que é estar com boa saúde, escapar das doenças, ser ao mesmo tempo conduzido à morte e dela, de certa maneira, salvar-se?".[12] A alteridade perde seu caráter plural e se desdobra em três tipos de domínio (*maîtrise*) requeridos ou, na formação do jovem, em sua relação com o outro:

> Em primeiro lugar, o domínio do exemplo. O outro é um modelo de comportamento. [...] Segundo tipo de domínio, é o senhorio da competência. [...] Enfim, terceiro tipo de senhorio: o domínio socrático do embaraço e da descoberta e que se exerce através do diálogo.[13]

---

9 Cf. ibid., p.109.
10 Ibid., p.122.
11 Cf. ibid., p.112.
12 Ibid., p.117.
13 Ibid., p.123-4.

Eles se conjugam no efeito comum: "Sair da *stultitia*, na medida mesma em que se define pela não relação com o si, não pode ser feito pelo próprio indivíduo".[14]

A consideração da diferença provocada pelo pensamento cristão e sua vitória por todo o Ocidente ajudam subsidiariamente a entender-se por que o modo filosófico menos se converte em regra geral do que se impõe como um *polo de excelência*. Ou seja, em vez de ser tomado como um polo discursivo privilegiado, a filosofia recorre ao polo da retórica para justificar-se.

A retórica é o inventário e a análise dos meios pelos quais pode--se agir sobre os outros por meio do discurso. A filosofia é o conjunto dos princípios e das práticas que se põe à sua disposição ou à disposição dos outros para tomar como é preciso o cuidado de si mesmo ou o cuidado dos outros.[15]

Embora não esteja no texto da *Herméneutique*, importa notar que os módulos assinalados, o filosófico e o retórico, já presentes no mundo antigo, assumem seu maior destaque a partir do cristianismo. Sem que caiba aqui um destaque mais amplo, observe-se a ressalva feita por Foucault e por ele não desenvolvida: aqueles dois módulos se intensificam pela ênfase cristã na espiritualidade, como forma aspirada de saber; forma que encontrará seu ocaso, nos séculos XVI e XVII, ante o saber de conhecimento.[16] (Observe-se em complemento: conquanto o primado da filosofia seja então comprometido, seu sucessor, o discurso científico, não se apoia menos na prática retórica que o destaca).

Para sermos mais específicos no tratamento cristão da *mímesis*, observe-se com Agostinho como se mantém sua identificação com a *imitatio*:

---

14 Ibid., p.129.
15 Ibid., p.131.
16 Cf. ibid., p.296.

A mesma verdade dos raciocínios (*veritas counexionum*) não foi instituída pelos homens, mas contestada e posta em fórmulas por eles, para poderem aprendê-la ou ensiná-la. *A verdade fundamenta-se de modo permanente na razão das coisas e foi estabelecida por Deus*.[17]

Se o período áureo do cuidado de si se efetua no início da era cristã, à sua longa duração sucede a ênfase no político, mais precisamente no que Foucault enuncia como a "conversão à revolução".[18] Conforme a perspectiva foucaultiana, seu realce se cumpre ao longo do século XIX. Sua análise, contudo, já não será objeto de indagação no curso a que nos prendemos.

O resumo anterior não se serviu de mais da metade da *Herméneutique*. Não utilizamos sua parte mais substancial, a análise do pensamento helenístico e romano. Contra a linearização a que submetemos o curso de Foucault, apenas se assinale: entre o modelo platônico e a exegese cristã sucede o modelo gnóstico, oposto ao cristão, afinal vitorioso. Embora ele não esteja no objeto de nossa indagação, vale assinalar sua presença:

> Voltar a si e retomar a memória do verdadeiro são uma só e mesma coisa para a gnose e é nisso que os movimentos gnósticos são todos, mais ou menos, movimentos platônicos. Em face desse modelo gnóstico, que se desenvolveu nos confins do cristianismo, a Igreja cristã [...] desenvolveu o modelo exegético, cuja função [...] foi assegurar a grande cesura e a grande partilha quanto ao movimento gnóstico [...].[19]

(Acentue-se que o que Foucault chamara de terceiro momento na história do sujeito, bem como o que vimos em referência à gnose, merece um destaque que o autor não pretendeu desenvolver no curso em que nos baseamos).

---

17 Agostinho, *A doutrina cristã*, livro II, C, cap. 33, p. 135.
18 Foucault, op. cit., p. 200.
19 Ibid., p. 246.

Contra a pobreza intencional das páginas precedentes, esperemos nas seguintes ser mais justos com nossas fontes e menos contidos em nossos comentários. Embora o cerne da interpretação a seguir referido tampouco possa ser aqui esmiuçado, àquela pobreza será contraposta a interpretação mais rica sobre a concepção do sujeito. Ela se encontra formulada no capítulo "Die Metaphysik als Geschichte des Seins" [A metafísica como história do ser], incluído no *Nietzsche*, de Martin Heidegger. Traduzo sua parte capital:

> A marca distintiva da *mens humana* exprime que, entre os demais *subjecta*, ela é *notior quam corpus* (mais que corpo). Tal prioridade no domínio do conhecido não concerne à cognoscibilidade mais fácil, senão que figura a presença propriamente dita da *res cogitans*, na esfera da representação humana como um dispor de *si* (*Sich zustellen*). Pensados segundo a nova essência da realidade, o próprio representar humano e o homem que representa são aqui mais constantes, mais reais e mais existentes que todo outro ente. A mente humana, em conformidade à marca distintiva de sua condição do que é subjacente (*Vorliegend*), enquanto *subiectum*, reinvindicará com exclusividade para si o nome de "sujeito". Dessa maneira, *subiectum* e *eu*, subjetividade e egoidade (*Ichheit*), passarão a ter significação idêntica.[20]

---

20 Heidegger, *Nietzsche*, v.2, p.434. No original: "Die Auszeichnung der *mens humana* unter den übrigen *subiecta* spricht sich darin aus, dass sie *notior est quam corpus*. Dieser Vorrang in der Bekanntheit betrifft nicht die leichtere Erkennbarkeit, sondern meint die eigentlichere Praesenz der *res cogitans* im Umkreis des menschlichen Vorstellens als eines *Sich-Zustellens*. Das menschliche Vorstellen selbst und der vorstellende Mensch sind hier, aus dem Wesen der Wirklichkeit gedacht, ständiger, wirklicher und seiender denn alles übrige Seiende. Die *mens humana* wird daher künftig gemäss dieser Auszeichnung ihres Vorliegens als *subiectum* den Namen 'Subjekt' ausschliesslich für sich in Anspruch nehmen, so dass *subiectum* und *Ich*, Subjektivität und Ichheit gleichbeutend werden".

A memorável passagem, que já fora citada por Alain de Libera²¹ e servira de fonte para interpretação diversa do autor francês, identificava a "nova essência da realidade" com a obra de Descartes.

A importância concedida ao autor das *Meditationes* não decorria de que Heidegger estivesse de acordo com o realce reservado ao eu, mas sim porque, de modo implícito, era concedida a valorização do existente (*Dasein*). Subsidiariamente, ainda que não houvesse maior afinidade do pensamento do proponente com o de Descartes e sua proximidade estabelecida fosse apenas lateral, ela era menos incômoda do que a que se estabelecesse com a teologia de Tomás ou com um indiscriminado pensamento medieval. Mais adiante, viremos ao capítulo como um todo. Por ora, baste-nos relacionar a passagem traduzida com a argumentação proposta por de Libera.

De acordo com a reflexão ainda em andamento de uma arqueologia do sujeito, a tese proposta por Heidegger seria prejudicada por conceder a Descartes o papel heroicamente despropositado da centralização egoica. E assim porque tal "nova essência da realidade" não teria, para o contestador francês, um exclusivo autor declarado, por se mostrar dispersa entre vários pensadores medievais. Para fazê-lo, de Libera ainda destaca outra passagem de outra obra de Heidegger, apenas menos notável que a já traduzida:

> Até Descartes, tinha valor de "sujeito" toda coisa subsistente por si; mas agora o "eu" se torna o sujeito insigne, somente em relação ao qual as outras coisas se determinam como tais. Dado que as coisas – matematicamente – recebem desde logo sua coisidade de sua relação fundadora por efeito do princípio supremo e por seu sujeito (eu), elas são essencialmente o que por relação ao sujeito é fixado como um outro, o que se mostra face a ele como *obiectum*. As próprias coisas tornam-se "objetos".²²

---

21 Libera, *Naissance du sujet*, p.404.
22 Heidegger, *Die Frage nach dem Ding*, p.115.

Para de Libera, a tese heideggeriana é desde logo insatisfatória porque "atribui a Descartes uma mudança de paradigma filosófico que se operou antes dele".²³ Porque reconhecemos a seriedade da contradita, voltamo-nos, através de uma pequena série de destaques, a seu primeiro volume. O decisivo concerne à relação e diferença de Tomás de Aquino quanto a Aristóteles. O pensamento de Tomás e, em síntese, o medieval, privilegiam a leitura de Aristóteles, que considerava o sujeito como substância e a substância como inerência:

> O que está na alma como em um sujeito é um acidente. Um acidente, se não tem um contrário suscetível de eliminá-lo e de sucedê-lo no sujeito, não pode ser destruído senão pela destruição do sujeito. As operações sensíveis não têm contrários. A alma, sujeito-princípio das operações-acidentes sensíveis, é indestrutível. Portanto, as operações sensíveis permanecem necessariamente na alma depois da morte [...]. Esse condensado de ontologia aristotélica opera uma equação *princípio = sujeito* governada implicitamente pela assimilação da ação e da paixão por acidentes, de que o modo de ser é precisamente definido pela inerência a um sujeito [...].²⁴

Tomás, diversamente, distingue "princípio e sujeito":

> Se, com efeito, a alma é, para ele, o princípio da operação sensível, o sujeito da operação não é a alma, mas o composto alma-corpo, que *age' por meio da alma*. Mais exatamente: o composto alma-corpo é o sujeito das potências da parte sensível da alma.²⁵

Por conseguinte, em conformidade com a religião sobre a qual Tomás teoriza, o homem está no conjunto da alma com o corpo, e "os teoremas fundamentais, articulando o campo de presença de que sairá a teoria clássica do sujeito, já operam no tratamento

---

23   Libera, op. cit., p.405.
24   Id., *La Quête' de' l'identité',* p.53.
25   Ibid.

tomasiano do *sujeito da operação sensível*, (pelos) princípios da 'denominação do sujeito pelo acidente' e da 'su-jeição da ação na potência'".[26] Nas palavras da própria *Summa theologica*:

> [...] É manifesto que o sujeito de uma potência deve ser aquele que se diz potente segundo essa potência, pois *todo acidente* denomina *seu sujeito*. Ora, idêntico é o que pode agir ou sofrer e o que é agente ou paciente. Donde é preciso que seja sujeito da potência o que é sujeito da ação ou da paixão de que a potência é o princípio.[27]

A distinção entre sujeito da inerência e sujeito do acidente é capital para a diferenciação entre as duas concepções. É por ela que Libera estabelecerá a identificação do agente com o sujeito, condensada nas três afirmações que reunimos: "Todo ser vivo é composto de um corpo e de uma alma; o corpo é a matéria do ser vivo; a alma é a forma do ser vivo".[28] Com isso, o nascimento do sujeito e a abertura de sua arqueologia supõem a distinção entre sujeito da inerência e sujeito da atribuição.

Como de Libera o entende, de acordo com Tomás, o sujeito de atribuição é aquele que incorpora os acidentes por seu corpo. Não fazendo parte de nosso propósito detalhar o enunciado, não nos deteremos em Aristóteles. Reitere-se, em vez disso, que a concepção a tornar-se clássica, nos tempos modernos, supõe o que de Libera chama de "quiasmo da agência, ou seja, a "devolução" ao sujeito das funções e condições da *agency*.[29] Por conseguinte, a concepção moderna, ao negar a inerência da substância,

---

26 Ibid., p.54.
27 Apud Libera, *La Quête de l'identité*, p.55-6. Uma análise mais circunstanciada assinalaria que, na continuação da *Summa*, Tomás destacava que sua posição era idêntica à de Aristóteles em *Do sono e da vigília*, assim como de Libera indica que, em sua formulação, Aristóteles não se referia explicitamente ao sujeito (cf. ibid., p.56).
28 Ibid., p.158.
29 Cf. ibid., p.83.

recusa-se a identificar *pessoa* e substância, a *naturae rationabilis individua substantia*, mantida na visão medieval.[30] Simplificando um raciocínio mais intrincado e sem pretender trazer ao sujeito moderno a dimensão teológica proposta por de Libera, a tese do medievalista francês se afirma contra a heideggeriana. Permito-me assinalar minha discordância. Ao demonstrar a raiz medieval do sujeito como agente, de Libera se contrapõe à identificação de Descartes como seu originador. Para Heidegger, fazê-lo tinha a função de localizar a nova posição assumida pelo *Dasein*. Ao demonstrá-la presente na *Summa*, de Libera tem razão em acentuar seu recuo. Mas isso por si não abala o cerne da tese oposta: a ligação subjacente entre *subiectum* e *subjetividade*, *subjetividade e centralidade do eu*. Apenas se assinale: o problema voltaria a se complicar caso, de acordo com o capítulo integral "A metafísica como história do ser", se conceda ao princípio da essência, com independência de suas mudanças internas, a base sólida da indagação metafísica. Mas a dificuldade agora atingiria a própria direção do pensamento heideggeriano, que de fato é menos transformador do que se costuma pretender. Retornemos pois à reflexão heideggeriana, sob o prisma restrito à questão do sujeito.

Destacam-se observações fundamentais. Em primeiro lugar, para a caracterização da *substância*, em Aristóteles, vale complementar o que Heidegger dizia sobre o *estar presente* à diferença da *presença*:

> Que estar presente (*Anwesende*) aparece na presença (*Anwesen*)? Para o pensamento de Aristóteles, o estar presente se mostra enquanto o que, ao chegar a seu estado acabado, se mantém em uma consistência ou, ao ser trazido à sua situação, aí permanece.[31]

---

30 Cf. ibid., p.90. (Sobre a oposição entre substancialismo e atributivismo, cf. ibid., p.127; sobre a passagem para a concepção moderna, ibid, p.334).
31 Heidegger, *Nietzsche*, v.2, p.403.

A distinção é decisiva para se afirmar a natureza complexa e paradoxal do movimento. Este independe dos acidentes e paixões que agitam a agência egoica, por conter uma propriedade inconfundível com a causalidade. Não parece necessário um esforço incomum para entender-se a relevância alcançada para o exame da existência.

Se o primeiro destaque assinala um ponto positivo, portanto uma concordância com a reflexão heideggeriana, o segundo seguirá em sentido contrário. A identificação da concepção moderna do sujeito da representação (*Vorstellung*) com a realidade, não contestada por Heidegger – da qual resulta que a cultura moderna, mesmo quando descrente, permaneça de orientação cristã –, impede o reconhecimento dos modos discursivos e, por conseguinte, o reconhecimento diferencial da ficcionalidade. A divergência já resultava da posição assegurada à essência (*ousia*) na definição da metafísica. Para que os modos discursivos não se confundam com adaptações comunicativas de uma mesma realidade, ou seja, para que os discursos possam ser entendidos como *formas de interferência* na própria realidade, será preciso um entendimento diverso do proposto:

> O representar (*Das Vorstellen*) (*percipere*, *co-agitare*, *cogitare*, *repraesentare* in uno) é um traço fundamental de todo comportamento humano, mesmo o não cognitivo. Desse ponto de vista, todos os comportamentos são *cogitationes*. Mas aquele que, durante o representar, cada vez se põe algo diante de si, que se apresenta a todo o representar, isso mesmo que se encontra constantemente subjacente ao re-presentar é o próprio re-presentante (*ego cogitans*), diante do qual toda coisa representada se torna presente. Enquanto dura o representar, o *eu cogitans* que se re-presenta está propriamente no re-presentar (*Vor-stellen*) e nesta subjacência (*Vorliegende*).[32]

Essa afirmação de uma essência absoluta e inconteste ainda não se dava na abertura da concepção dos tempos modernos, em

---

32 Ibid., p.452.

que a "essência do Ser" era de ordem múltipla (vieldeutig).³³ Sem nos aprofundarmos nesse aspecto, importa apenas considerar que em Descartes o sentido de representar mantinha sua ligação com a concepção antiga de substância. Isso nos conduz ao começo dos *Principia philosophiae*: "Podemos considerar o pensamento e a extensão como os constituintes da natureza da substância inteligente e corporal (*"Cogitatio & extensio spectari possunt ut constituentes naturas substantiae intelligentis & corporae"*).³⁴

Quase três séculos depois, a sóbria vibração cartesiana continuará a ser escutada ao longo da obra de Georg Simmel. Poucos exemplos serão mais significativos da propagação da vida além da morte. E mesmo que estejamos dispostos a discutir a veracidade do *cogito*, não se pensa em retirar o homem do círculo da indagação. Seu conhecimento pode ser frágil e quebradiço, ter a forma de uma ilha no oceano das coisas, mas o insofismável não terá um caminho vitorioso se não se desgarrar de pretensos amigos. No caso da certeza de si, a convicção cartesiana oferecia um falso caminho: "[...] O conhecimento de mim mesmo [...] não depende das coisas cuja existência ainda me é desconhecida; nem por conseguinte e com mais forte razão daquelas que são fingidas e inventadas pela imaginação".³⁵

A ideia de si não se confunde com a imagem de uma coisa corporal pois, mais que uma imagem, é uma certeza que independe da imaginação:

> Resta-me somente examinar de que modo adquiri essa ideia. Pois não a recebi pelos sentidos e jamais ela se me ofereceu contra minha expectativa, assim como são as ideias das coisas sensíveis [...]. Ela não é tampouco uma pura produção ou ficção de meu espírito; pois não está em meu poder diminuir ou adicionar qualquer coisa. Por conseguinte, não me resta senão dizer que, como a

---

33 Cf. ibid., p.428.
34 Descartes, Principia philosophiae, in: *Oeuvres de Descartes*, v.VIII, p.30.
35 Id., Méditations, in: *Oeuvres de Descartes*, v.IX, p.22.

ideia de mim mesmo, ela nasceu e foi produzida comigo desde que foi criada.³⁶

O avanço súbito da abertura resultante da ruptura entre o homem e as coisas dá lugar ao que nele mesmo é provisório e transferível. O exemplo que Descartes oferecia da cera é apropriado. Que sucede com as propriedades que ela manifestava ao paladar, ao tato e à vista, ao ser trazida à proximidade do fogo? Que dela resta senão que é algo "extenso, flexível e mutável?";³⁷ propriedades que, examinadas com maior atenção, ainda se reduzem à extensão. A distinção que será estabelecida entre *res extensa* e *res cogitans* dá conta de uma hierarquia das propriedades sensíveis que se aprofundará com a história das ciências. Conquanto valorizados, os sentidos são postos em posição de inferioridade, como a imaginação: "[...] A falar propriamente não concebemos os corpos senão pela faculdade de entendimento que está em nós, e não pela imaginação, nem pelos sentidos".³⁸ A faculdade cogitante é aquela que condensa em si todo o louvor. Seria interessante verificar como, no pensamento de Descartes, a posição igualmente menor dos sentidos e da imaginação ainda se reitera em desfavor da segunda – mas isso não é aqui factível porque exigiria a leitura de sua obra integral. Optemos pela trilha praticável. Assim, em sequência, acentue-se a formulação da regra geral: "[...] Todas as coisas que concebemos muito claramente e muito distintamente são todas verdadeiras".³⁹

Para que a afirmação não seja imediatamente abusiva, será preciso distinguir a regra geral das imagens das coisas: "[...] É apenas a elas que cabe propriamente o nome de ideia: como quando me represento um homem ou uma quimera ou o céu ou um anjo ou o próprio Deus".⁴⁰ Quando, logo acrescenta, enquanto por

---

36 Ibid., p.40-1.
37 Ibid., p.24.
38 Ibid., p.26.
39 Ibid., p.27.
40 Ibid., p.29.

ação de meu espírito, realizo um ato de vontade ou outro julgamento, algo mais se acrescenta à ideia de uma coisa. Da distinção decorre que, "consideradas em si mesmas" e não relacionadas "a outra coisa", as ideias não podem ser falsas.[41] Daí a reiteração imediata:

> [...] O erro principal [...] consiste em que julgue que as ideias que estão em mim são semelhantes ou conformes a coisas que estão fora de mim, pois certamente se considerasse as ideias apenas como certos modos ou maneiras de meu pensamento, sem as querer referir a qualquer outra coisa exterior, elas mal poderiam me dar ocasião de errar.[42]

Descartes dá a aparência de pretender inocentar as ideias quando, com efeito, trabalha por contraste: com uma ideia não se faz uma indagação objetivamente válida, pois será necessário sair do foro interior e estabelecer a relação do que foi ideia com algo que lhe é independente e exterior.

Como a atividade científica apenas começava sua ascensão, a distinção há de ser entendida em toda a sua delicadeza. De sua compreensão, depende separar-se o falso do verdadeiro, no próprio sentido empírico da palavra: se a maneira como concebo o frio ou o calor, enquanto ideia, tomando um como privação do outro e o represento como algo real e positivo, meu entendimento será parcial e, por isso, falso. Como ultrapassá-lo? A solução cartesiana ainda se apoia em fonte do entendimento então tradicional: "[...] Se representam coisas que não são, a luz natural me faz conhecer que procedem do nada, ou seja, que não estão em mim senão porque falta alguma coisa à minha natureza e porque ela não é perfeita".[43]

---

41 Cf. ibid.
42 Ibid., p.29.
43 Ibid., p.35.

Pela intervenção da "luz natural", Descartes serve-se do aparato teológico. Daí, na cadeia cerrada do raciocínio, não precisa renovar seu estofo para justificar a crença concedida ao eu:

> [...] Quando penso que sou agora e que me lembro além disso de haver sido antes e que diversos pensamentos de que sabia o nome, então adquiro em mim as ideias da duração e do número, as quais, depois, posso transferir a todas as outras coisas que queira.[44]

A reiteração de passagens da terceira *Meditação* não pretende repetir uma demonstração demasiado conhecida, senão acentuar um ponto que é central no argumento deste capítulo: a presença em Descartes do princípio de substância. Importa-nos menos a dedução imediata – a prova da existência de Deus – do que o contorno de um ponto débil na afirmação do eu, o negativo que ameaçava fragilizar a incontestabilidade do *cogito*. É o modo mesmo como o formula que nos importa:

> [...] Ainda que a ideia da substância esteja em mim, porquanto eu mesmo sou uma substância, eu contudo não teria ideia de uma substância infinita, eu que sou um ser finito, se ela não tivesse sido posta em mim por alguma substância que fosse verdadeiramente infinita.[45]

Ressalte-se a própria ênfase no princípio da substância. Seu realce é evidente quando a seguir fundamentar de onde deriva o eu se ver a si como uma coisa: "Pois não a recebi pelos sentidos e jamais ela se me ofereceu contra minha expectativa", sem que tampouco seja "uma ficção de meu espírito", senão que "como ideia de mim mesmo, nasceu e se produziu comigo, desde que foi criado".[46] Em poucas palavras, o fundamento de substância que calça o eu justifica o cunho de realidade de tudo que, como já

---

44 Ibid.
45 Ibid., p.36.
46 Ibid., p.40-1.

dizia, se concebe clara e distintamente. Estabelece-se assim o que será o ponto de divergência capital com Kant, de que este tirará a centralidade do juízo sintético *a priori*. Em lugar de dar margem ao transcendentalismo kantiano, Descartes, ainda nos *Principia*, considerara a extensão e a cogitação como evidências incontestes, tomando-as como as propriedades principais das substâncias corpórea e inteligente.

Dada pois a extrema importância da concepção de substância, em Descartes, é decisivo recordar-se a caracterização heideggeriana. Para não repetir o que já foi dito, reitere-se apenas: "[...] Na esfera da estrutura da essência da representação (*perceptiva*), o *eu cogito cogitatum* se caracteriza como o que é constantemente subjacente [*Vorliegend*], o *subiectum*".[47]

Supondo que não é excessivo, note-se que, em Descartes, a *substantia* se encarna no homem; antropomorfizada, ela de certo modo esconde sua falibilidade. Longe de ignorar a noção de Deus, a substância antropomorfizada o dispensa.

2. AINDA A ARQUEOLOGIA DO SUJEITO

Depois de alguma atenção ao pensamento de Descartes, voltemos à arqueologia do sujeito.

Quase contemporâneo de Descartes (1596-1650), John Locke (1632-1704) não menos dele diverge. Em vez da centralidade atribuída ao eu e ao *cogito*, o privilégio se prende à experiência. Assim já se declara ao afirmar que "todas as ideias derivam da sensação ou da reflexão". Daquela ou desta, por meio da experiência, a mente deriva todo o seu conhecimento.[48] A experiência depende da experiência de objetos, que deixam de ser apenas externos: "*Os objetos externos* provêm a mente com ideias de qualidades sensíveis, que são todas aquelas diferentes percepções

---

47 Heidegger, *Nietzsche*, v.II, p.432.
48 Cf. Locke, *An Essay Concerning Human Understanding*, p.121.

que elas produzem em nós; e a *mente* provê o entendimento com ideias de suas próprias operações".⁴⁹

Exceto pelo desprezo igual pela imaginação, o derivar o conhecimento de objetos (externos ou internos) mostra uma orientação bastante diversa da cartesiana:

> Se todas as ideias originais que tem (o entendimento) não são senão os objetos de todos os seus sentidos ou das operações de sua mente, consideradas como objetos de sua reflexão [...], o entendimento, tendo em conta um ponto de vista estrito, verá que não tem qualquer ideia em sua mente senão aquela impressa por aquelas duas (fontes).⁵⁰

Para a diferença entre o curso continental e o anglo-saxão que a teoria do conhecimento assumia, seja observado que a cognição cartesiana provir de fonte não contida nos sentidos dará margem para a dedução kantiana do transcendental, ao passo que esta seria absurda para o empirismo inglês. Não parece necessitar de explicação que estabelecer a distinção não significa conceber alguma derivação direta entre Descartes e Kant, nem tampouco que o pensador alemão se desenvolve apenas por se afastar de Hume, ou que avança tão só por modificar sensivelmente a teoria cartesiana.

É costumeiro repetir-se que Descartes introduz a dúvida metódica. Seria mais exato dizer que introduz a retórica da dúvida, ao passo que Locke opta pela retórica da suspeita. Nela, recaem as ideias complexas de substância, "que têm sempre a ideia confusa de algo a que elas pertencem e em que subsistem", do que decorre que "quando falamos de qualquer espécie de substância, dizemos que é uma coisa tendo tais e tais qualidades; como o corpo é uma coisa que é extensa, figurada e capaz de movimento; espírito, uma coisa capaz de pensar" etc.⁵¹

---

49 Ibid., p.122.
50 Ibid.
51 Ibid., p.204.

Por isso, em nítida contraposição a Descartes, afirmará a imaginação como faculdade de representação e reiterará que "o entendimento não nos dá *a priori* nenhum esclarecimento quanto" à explicação causal,[52] negando que tenhamos ideias claras da substância em geral.

A crítica feroz da substância é paralela ao realce da experiência, ou seja, ela é fundamental para a tradição empirista que se estabelecia com o pensamento em língua inglesa. Daquela crítica derivava que "as ideias simples que recebemos da sensação e da reflexão são os limites de nossos pensamentos; além do quê, a mente, quaisquer que sejam os esforços que fossem feitos, não seria capaz de avançar uma vírgula".[53]

Vale pois reiterar ser em nome da experiência que Locke se opõe à ênfase cartesiana no eu; a qual, de sua parte, supõe um modo de descendência da identificação antiga do sujeito com a substância, efetuada por Descartes desde que esta deixa de conotar inerência. Daí ser apropriado também reiterar uma parte da tese de Alain de Libera: "A noção de *substantia* no sentido de *subiectum* não se aplica à *mens humana*".[54] Deste modo, aqui se inaugura "um percurso de longa duração, aqui chamado de *elisão do sujeito*".[55]

Terminemos este mínimo esboço pela consideração retificadora de Descartes por Kant. As palavras da *Crítica da razão pura* são incisivas: com a única proposição do *eu penso* constrói-se uma falsa ciência.[56] Tal insuficiência resulta de que "a consciência em si mesma não é tanto uma representação que distingue determinado objeto particular, mas uma forma de representação em geral [...], pois que só dela posso dizer que penso qualquer coisa por seu intermédio".[57] Pretende-se assim "fundar sobre uma

---

52 Cf. ibid., p.205.
53 Ibid., p.212.
54 Libera, *Naissance du sujet*, p.29.
55 Ibid., p.63.
56 Cf. Kant, *Crítica da razão pura*, livro II, cap.I, p.328.
57 Ibid., p.330.

proposição, aparentemente empírica, um juízo apodítico e universal, a saber: tudo o que pensa é constituído como minha própria consciência declara que eu próprio sou".[58] Ora, a consciência não fornece a representação de uma experiência externa.[59]

O questionamento, aqui simplificado, estabelece a diferença com a direção cartesiana: aquele enunciado é considerado "apenas em sentido problemático" porque não fornece a percepção de uma existência, mas apenas sua possibilidade.[60] Em troca, ele recebe um encaminhamento bem diverso:

> [...] Como a proposição *eu penso* (considerada problematicamente) contém a forma de todo o juízo do entendimento em geral e acompanha todas as categorias, como seu veículo, é claro que as conclusões extraídas dessa proposição só podem conter um uso simplesmente transcendental do entendimento, que exclui qualquer ingerência da experiência [...].[61]

Corroborar o encaminhamento cartesiano equivaleria à aceitação de paralogismos, pois teremos estabelecido uma simples função lógica, pela qual não se dá a conhecer o pensamento de qualquer objeto, muito menos de mim mesmo, enquanto objeto. Dizê-lo equivale a afirmar que "o que é objeto não é a consciência de mim próprio *determinante*, mas apenas *determinável* [...]".[62]

A *Crítica* dá então um passo mais largo: já não se trata de se desembaraçar do que julga empirista na elaboração cartesiana, mas do questionamento do sujeito como substância:

> [...] Que eu, eu que penso, tenha sempre no pensamento o valor de um *sujeito*, de algo que não possa ser considerado apenas ligado ao pensamento como predicado, é uma proposição apodítica e mesmo

---

58 Ibid.
59 Ibid.
60 Ibid., p.330-1.
61 Ibid., p.331.
62 Ibid., p.333.

idêntica; não significa, todavia, que eu, enquanto *objeto*, seja um ser *subsistente* por mim mesmo ou uma *substância*.⁶³

Considero que a afirmação kantiana questiona que o sujeito cartesiano ainda em parte mantinha a concepção da autossuficiência da substância. Pela remissão notada anteriormente do *cogito* à dimensão transcendental, a substância deixa de ser definida por propriedades materiais. Se meu entendimento é correto, Kant não declara que o *cogito* mantivesse tal qual a concepção portada pela Antiguidade; não pensava a substância em termos de pura materialidade. Por conseguinte, que o atributivismo formulado por de Libera, ao incorporar o acidente ao núcleo da substância, continuará a não tematizar a mudança operada por Kant. *O transcendentalismo kantiano incorpora ao ser uma dimensão imaterial.* Chamá-la "espiritual", em línguas, como o português, em que a palavra permanece unida a um valor religioso, torna-se arriscado. Mas é indiscutível que a dimensão transcendental enfatiza um campo que não se confunde com a ambiência cartesiana do eu.

Particularmente, importa para a tese aqui exposta que, do questionamento da substância como Descartes a concebera, deriva o da simplicidade. Assim resulta de a unidade da substância ser composta por várias representações: que o eu da apercepção e, por conseguinte, o eu em todo o pensamento sejam algo de

singular, que não se possa decompor em uma pluralidade de sujeitos e que, por conceito, designe, portanto, um sujeito logicamente simples, eis o que já se encontra no conceito de pensamento e é, por consequência, uma proposição analítica; mas tal não significa que o eu pensante seja uma *substância* simples, o que seria uma proposição sintética.⁶⁴

---

63 Ibid., p.334.
64 Ibid., p.335-6.

Manifestamente, a frase destacava a distinção entre proposições analíticas e sintéticas.

Ressalto uma segunda leitura. Como logo destacaremos, o enunciado transcrito é valioso porque levanta a questão da unidade das representações que sucedem no sujeito, sob a figura do eu. Daí extrairemos, o que já não está em Kant, a questão da diversidade de papéis que se ocultam sob o eu. Trazendo a questão para a proximidade da tematização kantiana: o fundo de sintético *a priori* a que o raciocínio humano remete não é por certo plural. O que vale dizer: não há *a prioris* distintos entre si. O fundamento comum em que os juízos sintéticos *a priori* estão englobados entretanto não significa que sejam eles mobilizados por *um agente' coerente' consigo mesmo*, ou seja, por um eu que já tenho chamado de autocentrado. Afirmá-lo exigirá que saiamos do mero tom de comentário didático de obras consagradas.

Em um raciocínio nada refinado, afirma-se que o conceito cartesiano do eu concentra-se na consciência de si, sem qualquer alusão à intuição, o único meio, segundo o pensamento kantiano, pelo qual o objeto se nos torna apreensível:

> [...] O conceito de uma coisa, que pode existir para si mesma como sujeito, mas não como mero predicado, não possui ainda qualquer realidade objetiva, isto é, não se pode saber se lhe corresponderá em qualquer parte um objeto, visto que não se compreende a possibilidade de tal modo de existir e, por conseguinte, não proporciona qualquer conhecimento. Para que esse conceito designe, com o nome de substância, um objeto suscetível de ser dado, para que se converta em conhecimento, tem de ter por fundamento uma intuição permanente, condição indispensável da realidade objetiva de um conceito, ou seja, o único meio pelo qual o objeto é dado. Ora, na intuição interna, nada há de permanente, porque o eu é tão só a consciência de meu pensamento.[65]

---

65 Ibid., p.344-5.

Em suma, a indagação cartesiana é parcial, restrita e incapaz de definir o sujeito. Por isso, como é declarado em nota: "[...] Ao chamar empírica a proposição 'eu penso', não quis com isto dizer que o eu, nessa proposição, seja uma representação empírica; é bem antes uma representação puramente intelectual, pois pertence ao pensamento em geral".[66]

A dureza da contestação não implica que Kant levasse o *cogito* cartesiano ao saco das inutilidades. Seria igualmente arbitrário ou fazê-lo ou afirmar que a posição kantiana não devesse alguma coisa ao pensamento do *cogito*. Em oposição a ambas, há de se compreender que a contribuição cartesiana é incorporada, desde que modificada aos testes kantianos do transcendental, da intuição, do sintético *a priori*, da constituição do objeto. Tais modificações mantêm o legado do *cogito* afastado da inerência da substância, que passa a adquirir uma dimensão irredutível ao imediatamente antropológico. Melhor dito, o antropológico kantiano não se confunde com o mundo das certezas. O que equivale a dizer que o plano do conhecimento não se confunde nem com o mundo da indeterminação nem com seu oposto, o de um positivo absoluto. Nisso, Kant não só discrepa do *cogito*, *como* do privilégio exclusivo da experiência. Reafirmar-se assim a excepcionalidade da elaboração kantiana seria um *flatus vocis* se não se considerasse o que incorpora do pensador temporalmente próximo. Dizê-lo implica que esse roteiro não deve ser lido como o relato de uma pugna entre alguns pensadores, mas sim como a colaboração retificadora que se estabelece entre eles. Ela se estende à linha constituída desde Aristóteles, cuja concepção de substância se modifica, recebe a atribuição de um eu que será desviada por Kant, sem que seja por ele negada. Vale a propósito recordar o enunciado do começo da primeira *Crítica*:

Pensar um objeto e *conhecer* um objeto não é [...] uma e mesma coisa. Para o conhecimento são necessários dois elementos:

---

66 Ibid., p.362.

primeiro o conceito, mediante o qual é pensado em geral o objeto (a categoria), em segundo lugar, a intuição pela qual é dado.

3. REPRESENTAÇÃO E VONTADE EM SCHOPENHAUER

Não pretendendo fazer uma história moderna do sujeito, nos concentremos em alguns momentos capitais. Dois deles se apresentam em Schopenhauer e, sobretudo, em Nietzsche.

Logo depois de Herder, com *Eine Metakritik zur Kritik der reinen Vernunft* [Uma metacrítica da crítica da razão pura] (1799), e de Hegel, com *Fenomenologia do espírito* (1807), o Schopenhauer de *O mundo como vontade e representação* (1819) intensifica o ataque à investida kantiana. Ao passo que, nas duas primeiras *Unzeitgemässe Betrachtungen I-II* [Considerações extemporâneas I-II] (1873-1874), Nietzsche ainda o louvava, na obra em que nos deteremos, *A vontade de potência*, tanto o renega como aumenta o afastamento de Kant.

Neste item e no próximo, não se pretenderá cobrir a obra dos dois pensadores, senão acentuar como se situam diante do problema do sujeito. Tal propósito permite que a análise se abra por um enunciado curto: "Em cada um dos degraus da escala (da existência humana), a partir do ponto onde brilha a Inteligência, a vontade manifesta-se em um indivíduo".[67]

Só ela, conquanto não o fosse de modo satisfatório, já anunciaria a inflexão antikantiana. É preferível verificá-lo pelo acompanhamento detido do princípio que opera no livro. Por ele, atesta-se que sua frase de abertura é uma declaração antikantiana: "O mundo é a minha representação".[68] Logo, é assim explicitada sua posição ao acrescentar que o mundo da representação tem por correlato que "o mundo é a minha vontade",[69] porquanto "nunca conhecemos o sujeito; é ele que conhece em toda parte

---

67 Schopenhauer, *O mundo como vontade e representação*, p.326.
68 Ibid., p.9.
69 Ibid., p.10.

em que há conhecimento".⁷⁰ E, principiando a carga contra o privilégio do sintético *a priori* kantiano, acrescenta que seu conhecimento se concretiza no conteúdo da razão.⁷¹

Ainda que ao leitor de *O mundo como vontade e representação* seja enfadonho, não devo eliminar a exposição sumária de seu argumento.

O privilégio da representação (*Vorstellung*) implica a distinção entre as intuitivas, relativas ao que sucede no mundo sensível, e as abstratas, concebidas pela faculdade da razão e seladas pelo conceito. O aceite do tempo e do espaço como intuições sintéticas *a priori* poderia dar a entender que a recusa do legado kantiano aí tinha uma exceção. A admissão é contrariada pela força concedida ao princípio da razão. Ele não só inclui os básicos sintéticos *a priori kantianos*, como é responsável pela lei da causalidade. Em síntese, o mundo é submetido ao império da razão. O que vale dizer: ao contrário de Kant, Schopenhauer retorna à afirmação clássica de que não há hiato algum entre a natureza e a cognição humana. Tudo é naturalmente regulado e a razão impede que um hiato indeterminado, como o sintético *a priori*, se estabeleça. A razão concede ao tempo o caráter de sucessão e ao espaço, o de extensão, ao passo que a causalidade interconecta um ao outro. Assim, ao dizer que "toda essência da matéria consiste na atividade, noutras palavras, na causalidade",⁷² o pensador restabelecia o equilíbrio entre natureza e homem, a plena determinabilidade do que sucede. Em contraparte, Kant, na "Primeira introdução" à Terceira Crítica, tinha tido o cuidado de afirmar a indispensável concordância da natureza com nossa capacidade de compreensão.⁷³ A formulação de algum modo diminuía o impacto do que suscitava a abertura da "Estética transcendental", da Primeira Crítica: "Sejam quais forem o modo e os meios pelos quais um conhecimento possa se referir a objetos, é pela

---

70 Ibid., p.11.
71 Ibid., p.12.
72 Ibid., p.16.
73 Kant, *Kritik der Urteilskraft*, p.87.

intuição que se relaciona imediatamente com estes e ela é o fim para o qual tende, como meio, todo o pensamento".⁷⁴ O que logo dá lugar a algo mais específico: "Dou o nome de *matéria* ao que no fenômeno corresponde à sensação; ao que, porém, possibilita que o diverso do fenômeno possa ser ordenado, segundo determinadas relações, dou o nome de *forma* do fenômeno".⁷⁵

Ao romper a harmonia entre natureza e cognição humana, a afirmação provocava a indignação de Herder, que já a exprime ao referir-se ao conhecimento do sintético *a priori*:

> É o conhecimento que pressuponho a partir dos conceitos anteriores a uma experiência. A expressão (*a priori*) não diz de onde os tenho. Como chegaram à minha alma *antes* de toda experiência? Se não se *desse* espaço ao matemático, nem corpos neste espaço, como possíveis ou reais, isto é, através de experiência interna ou externa, não se poderiam separar superfícies dos corpos, linhas das superfícies, nem construí-las como conceitos no espaço. As regras da razão, segundo as quais as constrói, se acham *dadas* na essência da própria razão.⁷⁶

Para Herder, a dedução kantiana era um puro *nonsense*, pois "os juízos formulados em nossa alma antes de toda experiência e sem elas são vazios, isto é, não são juízos".⁷⁷

Embora curtas, as referências à *Metacrítica* são fundamentais para compreender-se a resistência então contemporânea ao posicionamento kantiano, que rompia o suave deslizar da epistemologia aberto pelo pensamento grego. A questão é aqui apenas esboçada. Parece contudo evidente que a passagem há pouco citada da Terceira Crítica diminuía o impacto da formulação da Primeira Crítica. Combinada à referência a Herder, é assinalado o horizonte que se mostrava a Schopenhauer. O papel que

---

74 Kant, *Crítica da razão pura*, p.61.
75 Ibid., p.62.
76 Herder, *Eine Metakritik zur Kritik der reinen Vernunft*, v.8, p.334.
77 Ibid., p.340.

este atribui à razão e, em seguida, à causalidade procura abortar a descontinuidade que Kant estabelecia quanto ao saber clássico. Sem que estivesse na matéria, a causalidade declara o que nela sucede, porquanto matéria e causalidade são termos equivalentes: "A faculdade correspondente à matéria ou à causalidade (visto que são termos equivalentes) é o entendimento [...]".[78] Mais exatamente, "a lei da causalidade precede à intuição e à experiência".[79]

Mas não devemos simplificar o que na verdade era, no pensador, bastante tortuoso. Cabe indagar: como a posição concedida à representação não provoca a dispersão cognoscitiva? Sem nos determos nos meandros da exposição do pensador, destaquem-se dois momentos. De acordo com o primeiro, o relacionamento da faculdade da razão com a representação inclina o pensamento de Schopenhauer para o paradigma subjetivo: "O princípio da razão [...] é apenas uma forma de representação, isto é, o vínculo regular de nossas representações, e não o vínculo da série total, finita ou infinita, de nossas representações, com qualquer coisa que não seria a representação [...]".[80] A dispersão quanto à possibilidade de assegurar a objetividade do conhecimento é afastada pela intervenção de um fator constante, a vontade: "O indivíduo é ao mesmo tempo o sujeito do conhecimento e encontra aí a chave do enigma: essa palavra é *vontade*",[81] que é "o conhecimento *a priori* do corpo [...] – o conhecimento *a posteriori* da vontade".[82]

Até agora, o movimento conceitual se dera entre o antecedente, a representação, e o consequente, a vontade. A partir de então, a vontade assume o ponto de partida. Por efeito da vontade, nosso corpo se peculiariza entre as demais representações. Delas se diferencia porque dele podemos ter esclarecimentos que nos das outras é negado. O corpo é "o único fenômeno da

---

78 Schopenhauer, op. cit., p.18.
79 Ibid., p.20.
80 Ibid., p.105-6.
81 Ibid., p.109.
82 Ibid., p.110.

vontade, o único objeto imediato do sujeito".[83] Só dele, acreditava Schopenhauer, o eu consegue plena consciência; só por ele se torna um indivíduo. Daí parte o axioma: "Fora da vontade e da representação, não podemos pensar nada".[84] Com as certezas que adviriam da singularidade individual, o pensador recupera a tranquilidade perturbada por Kant.

Está dada a chave para que se descubra o que chamamos de *a concepção autocentrada do eu*. Por ela, Schopenhauer restringe o que considera sujeito àquele que usufrui da absoluta normalidade, isto é, aquele que comanda (ou parece comandar) seu querer. Ao filósofo cabe a imagem de quem oferece argumentos a favor do *status quo* e assim justifica a crispação nietzscheana contrária. Por conseguinte, a concepção do indivíduo abarca apenas o situado na plena normalidade e, ademais, visualizado no instante em que a exerce. O que vale dizer: a razão penetra e transparece na vontade, que só se justifica quando se manifesta em um querer razoável. O fato de o filósofo concluir que a vontade é "sem fundamento" porque este se encerra nas motivações instantâneas que a movem não leva a outra conclusão. Fora dos momentos *razoáveis*, a vontade é um guia cego que, indiretamente, já motiva o pensador para que, mais adiante, procure dela escapar. Como conciliar o controle da razoabilidade com o império da vontade? A necessidade de ultrapassá-la resulta de que não satisfaz ao indivíduo restar no exercício da normalidade em que Schopenhauer o circunscrevia.

Pelo encaminhamento que levava ao favor da vontade, a demorada lição de Kant se tornara vã. Ao passo que ele encarecia a razão especulativa, Schopenhauer favorecia a razão cotidiana, trivial, que propunha a proximidade decisiva da vontade. Se, para as três Críticas, a chamada "coisa-em-si" inexiste, conforme a dedução de Schopenhauer, ela é unicamente a vontade – ele o diz expressamente: "A coisa-em-si é unicamente a vontade".[85]

---

83 Ibid., p.113.
84 Ibid., p.114.
85 Ibid., p.119.

É certo que de algum modo procura corrigir a afirmação por explicar que a coisa-em-si não é um objeto, e sim o objetivo a extrair dos fenômenos:

> A coisa-em-si [...] que, como tal, nunca é um objeto – visto que todo fenômeno não é mais do que seu fenômeno, e não ela mesma –, tem necessidade, para ser pensada objetivamente, de pedir emprestado um nome e uma noção a qualquer coisa da coisa-em-si objetivamente dada, por consequência a um dos seus fenômenos.[86]

Ou ainda, é algo tão objetivo que transpassa o caráter de fenômeno. Nesse sentido, se assemelha ao conceito de vontade:

> O conceito de vontade é o único, entre todos os conceitos possíveis, que não tem sua origem no fenômeno, em uma simples representação intuitiva, mas vem do próprio fundo, da consciência imediata do indivíduo, na qual ele se reconhece a si mesmo, em sua essência, imediatamente, sem nenhuma forma, mesmo a do sujeito e do objeto, atendendo a que, aqui, o que conhece e o conhecido coincidem.[87]

Afirmá-lo, no entanto, supõe cogitar-se fora do que é cognoscível, porquanto, como coisa-em-si, a vontade é inexplicável.[88] Assim, o eu autocentrado encontra o limite próprio da autoconcentração; encerra-se nas manifestações conscientes da individualidade tida como normal:

> O conhecimento, em geral, tanto racional como puramente intuitivo, procede [...] da vontade e pertence à essência dos graus mais altos de sua objetivação, como uma pura *mephané*, um meio de conservação do indivíduo e da espécie, tal como um órgão do corpo.[89]

---

86 Ibid., p.120.
87 Ibid., p.121.
88 Cf. ibid., p.130.
89 Ibid., p.161.

Schopenhauer reitera que o erro supremo de Kant foi não tê-lo assinalado: "A coisa particular que se manifesta sob a lei do princípio da razão é apenas [...] uma objetivação indireta da coisa-em-si [...]".[90]

Pela "correção", a coisa-em-si, entendida como a vontade, conecta-se ao princípio da razão, geradora das formas de tempo, espaço, causalidade, para, simultaneamente, ocultar a "coisa-em-si" e servi-la. (A especulação kantiana seguia via de efeito menos cotidiano).

Ao aí chegar, o pensador já se mostra bastante confiante para estabelecer sua posição de filósofo em relação aos cientistas. As ciências são caracterizadas como puras relações. Ou seja, são, objetivamente, realidades relativas, que deixam ao encargo do filósofo as revelações absolutas.

Ao estabelecer a distinção, Schopenhauer prepara-se para o salto derradeiro. A cadeia estabelecida entre a faculdade da razão e vontade restringe-se ao indivíduo, de sua parte, restrito ao que se supõe plenamente normal e articulado entre atos de consciência. Para tornar-se absolutamente sujeito, o homem ainda precisa libertar "o conhecimento do serviço à vontade. Pois sua absolutidade se faz em detrimento do indivíduo. Como? Deixando de procurar as relações com o princípio da razão e mergulhando na "contemplação profunda do objeto":

> O sujeito deixa [...] de ser simplesmente individual; torna-se então puramente um sujeito que conhece e isento de vontade; já não está obrigado a procurar as relações em conformidade com o princípio da razão; absorvido daqui em diante na contemplação profunda do objeto que se lhe oferece, livre de qualquer outra dependência [...].[91]

Ao "ultrapasse" do que era o limite kantiano correspondera a prisão da normalidade consciente. Para dela agora se libertar,

---

90 Ibid., p.184.
91 Ibid., p.186-7.

Schopenhauer recorre ao que consideramos a proposição de uma mística leiga. Em seus próprios termos, a libertação da individualidade conduziria ao "puro sujeito", entendido como "claro espelho do objeto".[92] Sem que o pretendesse e provavelmente sem ter disso consciência, Schopenhauer chegava à justificação suprema da *imitatio*, conquanto inverta seu percurso. A *imitatio* invertida, como é a sua, não é acidental, pois declara que a ideia platônica, "cujo sentido (Kant) distorceu", era a premonição de sua concepção de vontade: "Compreendo [...] pelo conceito de *ideia* (os) graus determinados e fixos da objetivação da vontade, enquanto ela é a coisa em-si [...]".[93] Não se lhe poderia portanto negar a coerência de seu voo platônico.

De todo modo, como a meta principal deste capítulo e do livro em que se inclui trata do sujeito autocentrado e da busca de desfazê-lo pela tematização do sujeito fragmentado, e essa temática deriva do próprio questionamento da *mímesis* a que temos nos dedicado, a radicalização da figura da *imitatio* por Schopenhauer deve-nos ser admitida.

Recordemos, pois: a questão da *mímesis* fora levantada por Platão, e sua concepção desprezava a eficácia do trabalho do artista. Ainda que os graus de descida da *ideia* implicassem a diminuição da qualidade do grau superior, dela mais próximo, não vamos tomar Platão como advogado explícito da *mímesis* como imitação da natureza. Podemos mesmo dizer que, ainda em sua passagem por Horácio e o âmbito romano, a *imitatio* se propunha uma justificativa da arte e não sua desconsideração. Assim posto, nos deparamos com sua acepção clássica. Sua ênfase na imitação reconhecia que Platão estivera correto em considerar a inutilidade do *mímema* para a educação do cidadão, mesmo que tivesse exagerado em exilar o artista da república ideal.

Entendida a *imitatio* como a interpretação latina da *mímesis* grega, seu mecanismo consistia em que o artista procurasse

---

92 Ibid., p.187.
93 Ibid., p.138.

apropriar-se da perfeição com que a natureza operara. Quando falamos na *imitatio* invertida de Schopenhauer, não a relacionamos a seu entendimento da experiência estética, mas sim à mudança do rumo com que o sujeito, liberto da pressão da vontade, a tal ponto se identifica com o objeto que se faz seu espelho. No caso anterior, o apropriar-se das criações da natureza provocava o que só depois será chamado de experiência estética. No caso da inversão, a *mímesis* está esquecida — quando Schopenhauer tratar da experiência estética não a mencionará — e a questão concerne à construção da vida do sujeito. Apenas sua recordação de Platão nos lembra que, mesmo apagada, o percurso do pensar a arte começara com a *mímesis*. Seu uso da tradução latina é invertido porque o sujeito não se apropria (imita) do legado da natureza, não o atrai para si, senão que se lança para tal legado, na busca de converter-se em seu espelho.

Se a explicação foi motivada pela orientação geral do livro, na perspectiva particular da seção deste capítulo o andamento há de ser outro. Usamos a ideia do inverso para promover um prolongamento contrário ao que o próprio Schopenhauer fizera. Com isso, não pretendemos desenvolver a rota antagônica à sistematizada por ele, mas tão só vislumbrar a rota que ele mesmo não percorreu. Ou seja: se se parte do suposto que o indivíduo tem tamanha possibilidade de domínio sobre sua vontade que seria capaz de anular-se a si próprio junto com ela, por que não se considera a possibilidade de um domínio em que a vontade se caracterizaria por se mostrar de todo afastada do princípio de razão? Se a hipótese considerada era o limite do que julgava positivo, por que não aventava o limite do que seria negativo? Em termos usuais, a primeira seria, no âmbito do místico, leiga, a escala da normalidade, enquanto a segunda culminaria no completo desmando dos próprios atos. Schopenhauer evita considerá-lo. Afasta-se da situação em que o sujeito aparece como espelho do objeto, para identificar tal sujeito desindividualizado com o gênio:

[...] A expressão genial de uma cabeça consiste [...] em que aí se pode ver uma preponderância marcada do conhecimento sobre a vontade,

[...] a expressão de um conhecimento isento de qualquer relação com uma vontade, isto é, a expressão de um conhecimento puro."[94]

Relacionado ao objeto da filosofia, a genialidade é separada do exercício das ciências. O indivíduo perde sua particularidade ao se confundir com o sujeito universal – é curioso, se não for sintomático, que ao favorecimento da função do eu corresponda a exaltação indireta de um misticismo leigo. Mas o pensador tem o escrúpulo de, em vez de dizê-lo expressamente, antes inclinar tal desindividualização para a experiência estética: "[...] O conhecimento puro, desembaraçado e liberto de toda vontade, constitui qualquer coisa de eminentemente aprazível. [...] Tal é a causa do prazer estético".[95]

Não será preciso nos demorarmos em seus graus de objetividade. Bastará considerar que seu nível mais baixo se cumpre na arquitetura artística, alcançando sua máxima intensificação na tragédia.[96] O que já chamamos de imitação invertida precisa-se como a complementação pela arte do que não fez a natureza: "Essa beleza da forma que, depois de mil tentativas, a natureza não possa atingir, (o gênio) fixa-a nos grãos de mármore [...]".[97] Realizando a pureza do conhecimento, o gênio na arte demonstraria que aquela pureza indicava a completa independência da cognição individual, pois "esclarece perfeitamente aquilo de que *a priori* tinha apenas uma vaga consciência".[98]

A arte tem como perspectiva abrangente assinalar os graus progressivos da desindividualização. A reflexão sobre a música leva o pensador a explicitar que a "pureza" se relaciona com a imitação invertida: a música é "a cópia de um modelo que nunca pode, ele mesmo, ser representado diretamente".[99]

---

94 Ibid., p.197-8.
95 Ibid., p.210.
96 Ibid., p.269.
97 Ibid., p.233.
98 Ibid., p.234.
99 Ibid., p.270.

As longas voltas culminam menos na arte do que em duas proposições (não explicitamente enunciadas): (a) se o mundo é o produto de *minha vontade*, afastar-me dele é indispensável para chegarmos ao sujeito sem dependências. A desindividualização é o modo de atingir-se a culminância do eu, a seu princípio egoico. Portanto a desindividualização é, paradoxalmente, a etapa máxima de concentração no sujeito individual; enquanto esteve dominado pela vontade, o eu não passa de um singular entre milhões de singulares. A mística leiga supõe um *re-ligare* com algo bem terreno, o sujeito em estado de pureza. Tal princípio confirma-se por outra volta, a ser referido de maneira bem rápida: (b) por que a coisa-em-si, a vontade, pergunta-se o filósofo, implica a constância, conquanto interrompida, da dor? Porque, responderá, "todo querer tem por princípio uma necessidade, uma falta, portanto, uma dor".[100] "A vida humana oscila entre a busca do que carece e, eventualmente saciada, o aborrecimento".[101]

Que significa o declarado vaivém senão que o outro é a referência da falta? Se ele multiplica as ramificações da vontade é para que acresça a proporção da dor. O outro motiva a dor, pois o eu, desde que encerrado no egoico absoluto, é isento de dor. Permito-me um pequeno retrospecto.

A partir do *cogito* cartesiano, à relevância do sujeito corresponderá a perda de suficiência do mundo. Pretendo por ela dizer: até então, à percepção do mundo corresponderá sua inquestionabilidade. Se, em Kant, o *cogito* era criticado como uma afirmação grosseiramente empírica, ele não deixava de ser aproveitado por seu refinamento. Este, de sua parte, supunha a maior questionabilidade do mundo — para a perplexidade e irritação de Herder — pela afirmação de juízos não comprovados pela experiência.

Sem empregar termos semelhantes, Schopenhauer parte da mesma questionabilidade. Mas, em vez de equilibrá-la de alguma

---

100 Ibid., p.327.
101 Ibid.

maneira, como Kant procura fazer, a inclina potentemente para o lado do sujeito, até ao lance de convertê-lo na entidade metafísica do sujeito puro. Com o sujeito puro, parte-se do suposto que a supressão alcançada da vontade é a alternativa válida contra o reiterado sofrimento da vida.

Pela pureza da concentração em si, o místico sem centro religioso ultrapassa o limite estreito do egoísmo em favor do egoico: "Se os saniasis, os mártires, os santos de todas as confissões e de todos os nomes suportaram voluntária e alegremente seu martírio, foi porque neles a vontade de viver se tinha ela mesma suprimido".[102]

Como a entendemos, a dimensão egoica é confirmada pela alternativa que o pensador estabelece entre sexualidade e inteligência. Se a primeira está na dependência do outro, o prazer derivado do outro corpo é precedido e seguido, portanto superado, pela dor e o aborrecimento: "[...] Os órgãos viris (sic) são o verdadeiro *foco* da vontade, o polo oposto ao cérebro, que representa a inteligência, a outra face do mundo, o mundo como representação".[103] A antítese assinala que sua importância para Freud esteve em deslocá-lo, se não mesmo em desterrar o sistema que o afirmava.

Como logo Schopenhauer destacará, a vontade, enquanto individual, permanece irredutível à pluralidade, sendo, por conseguinte, inevitavelmente ligada à figuração do Outro. Se a vontade, como dissera na parte precedente, reitera a coisa-em-si, a pluralidade das gentes a transforma em fenômeno: "Esta pluralidade [...] não a atinge, a ela, vontade, a ela, coisa-em-si: trata--se apenas dos fenômenos; quanto a ela, está em cada fenômeno inteira e indivisível, e vê à sua volta a imagem repetida até ao infinito de sua própria essência".[104]

Desse modo, o pensador não só reafirma o Hobbes de *De Cive*, como o toma literalmente. O *bellum contra omnes* provoca a

---

102 Ibid., p.342.
103 Ibid., p.346.
104 Ibid., p.348.

negação intelectiva da existência do Outro: "(Em Hobbes) vê-se cada um não só arrancar ao primeiro que aparece aquilo de que tem necessidade, mas, para acrescentar mesmo imperceptivelmente seu bem-estar, arruinar completamente a felicidade, a vida inteira de outrem".[105]

Em vez de esperar-se que o Outro extraia de si mesmo o que queira, é preferível que cada um, isoladamente, conviva com seu egoísmo, caso não consiga chegar ao egoico ideal.

Parecem simplesmente espantosas as consequências do afastamento do pensamento crítico. A cessação da questionabilidade do mundo de que parte justifica que um exército de formigas voluntariosas deixe de se autodevorar ao atingir a contemplação do próprio umbigo. Schopenhauer recorre à passagem de Eurípedes para apontar a chance de haver justiça entre os homens:

> Pensam que as ações injustas sobem à morada dos deuses/ Levadas por asas, e que lá, junto de Júpiter sobre as tabuinhas/ Alguém as inscreve, depois do que Júpiter, ao vê-las/ Faz justiça aos mortais? Mas o próprio céu inteiro,/ Se Júpiter escrevesse as faltas dos vivos,/ Não chegaria, e o próprio Júpiter não chegaria nem a ler/ Nem a repartir as punições.[106]

Não fosse a necessidade de expor as linhas gerais do tratado, poderíamos haver prescindido da parte final. Mas o corte seria capcioso, porque declarar que o mundo é vontade e representação já é, implicitamente, falar mal do mundo. Será portanto indispensável precisá-lo para que a resultante não se confunda com o inevitável. Pela maneira como a vida se processa, a razão, a vontade, a representação se compõem diante da figuração do Outro, que, de sua parte, se associa à dor. Como evitá-lo sem que se tematize a plenitude da inteligência do sujeito puro, ou seja, sem a negação do corpo? A solução afinal proposta não é um remédio para o sujeito *no* mundo, mas sim para o sujeito *contra*

---

105 Ibid., p.349.
106 Ibid., p.369.

o mundo. A filosofia se converte em um contido muro de lamentações. Não é acidental que, se em "Schopenhauer als Erzieher" [Schopenhauer como pedagogo], Nietzsche ainda o louvava, na década seguinte o abominará. No item seguinte, veremos a favor de quê. Tão só ainda antecipemos: é esperável que, ao desencadear, em *A vontade de potência*, a plena negação do pensador antes louvado, Nietzsche se fundasse em um argumento que não devia estar em *O mundo como vontade e representação*.

Antes de lembrá-lo, é justo recordar a atmosfera em que o tratado de Schopenhauer se movia. No começo, a rejeição do *a priori* kantiano conduzia a que se concretizasse o princípio da razão. Este concedia à lógica do mundo quanto ao homem uma plausibilidade que lhe fora negada desde que nele não mais se via o caráter inquestionável de seus pertences. Não será preciso insistir que a conclusão partilhada pelo sujeito puro é bastante discrepante. Schopenhauer parece o primeiro grande exemplo de um *work in progress* realizado pela afirmação do sujeito contra o mundo. É curioso o contraste: Kant partia da relativa discordância da mecânica da cognição humana quanto às leis da natureza para afinal afirmar que a falta de justificação natural do sintético *a priori* não impedia a formulação de juízos de cunho universal, embora não mais naturalmente embasados. Ao se indispor contra Kant, Schopenhauer estabelece uma distância infranqueável entre o sujeito e o mundo.

Escusado explicitar minha pouca simpatia quanto ao objeto comentado. Mas a discrepância se estabelece a partir de uma convergência: a representação de algo ultrapassa o princípio de razão, o qual, enquanto presente na mecânica da cognição humana, é universal, ao passo que a representação efetiva depende de elementos singulares ao indivíduo. A convergência aí cessa: a representação depende sim da singularidade individual, embora trabalhada a partir da cultura a que o indivíduo pertence. A cultura, ademais, supõe – o que Schopenhauer não considera – a diversidade de classes e subclasses em que o individual se concretiza.

4. NIETZSCHE: ENTRE ANOMALIA E GENIALIDADE

Para termos alguma perspectiva da obra em que nos concentraremos, partamos das *Unzeitgemässe Betrachtungen III* [Considerações extemporâneas III], escritas em 1874. No conjunto que as abre, "Schopenhauer como pedagogo", se punha como questão primeira: "Como o homem pode se conhecer? É uma questão obscura e velada; se a lebre tem sete peles, o homem pode se desfazer de setenta peles e, no entanto, não poderá deixar de se dizer: eis que de fato não és mais que envoltório".[107]

A questão assumia sua complexidade ao desenvolver a afirmação da estima de Nietzsche por filósofo que considerasse exemplar. Nessa proporção, descartava-se de Kant porque, declara Nietzsche, ele permanecera dependente de uma instituição, a universidade, em que se submetia às ordens, mantinha a aparência de fé religiosa e suportava viver entre colegas e estudantes.[108] Schopenhauer, ao contrário, ainda era então admirado porque "faz menos cerimônias às castas sapientes".[109] O que claramente significa que exalta o filósofo enquanto modelo de indivíduo autônomo, que, sem concessões ao ambiente, só respondia a si mesmo. Ainda assim seu mérito não é sem tacha porque Nietzsche acentua o risco de que sucumbisse à pressão da chamada cultura (*Bildung*), de que só naturezas de consistência rochosa poderiam escapar:

> Estes solitários e livres de espírito sabem que, enquanto não querem senão a verdade e a honestidade, constantemente parecem de algum modo diversos do que são, tecendo-se à sua volta uma rede de mal-entendidos; e seu desejo veemente não pode impedir que sua ação seja cercada por um miasma de opiniões falsas, de

---

107 Nietzsche, Vom Nutzen und Nachtheil der Historie für das Leben: Unzeitgemässe Betrachtungen II, in: *Kritische Studien Ausgabe*, v.I, p.340.
108 Ibid., p.351.
109 Ibid.

acomodações, de semiconcessões, de silêncios precavidos, de interpretações falsas."¹¹⁰

Demoramo-nos na transcrição de uma frase sem conteúdo relevante porque bem indica a indignação do autor contra os ardis que toda sociedade apresenta. Não se diz que tal alçapão de falsidades seja ilusório, senão que é relevante para o extremismo que separa o que o autor julga positivo – o espírito livre e solitário – do negativo – o que aceita a pressão do meio ambiente. A separação radical caracteriza o passionalismo com que Nietzsche escreve. Naquele momento, Schopenhauer e Wagner eram venerados. A reviravolta que logo atingirá a ambos leva o leitor atento a desconfiar da apreciação. No caso que aqui se destaca, Schopenhauer chegava às raias da adoração: "Poucos pensadores sentiram nessa medida e com precisão incomparável que o gênio neles trabalhava".¹¹¹

É surpreendente que Nietzsche só fale propriamente do tratado básico do pensador admirado quando seu entusiasmo se dissipar. A observação será relevante para sua própria apreciação: com efeito, a questão básica do "Schopenhauer pedagogo" não é seu pensamento, mas sim a luta do homem solitário e a obra que produza contra as cadeias com que seu tempo o envolve:

> Se de preferência se aprecia todo grande homem como o verdadeiro filho de seu tempo e que, em todo caso, ele sofra de maneira mais forte de todos os seus males que os de pouco valor, a luta deste grande homem contra seu tempo é, na aparência, tão só a luta insensata e destrutiva contra si próprio.¹¹²

A questão é, de fato, posta para que seja transtornada. O combate não é tanto contra os grilhões do tempo, porém mais propriamente a capacidade de superá-los, para que viva a liberdade. Sem

---

110 Ibid., p.354.
111 Ibid., p.359.
112 Ibid., p.362.

que recorra ao argumento de Schopenhauer contra a vontade, Nietzsche, a seu modo, dele se socorre. Daí a exemplaridade que ressalta: "O homem schopenhaueriano *toma sobre si o sofrimento voluntário da veracidade* e esse sofrimento lhe serve para sufocar sua vontade própria e preparar a plena revolução, a inversão de sua criatura, para conduzi-la ao sentido verdadeiro da vida".[113]

Naquela etapa da obra de Nietzsche, ao transtorno da vontade individual ainda correspondia a inequívoca superioridade da filosofia. Note-se contudo que o realce não é concedido propriamente ao pensador, mas sim ao homem liberto de entraves: "Um cientista (*Gelehrter*) nunca se tornará um filósofo. [...] Um filósofo não é só um grande pensador, mas também um homem real (*ein wirklicher Mensch*)".[114] É como "*ein wirklicher Mensch*" que Schopenhauer era louvado como pedagogo.

A consideração anteriormente esboçada seria ociosa se pretendesse mais que acentuar que a obsessão nietzscheana se prendia à questão do sujeito e não propriamente à primazia da filosofia. Como as dimensões do item não permitem considerar mais que uma parte de sua obra, é desnecessário considerar seus outros títulos. Isso, no entretanto, não impede de assinalar-se a estranheza provocada pelos elogios constantes à sua produção. Com efeito, ainda quando os comentadores de Nietzsche ressaltem a impropriedade de suas conclusões, para eles isso não arranha seu mérito. O lugar que reservam para Nietzsche leva o leitor a suspeitar que assim se dá por uma espécie de *noblesse oblige*, que, por via travessa, encaminha ao louvor de si mesmo. A segunda hipótese vale com excelência para o capítulo III do *Nietzsche*, de Heidegger. Retome-se a consideração anterior.

À diferença do louvor à pessoa de Schopenhauer, o segundo ensaio, "Vom Nutzen und Nachteil der Historie für das Leben" [Da vantagem e desvantagem da história para a vida], escrito entre 1873 e 1874, é uma de suas obras indiscutíveis. Mas mesmo sua impecabilidade não impede a permanência do valor supremo

---

113 Ibid., p.371.
114 Ibid., p.409-10.

reservado ao sujeito. É o que mostra, junto à observação bastante justa da restrição à absolutidade de sentido emprestado à espécie monumental de história,

> precisamente, a exigência de que o grande deve existir para sempre provoca a mais terrível das lutas. Pois tudo mais que ainda vive exclama: não. O monumental não deve surgir [...]. Porém uma coisa viverá: o monograma de sua mais própria criatura (*ihres eigensten Wesens*), uma obra, uma ação, uma rara iluminação, uma criação.[115]

O cuidado de não prolongar a citação leva a correr-se o risco de estropiá-la. Estendemo-nos por isso um pouco. Nietzsche distingue três espécies de história: a monumental, a tradicional e a crítica, respectivamente, a que serve uma meta, a que conserva e venera o passado, a que necessita de libertação.[116] Em conjunto, conforme declara o início do § 2, elas estão a serviço da vida, porque a vida precisa da história. Cada uma, entretanto, há de se manter dentro de limites. O "não" que confronta a história monumental concerne a seu excesso. A restrição é imprescindível porque "da leitura do futuro e do acaso não poderá sair a mesma combinação".[117] De fato, não há razão para a exclusividade de nenhuma das três modalidades. Portanto, a restrição quanto à monumental igualmente se aplica à segunda espécie: "O pequeno, limitado, corrompido e antiquado recebe sua dignidade e intangibilidade próprias do fato de que a alma conservadora e admiradora do homem tradicional passa a viver nestas coisas e as converte em um ninho macio".[118]

Chega a ser surpreendente que Nietzsche conseguisse naquele instante se distanciar de si mesmo e reiterasse a razão e as fronteiras de cada uma. Tão só se assinala que era assim estimulado por bem conceber que as espécies de história se justificavam por

---

115 Ibid., p.259-60.
116 Ibid., p.258.
117 Ibid., p.262.
118 Ibid., p.265.

prestar seu serviço à complexidade da vida. Esse serviço não era menor na história crítica: o homem "tem de ter força e, de tempos em tempos, empregá-la em romper e dissolver uma parte do passado para que possa viver".[119] Conquanto toda a elucidação da história seja guiada pelo conceito genérico de vida e esteja a serviço de algo bem particularizado como o indivíduo, o certo é que a *Consideração extemporânea 2* constitui um dos textos capitais de Nietzsche. E os reparos que ele faz a cada espécie, assim como a determinação da meta de cada uma, as mostram, enquanto prática intelectual abrangente, como relevantes para toda a cultura.

Com essas observações, consideramos apresentado o horizonte a partir do qual podemos nos dedicar à *vontade de potência*.

A vontade de potência é formada por um conjunto de fragmentos, datados de 1885 a 1888, que permaneceram incompletos. Abandonado meses antes de seu desmoronamento psíquico, em janeiro de 1890, Nietzsche o preteriu por outras compilações até sua morte, em 1900.

Por haver permanecido um conjunto inacabado de fragmentos, sua edição passará a depender de seu organizador. Sua primeira edição apareceu em 1901, foi ampliada em 1911 e reposta em circulação em 1937-1938, com a colaboração de sua irmã Elisabeth Förster-Nietzsche, que fora decisiva para que fosse então tomada como própria de um antecipador do nazismo.

Sem que se negue que há coincidências entre alguns fragmentos e o ideário nazista, sua identificação foi prejudicial à obra. Sabedores de que o caráter do livro dependerá da escolha dos fragmentos por quem os considere, os organizadores da edição crítica, Giorgio Colli e Massimo Montinari, não incluíram o fragmento em nenhuma coletânea em que foi apresentada *A vontade de potência: investigação de uma transvalorização de todos os valores*. O texto alemão que circula emprega a versão controversa para a qual sua irmã colaborara. Por esse motivo, preferimos, em vez de utilizá-la, lançar mão da versão organizada por Friedrich

---

119 Ibid., p.269.

Würzbach, que serviu de base para a tradução francesa, circulante desde 1995.
 É imenso o campo reflexivo dos fragmentos, escritos sobretudo entre 1885 e 1888. Estende-se da matemática à música, passando pela filosofia e o que dizia respeito a propriedades do homem primitivo. É evidente que ninguém poderia abarcar essa longuíssima enciclopédia na condição de especialista. Heidegger converte essa desarticulação em necessária, sob o argumento de que, quaisquer que sejam as razões por que Nietzsche abandonou os fragmentos, *A vontade de potência* não poderia ter estado pronta porque seu pensamento não cabia no que era tomado como sistema. (A formulação heideggeriana não é assim direta: "Se se ousa qualificar de incompleta (*Unvollendung*) – o que não tem sentido –, uma obra 'sobre' a vontade de potência só poderia ter sentido se o pensador recusasse a configuração interna de um pensamento original").[120] O que vale dizer: a alusão à doença que o aniquilará faria parte de argumentos psicológicos e biográficos secundários.[121] A explicação histórico-psicológica confundiria o aleatório, a insanidade dos últimos anos de Nietzsche, com a propriedade interna de sua obra. Parece preferível entender que os fragmentos de *A vontade de potência* manifestariam a complexa consistência de suas ideias.

 Sem o acordo heideggeriano, concentrar-se diretamente nos fragmentos será equivalente a destacar suas intuições, paralelamente a seus preconceitos, ditos e reditos, repetidos e internamente contraditórios. Caminhando por essa trilha, o leitor de *A vontade de potência* verá que o autor não tinha escrúpulos em falar mal da razão, quando o que acata se confundisse com sua própria razão. Por aí já principiava o contraditório. Ao manifestá-lo, o autor não tinha por que se preocupar. É verossímil que, no momento em que se lhe propiciasse sua edição, fizesse um ajuste interno.

 Das centenas de fragmentos, serão tematicamente destacados alguns dos que nos pareçam mais relevantes. A primeira temática

---
120 Heidegger, *Nieztsche*, v.II, p.485.
121 Ibid., p.482.

concerne à necessidade de desenredar o mundo do que considerará ser o alçapão do conhecimento. O desenlace não será afirmado diretamente senão que por combinação com a lógica, a moral, a dominação que não seria a legítima: "Região das necessidades de que nasceu a *lógica*: o instante gregário como pano de fundo. Admitir que há 'casos idênticos' é supor que exista uma 'alma idêntica'. *Para fins de interpretação e de dominação*".[122]

O intelecto não pode fazer sua própria crítica porque não é comparável a outros intelectos diversamente constituídos e porque sua faculdade de conhecer só se manifestaria em presença da "realidade verdadeira"; ou seja, para criticar o intelecto seria preciso que fôssemos seres superiores, dotados de "conhecimento absoluto. O que já suporia que existisse, fora de todos os modos perspectivistas de observação e de assimilação sensual ou intelectual, uma coisa que seria um "em-si".[123]

A explicação física que transporta a imagem para fora da sensação e do pensamento não pode, por sua vez, deduzir e provocar o próprio nascimento da sensação e do pensamento; em vez disso, a física deve *logicamente* construir o mundo sensível, aí compreendendo o homem superior, como *despojado de sensação e de fim*.[124]

> Suprimamos o mundo verdadeiro; para fazê-lo, será preciso suprimir os antigos valores supremos, a moral... Basta provar que a própria moral é *imoral*, no sentido em que o imoral foi julgado até o presente. [...] Os valores supremos anteriores são um caso especial da vontade de potência.[125]

A afirmação reiterada supõe um mundo verdadeiro e até agora encoberto, pois o verdadeiro que propõe não é o que se tem concebido:

---

122 Nietzsche, *La Volonté de puissance*, v.I, p.55.
123 Ibid., p.80.
124 Ibid., p.86.
125 Ibid., p.93.

Este mundo só é aparência; *portanto* há um mundo verdadeiro. Este mundo aqui é relativo, *portanto* há um mundo absoluto. Este mundo aqui é contraditório, *portanto* há um mundo despojado de contradição. Este mundo aqui está em devir, *portanto* há um mundo do ser.[126]

Em particular, um certo tópico não deve entediar o leitor: a vontade de potência. Ele se afirma no que se nega e no que se exalta: "O mundo *que nos importa* é falso, ou seja, não é um estado de fato mas uma invenção, uma maneira de arredondar uma magra soma de observações".[127]

O que se chama de livre-*arbítrio* é esse estado muito complexo do homem que "quer", ou seja, que comanda e que, executando suas próprias ordens, usufrui de triunfar de todas as resistências e julga que é sua vontade que triunfa dessas resistências; ao prazer de comandar, ele acrescenta o prazer de sentir-se um instrumento ativo e eficaz, de ser um querer e um subquerer dóceis.[128]

A consciência do eu é o último traço que se acrescenta ao organismo, quando ele já funciona perfeitamente, sendo ela quase supérflua: a consciência da *unidade* é em todo caso muito imperfeita, muito sujeita ao erro, se ela é comparada com a unidade verdadeiramente inata, encarnada, ativa, de todas as funções. A grande atividade principal é inconsciente.[129]

O conceito de "*substância*" é completamente inútil quando se trata de explicar. A *consciência* só tem um papel secundário e quase indiferente, supérfluo, talvez destinado a desaparecer e a dar lugar a um automatismo perfeito.[130]

---

126 Ibid., p.98.
127 Ibid., p.279.
128 Ibid., p.292.
129 Ibid., p.300.
130 Ibid., p.308.

Cada vez que um fato penetra no consciente, é a expressão de uma doença do organismo; é preciso procurar um meio novo, nada de suficiente se oferece, há a dor, a tensão, a superexcitação – tudo isso constitui a vinda à consciência... O gênio consiste no instinto, também a felicidade.[131]

Desde Sócrates, a característica comum da história da Europa consiste no esforço de fazer que os valores morais triunfem sobre todos os outros valores.[132]

A vontade de potência e suas múltiplas ramificações encontram como oposto a afirmação do mundo como ser, e seu praticante é o filósofo. Antes de nos confrontarmos com a prática do filósofo, é correto lembrar que a grande maioria dos homens é avessa à fixação no ser. Nietzsche o declara em fragmentos que se acumulam desde 1885. Os homens medíocres se diferenciam dos que se entregam à reflexão filosófica porque, já no começo da década de 1880, Nietzsche descartara a apreciação antes positiva de Schopenhauer: "Schopenhauer [...] aparece como o moralista obsessivo que vem *negar o universo* para que triunfe sua avaliação moral".[133] De sua parte, o autor procura se desvencilhar da companhia dos pensadores. Ele mesmo será aquele que recusará as crenças sublimes da adequação do belo, do bem e do bom, entre os que refletem e se pretendem investidos de razão – os homens que refletem são "uma espécie humana improdutiva, *sofredora*, cansada de viver. Imaginemos a espécie contrária de homens: ela não teria necessidade de crer no Ser".[134] Já por essa inflexão se evidencia o que explicitamente não declara, que os fragmentos que compõe se combinam como uma autobiografia: "Chamo-me o derradeiro filósofo porque sou o homem derradeiro. Ninguém

---

131 Ibid., p.311.
132 Ibid., p.394.
133 Ibid., p.37.
134 Ibid., p.11.

me fala senão eu mesmo e minha voz chega a mim como de um moribundo".¹³⁵ E continua:

> Por volta de 1876, senti o terror de ver *comprometido* tudo o que tinha até então querido, quando compreendi o que ia suceder a Wagner. [...] – Pela mesma época, me sentia como definitivamente *aprisionado* em minha filologia [...]. – Pela mesma época, compreendi que meu instinto tendia, em oposição ao de Schopenhauer, a *justificar* a vida, mesmo no que ela tem de mais terrível, de mais equívoco e de mais mentiroso; dispunha para isso de uma fórmula, o *dionisismo*.¹³⁶

> A novidade de nossa posição filosófica é uma convicção desconhecida em todos os séculos precedentes: a de *não possuir a verdade*. [...] Na falta de um ponto de vista definido, é impossível falar do valor de uma coisa; em outros termos, *a afirmação* definida de uma vida definida é a condição prévia de todo *julgamento*.¹³⁷

"Confesso, este mundo, tal como o represento depois de madura reflexão, [...] que inventamos, criamos, amamos, é um produto que repugna no fundo a meu instinto viril."¹³⁸ Ao caráter autobiográfico pouco importa que as negações deem lugar a contradições. Assim eventualmente sucede com a própria moralidade, que, sistematicamente negada, não passa menos a ser posta a serviço da vontade de potência: "Uma vez repudiada a moralidade que diz 'Não enganarás', o 'gosto da verdade' terá de se justificar diante de qualquer outro fórum – enquanto meio de conservação para o homem de *vontade de potência*".¹³⁹

Isso tampouco impede que a "nova" moralidade se associe à falsidade do conceito e sua necessidade:

---

135 Ibid., p.49.
136 Ibid., p.126-7.
137 Ibid., p.211-2.
138 Ibid., p.214.
139 Ibid., p.227.

A falsidade de um conceito não me parece ser uma *objeção* a esse conceito; o básico é saber em que medida ele favorece e conserva a vida, conserva a espécie. Estou mesmo intimamente persuadido de que *as crenças mais falsas são justamente as mais necessárias* [...].[140]

Mesmo sob o risco de repetição, mantenha-se o esquema temático. Corremos o risco de reencontrar a vontade de potência a todo instante; um pouco de sensatez evitará o perigo. De qualquer maneira, não estranha que a moral tenha uma cláusula positiva quando for favorável aos propósitos do autor:

O grau *presente* da moralidade exige que não haja mais:
Nem castigo,
Nem recompensa, nem retribuição,
Nem servilismo,
Nem *pia fraus*.[141]

É excepcional que esta exceção seja aberta ao cristianismo: "Os dois tipos de homens mais nobres que jamais encontrei pessoalmente são o perfeito cristão — tenho a honra de descender de uma raça que sempre levou o cristianismo a sério, em todos os sentidos — e o perfeito artista romântico [...]".[142] Se for possível, será ainda mais raro que deixe de se manifestar contra a democracia ou contra o comunismo, ou, ao contrário, que deixe de estar a favor da hierarquia: "Minha filosofia tende ao estabelecimento de uma *hierarquia*, não de uma moral individualista. Que o espírito de rebanho reine no rebanho, mas que não se estenda além".[143]

Demoremo-nos mais na afirmação radical do eu. Apenas se considere que Nietzsche já se julga bastante afastado de Schopenhauer para não confundir o *Ich* com o sujeito puro: "É falso dizer: *a fim* de conservar a espécie, inúmeros indivíduos são

---

140 Ibid., p.231.
141 Ibid., p.116.
142 Ibid., p.73.
143 Ibid., p.259.

sacrificados. Este 'a fim de' não tem realidade. Tampouco há espécie, nada senão indivíduos diferentes".¹⁴⁴

A ênfase na individualidade, em oposição à espécie, traria consigo a virtude: "Toda comunidade beligerante, por pequena que seja (e mesmo o indivíduo), procura se persuadir disto: *'Temos a nosso favor o bom gosto, o bom senso e' a virtude'. A luta obriga a exagerar a este' ponto a estima de' si'*".¹⁴⁵

Pense-se agora em termos mais amplos: o que resulta do inconteste domínio do eu? Já o item anterior mostrara que ele não era privilégio da *vontade' de' potência*. Na década de 1870, Nietzsche tecia loas a Schopenhauer e a Wagner. Não é novidade que agora se torne ferrenho adversário da teatralização wagneriana. Contra o filósofo, basta acentuar sua comunhão com o cristianismo: "[...] *O niilismo schopenhaueriano é' ainda consequência do mesmo ideal que' criou o teísmo cristão*".¹⁴⁶ Não foi preciso vir ao *Ecce' homo*, tampouco ao conjunto de sua obra, para compreendermos que aquele privilégio sempre se mantém em Nietzsche.

Não será preciso insistir na articulação do destaque do indivíduo singular com a autobiografia. Sabê-lo será suficiente para não deixar de realçar outros aspectos. Há pouco, no jogo das contradições, acentuava-se o louvor do conhecimento como paixão efetiva e positiva.¹⁴⁷ Não menos impactante é o realce da subjetividade até o plano cósmico: "Nosso intelecto, nosso querer, nossos sentimentos mesmos dependem de *nossos julgamentos de' valor*; estes correspondem a nossos instintos e às suas condições de existência. Nossos instintos são redutíveis à *vontade' de' potência*".¹⁴⁸

Mais cautelosamente, pode-se entendê-lo como produto de um ver antropológico. Mas cautela em Nietzsche? Sua

---

144 Ibid., p.243.
145 Ibid., p.251.
146 Ibid., p.100.
147 Ibid., p.222.
148 Ibid., p.223.

extrapolação implica outra deriva: o universo cósmico deriva de um sujeito que alcança dimensão inédita e inesperada. Por conseguinte, a astronomia pertenceria às ciências humanas. Se não soubéssemos que o autor não hesita em afirmar o que antes negara, poderíamos nos perguntar como conciliar o dito sujeito cósmico com o enunciado que tomava a matemática como o polo oposto ao que constitui a experiência. Na verdade, não há como conciliá-los, pois a declaração do sujeito cósmico é envolta em um passionalismo que recusa a possibilidade de convivência com o conhecimento. Procuremos por isso combinar a questão do sujeito singular com a condenação da *ratio*.

Pelo entendimento habitual, *ratio* supõe uma conclusão derivada de um conjunto de ações, que, depois de comparadas entre si, permite que se extraia uma certa convergência. Nesse sentido, o realce absoluto do sujeito se indispõe com a *ratio*. Reflita-se. Quando Nietzsche declara que "o sujeito é uma multiplicidade",[149] não cogita em uma pluralidade de singularidades, mas na heterogeneidade de indivíduos singulares. No primeiro caso, se João, Antônio, Maria são uma pluralidade, a procura de extrair uma razão do conjunto consistiria na verificação do que têm em comum, para o que convergem etc. No segundo caso, ao contrário, acentua-se a disparidade potencial de suas vontades. É o que fragmento próximo explicitava: "A única *força* que seja é da mesma espécie que a da vontade: um modo de comandar a outros sujeitos que se modificam segundo estas ordens".[150] A vontade de potência não é exclusividade das lideranças, mas algo trazido por cada individualidade. Para Nietzsche, em vez de o indivíduo dar lugar a uma pluralidade de pretensões ou desejos semelhantes, ele propicia uma pluralidade de inclinações – em suas palavras, de instintos –, que lutam entre si: "Numerosos instintos disputam no eu a predominância. [...] O homem, pluralidade de

---

149 Ibid., p.283.
150 Ibid., p.284.

'vontades de potência': cada uma dotada de uma pluralidade de meios de expressão e de formas".[151]

São também decisivas as passagens: "Contemos em nós o esboço de várias personalidades: o poeta se trai em suas criaturas. As circunstâncias extraem de nós uma certa forma; quando as circunstâncias mudam muito, descobre-se em si duas, três personalidades";[152] "Se é mais rico do que se pensa, traz-se em si o estofo de várias personagens, toma-se por 'caráter' o que só pertence ao 'personagem', a uma de nossas máscaras".[153]

Um momento raro propiciava ao pensamento nietzscheano escapar da exclusividade do eu. Dizer então que contamos com o esboço de várias personalidades implicava tematizar a pluralidade de papéis que efetivamente exercemos e, por pressão do uno e da coerência impostas pela sociedade, as descartamos, confundindo-nos com a manifestação do uniforme. Não podemos mais que destacar o instante excepcional em que Nietzsche anota:

> Há portanto no homem tantas "consciências" quanto há de seres (a cada instante de sua existência), que constituem seu corpo. O que distingue este "consciente" que, habitualmente, se imagina único, o intelecto, é precisamente que ele permanece protegido e exclui do que há de inumerável e de diverso na experiência dessas diversas consciências.[154]

É de lamentar que a direção geral de seu pensamento contrariasse a "vocação" pluralista ressaltada nesses fragmentos minoritários. Ao observar, apenas um pouco adiante, a tendência de sermos dominados por uma "consciência superior", a intuição pluralista esbarrava com a trilha nele dominante.

O Nietzsche pluralista antecipa o caminho que tomaremos. Reconhece em cada um de nós uma variedade de direções,

---

151 Ibid., p.288.
152 Ibid., p.295.
153 Ibid., p.296.
154 Ibid., p.299.

morais, imorais, amorais, todas elas definidas de acordo com nossas inclinações, combinadas com os valores da sociedade e da comunidade em que vivemos. Conforme esses valores, ignoramos o que não se ajusta ao padrão moral dominante e preferimos ser um espelho aceitável pela sociedade. Para o apreciador do autor que não queira incorporar-se ao coro louvaminheiro, é de lamentar que o vislumbre da pluralidade não tenha perdurado. De qualquer maneira, Nietzsche se incorpora aos poucos que ultrapassam a marca do egoico. Mas o eixo que nele domina permanece o do destaque do eu. O retorno da concentração a si enseja sua conexão com a vida, em termos absolutos. O eu já não é cercado pela razão, policiado pela moral e pelo ajuste aos valores dominantes. A referência à ebulição e ao esfriamento dos instintos releva sua articulação direta com a vida, pois a vida "está ligada a uma alta temperatura, ao ponto de ebulição da desrazão".[155] A consequência imediata leva à fisiologia, de cujos praticantes espera que ultrapassem os umbrais da moralidade convencional:

> Os fisiologistas deveriam refletir antes de pôr o *"instinto de conservação"* como o instinto cardinal de todo ser orgânico. O que vive antes de tudo quer despender sua força: a "conservação" não é senão uma consequência entre outras. [...] a "luta pela existência" – essa fórmula designa um estado de exceção. A regra é antes a luta pela *potência*, a ambição de ter "mais" e "melhor" e "mais depressa" e "com mais frequência".[156]

Com o quê a expressão-chave reaparece. Renunciemos pois a outros escrúpulos e aceitemos que, em seu conjunto, *A vontade de potência* reitera o princípio do egoísmo e produz a *justificação potencial* dos atos livres da vida. Ela é alcançada no nível máximo da destruição. (A ênfase na *Destruktion* mostra a presença

---

155 Ibid., p.226.
156 Ibid., p.228-9.

declarada de Nietzsche em Heidegger e, menos declaradamente, no chamado desconstrucionismo).

Sem escrúpulos moralistas, Nietzsche crê que, do ponto do entendimento, a destruição significa algo superior: "O 'espírito' não passa de um meio e de uma *ferramenta* a serviço da vida superior, da elevação crescente da vida [...]".[157]

Outros fragmentos conduzem à história de milênios. Nietzsche não hesita em assumir um perfil pragmático: a crença é um valor necessário para a sobrevivência. Como razão, ela é falsa, pois não se dirige à cognição, mas simplesmente serve ao manter-se em vida: "Sem a extraordinária segurança da *crença*, sem a benevolência infinita da *crença*, nem o homem nem o animal poderiam *subsistir*".[158]

Não se pretende louvar o autor por se desvencilhar das metas "sublimes" da filosofia e, em seu lugar, perguntar-se como a vida tem sido possível, tampouco por isso aureolá-lo, pois a posição contrária equivaleria a outra sublimidade. O naturalismo que professa se combina com o egoísmo de raiz para o desmascaramento do conhecimento: "Conhecer é ajustar toda coisa melhor a nossos interesses".[159]

Admita-se que tal naturalismo desconsidera o cinismo de proposições aproximadas; que o egoísmo, por si, é destituído de propósitos "sublimes", porque visa apenas levar vantagem. O exagero nietzscheano poderá haver consistido em afirmar uma alternativa demasiado estrita entre o naturalismo e o saber depositado na tradição milenar. Não é ocasional que declare a "decadência" haver começado com o pensamento grego clássico. Caso concordemos com a estrita alternativa, haveremos de aceitar que, dentro dela, Nietzsche tem o incrível mérito de questionar os fundamentos do saber tradicional e a tendência desta a se confundir com o espiritual e sublime. A deficiência do saber tradicional principia pela abstração do corpo. De sua parte, a de

---

157 Ibid., p.251.
158 Ibid., p.258.
159 Ibid., p.260.

Nietzsche, em absolutizar a vontade de potência. Talvez nele tanto mais insistente quanto sabia não dominar em seu tempo: "Quem sabe se a origem de nossos ditos 'conhecimentos' só há de ser procurada nos *antigos julgamentos de valor*, tão fortemente incorporados a nós mesmos que participam de nosso fundo?".[160]

Embora seja evidente que a crença manifestada decorria da negação da moral vigente, dos valores filosóficos comuns, da herança do cristianismo, que outro fundamento tinha ela senão o de estabelecer outra crença? No fundo de sua paixão, há a convicção de que o que se diga do mundo e do homem não encontra fundamento nas próprias coisas.

Não estarem presentes em uma obra concluída talvez seja uma explicação razoável para as contradições que se manifestam em centenas de fragmentos. Não será possível testá-lo em termos absolutos. Ainda assim procuremos avançar alguns de seus aspectos.

Seja, desde logo, a posição do autor quanto ao filósofo.

A comparação das figuras do filósofo e do cientista é constante. Ela já está entre as primeiras, de 1884: "É preciso erigir do filósofo *o mais árduo dos ideais*. O saber não faz o filósofo. No reino do conhecimento, o sábio não passa de besta de carga. Pesquisa porque se lhe exige e se lhe deu o exemplo".[161]

O ideal a que o filósofo era submetido era uma maneira de desvalorizar o gênero:

> Considero todos os filósofos do passado como *libertinos desprezíveis*, ocultos pelo capucho da dama "Verdade". [...] Não há na tendência mesma às formas gerais do pensamento um sintoma de decadência? A *objetividade* não seria *a desagregação da vontade* (poder manter-se *à distância*...).[162]

---

160 Ibid., p.269.
161 Ibid., p.15.
162 Ibid., p.16.

A relação com a decadência será desenvolvida. Antes vejamos o que diz do cientista: sem o afastar por completo da decadência, destaca que "uma *porção* de sua personalidade é totalmente votada ao conhecimento, dirigida a ver as coisas sob um certo ângulo, em uma certa ótica. Nesta obra, tem necessidade de uma raça forte e de uma saúde vigorosa, de um grande rigor, de virilidade, de prudência", ao passo que o filósofo decadente permanece confundido com a própria espécie.[163]

Já devemos estar habituados aos fragmentos entrelaçarem temas recorrentes – no caso, decadência, propriedades físicas e raça. A última é destacável porque se liga ao antissemitismo, aqui bem menos frequente que em outras obras suas.[164] Na verdade, se meu interesse não estivesse preso ao sujeito autocentrado, seria possível desenvolver outras articulações. Mas o desdém pelo filósofo do passado não há de ser deixado de lado; ele o conduz a compará-lo ao sacerdote: na luta contra a ciência, o filósofo "se reserva *uma forma de conhecimento* [...]; aí caminha mãos nas mãos com o sacerdote pelo medo de despertar a suspeita de ateísmo, de materialismo; considera um ataque contra si como um ataque contra a moral, a virtude, a religião, a ordem".[165] Isso não impede Nietzsche de, indiretamente, louvá-lo, ao aproximá-lo de uma manifestação instintiva: "O filósofo não passa de uma espécie de ocasião e de possibilidade que permite ao *instinto se' exprimir*".[166]

Como o elogio é eventual e a aproximação não chega a ser justificada, a carga volta a pesar: "As dissimulações morais têm sido até o presente o entrave mais pesado à marcha do filósofo".[167] Sua aliança com a moral o leva a abstrair-se de entender o prazer: "Ninguém teve a coragem de definir a essência do prazer, de toda

---

163 Ibid., p.17.
164 Ibid., p.70, 30.
165 Ibid., p.18.
166 Ibid., p.19.
167 Ibid., p.22.

espécie de prazer (de 'felicidade') como um sentimento de potência; pois o prazer da potência passava por imoral".[168] Corremos pela mesma pista ao constatar a ampliação do ataque ao filósofo. A crítica é inconteste: sua prática se articula à moral e exprime o antagonismo às modalidades de prazer. Conquanto Nietzsche não procure justificá-lo, não é difícil depreender que seu mecanismo decorre de que o prazer irradia do corpo, ao passo que a sede da reflexão filosófica está no espírito, onde se aloja o conhecimento. Por enquanto, o conhecimento é poupado. Mas a conexão com a moralidade é bastante forte para que sua reiteração não seja notada:

> Nada é mais raro nos filósofos que a *probidade intelectual*; talvez digam o contrário, talvez nela creiam. Mas todo o seu ofício faz que só admitam certas verdades; sabem de antemão o que têm de demonstrar, poder-se-ia dizer que se reconhecem como filósofos por estarem de acordo com essas verdades.[169]

Se a associação não é surpreendente, não deixa de sê-lo que a crítica já se insinue a propósito dos sofistas gregos, abrangendo a diferenciação étnica e o louvor dos instintos: "O 'sofista' ainda é totalmente helênico [...], mas é um tipo de transição. A *polis* perde sua fé na qualidade única de sua civilização, em seu direito de dominar toda outra *polis* [...] troca-se de civilização, ou seja, de 'deuses'".[170]

A motivação autobiográfica dos fragmentos explica que o autor não sentisse a necessidade de justificar minimamente seus juízos. Ao contrário, cada afirmação contém uma preconcepção, que se amplia noutras. No caso, a posição dita intermediária dos sofistas remete ao resto do direito de dominação de outros povos e ao instintivo. A positividade deste o leva, eventualmente, a minorar a carga contra a moral: "A parte mais razoável de toda

---

168 Ibid., p.23.
169 Ibid., p.22.
170 Ibid., p.24-5.

educação moral sempre esteve em procurar obter *a segurança de uma reflexão instintiva*".[171] Portanto, se o instinto, enquanto *gregário*, é vergonhoso,[172] não é bem por ser instinto, mas por prender a individualidade em um âmbito global. (As preconcepções empregadas sem o cuidado de repensá-las se convertem em *pré-conceitos*). Sem ainda tematizar a transformação, ressalte-se que, retrospectivamente, o instintivo se opõe à moralidade, à conduta idealizada, à virtude, à objetividade, em suma, a todo o sublimado: "A inteligência, a clareza, a duração e a lógica, armas contra a *selvageria* dos instintos. [...] A razão era identificada à virtude, à felicidade".[173] Com tais qualidades se constituía "o indivíduo perfeitamente *absurdo* em si!".[174]

Estava assim constituído o moralismo socrático. Os judeus eram criticados, assim como depois Hegel, porque "eram dialéticos" e "a ironia dos dialéticos é uma forma da vindita plebeia".[175]

Quando conveniente às suas preconcepções, Nietzsche não evita a contradição. A própria vontade de potência é execrada ao mostrar-se a serviço da dialética. Notável artífice da palavra, Nietzsche não é menos aquele que a concentra em instrumento de persuasão: "O pensamento não é para nós um meio de conhecer, mas de nomear, de ordenar os fatos, de acomodá-los a nosso uso".[176] Mas não é pela exploração de tal ângulo que este ensaio se encaminha. Para encerrá-lo, veja-se a oposição entre filosofia e ciência pelo recurso contraposto da moral quanto ao instinto: "[...] A *moral*: 1º envenena toda a concepção do mundo; 2º corta o caminho do conhecimento, da *ciência*; 3º dissolve e mina todos os instintos verdadeiros (ensinando a sentir suas raízes como *imorais*)".[177]

---

171 Ibid., p.26.
172 Ibid., p.56, 22.
173 Ibid., p.27.
174 Ibid., p.27.
175 Ibid., p.30.
176 Ibid., p.61.
177 Ibid., p.94.

Que significa a antítese entre moral e instinto senão o domínio da força? Nos termos do autor: "Como *triunfar dos filósofos* destruindo o mundo do ser: período do niilismo transitório, antes da aparição da força que permitirá inverter os valores, divinizar e justificar, como *único* existente, o devir, o mundo aparente".[178]

Venhamos então à questão da decadência. Ela qualifica o mundo grego e o antepõe ao cristianismo: "O cristianismo é *a forma decadente'* do mundo antigo, que cai em uma impotência profunda".[179] Na decadência socrática, importa a ligação entre a perda do instintivo e o realce do não consciente: "O fato de *tornar-se' consciente'* é sinal de que a moralidade autêntica, ou seja, a segurança instintiva da ação, se destrói".[180] O "tornar-se consciente" funciona como explicação da presença constante da decadência, consequência do instinto gregário. No fragmento bem designado de "Anti-Darwin", se explica:

> (A) Vontade de potência em que reconheço a razão derradeira e o caráter de todas as modificações nos fornece o meio de compreender por que a seleção justamente não funciona em proveito das exceções e dos êxitos felizes; os mais fortes e os mais felizes são fracos desde que têm contra si instintos gregários organizados, a abundância dos fracos, o número demasiado grande.[181]

Não estranha que, em uma entrada desse teor, sobrenadem os pré-conceitos cultivados. Destaque-se de passagem o aqui frequente sobre o cristianismo e o pouco comum sobre os judeus: "O '*ideal cristão*' encenado com uma astúcia judaica. Seus *instintos psicológicos fundamentais,* sua 'natureza'. [...] Tentativa de transformar as virtudes, graças às quais é possível a felicidade dos mais humildes, em ideal jurídico de todos os valores".[182] Do

---

178 Ibid., p.12.
179 Ibid., p.188.
180 Ibid., p.422.
181 Ibid., p.190.
182 Ibid., p.179.

mesmo modo que os santos "epilépticos e visionários" são postos na escala inversa dos filólogos.[183] Daí a identificação do cristianismo com "*o blasfemo por excelência*".[184] Tudo isso e muito mais é formulado com tal "espontaneidade" que não é preciso enfatizar que faziam parte de uma (não declarada) interminável autobiografia. Tampouco insistir na conversão de preconcepções em pré-conceitos. Apesar da evidência, não a vejo referida em seus comentadores, assim como é frequente negar-se *qualquer* afinidade com a plataforma nazi. Considere-se apenas a comparação entre "*o homem superior e o homem gregário*": "Quando faltam os grandes homens, transformam-se os grandes do passado em semideuses ou em deuses completos. [...] A ação tirânica é o feito dos grandes homens; eles imbecilizam os inferiores".[185]

Um último adendo à decadência: "Sinais de decadência: a *preguiça*, a *pobreza*, o *crime*, o *parasitismo*, a *estafa*, o esgotamento, a necessidade de estimulantes. A *inaptidão para a luta*, eis a degenerescência".[186]

Os destaques acima motivam o realce de presença ainda mais intensa: a afirmação do niilismo. Importa separá-lo do espírito de crítica:

> O intelecto não pode fazer sua própria crítica, porque não é comparável a outros intelectos constituídos de outro modo e porque sua faculdade de conhecer só se manifestaria em presença da "realidade verdadeira"; ou seja, para criticar o intelecto seria preciso que fôssemos seres superiores, dotados de "conhecimento absoluto".[187]

A dissociação corresponde à animosidade estabelecida entre niilismo e moral. A justificação da conduta niilista tem como alvo imediato a defesa que se erigira em favor dos sofredores: "A moral

---

183 Ibid., p.201.
184 Ibid., p.208.
185 Ibid., p.261.
186 Ibid., p.39.
187 Ibid., p.80.

preservou do niilismo os deserdados, atribuindo a todo homem um valor infinito, metafísico, e integrando-o em uma hierarquia que não coincide com a da potência secular".[188] A nomeação de seu alvo implica sua própria adoção: "A moral está desde agora abolida: constatar este fato! O que resta é: 'eu quero'. – Nova hierarquia: contra a igualdade. – Em vez do juiz e do repressor, o criador. – Nossa situação *favorável*: somos nós que semeamos".[189] O niilismo radical suspende a condenação que acompanhava o filósofo. Se antes a constatação da falta de sentido da existência o levava ao desespero, é possível que ela agora desperte algum prazer, pois "o prazer e a dor" subsistem no interior do devir.[190] Ele ainda ganha em complexidade ao ser associado ao psicológico. Da negação que implica, decorre uma afirmação – a falta de justificação do metafísico:

> Enquanto *estado psicológico*, o *niilismo* manifestar-se-á, em *primeiro lugar*, quando tivermos procurado em todos os fatos o "sentido" que eles não comportam. [...] O niilismo consistirá em reconhecer o longo *desperdício* das forças, a tortura de haver agido "em vão", a insegurança, a impossibilidade de retomar suas forças, (que) o devir é sem meta.[191]

Com um alcance que supera as contradições contidas nos fragmentos, na afirmação do niilismo, distinguem-se duas faces, a *ativa*, "signo de força", "violenta e *destrutiva*", e a *passiva*, que toma o budismo como exemplo.[192] A diferenciação não era frequente nos fragmentos. Mais incomum ainda era a referência à moral não estar acompanhada de uma qualificação negativa:, pois "[...] as diversas escolas de moral (foram) lugares de experiência em

---

188 Ibid., p.14.
189 Ibid., p.19.
190 Cf. ibid., p.52.
191 Ibid., p.54-5.
192 Ibid., p.110.

que se lhe pratica metodicamente e em que se leva a cabo uma multidão de receitas da sabedoria corrente".[193]

Ao não se contentar em identificar a moral com uma conduta negativa, Nietzsche tanto acentua o estado provisório, portanto cambiante, dos fragmentos, quanto o fato de seu julgamento depender de o sujeito em questão estar ou não de acordo com suas próprias preconcepções. Em princípio, julga-se positivo ou negativo aquilo que favorece a conduta natural, instintiva, possessiva, violenta, voltada para as vantagens aferidas pelo indivíduo. É evidente que sua posição era antagônica aos valores secularmente defendidos. Até porque inédita, precisava refazer toda a escala de juízos estabelecidos.

É provável que Nietzsche não tenha compreendido que a urgência de suas postulações decorria do antagonismo que sentia presente no mundo contemporâneo: "Mesmo nos sábios, *não se' crê mais nos filósofos*: é o ceticismo de um século democrático que repudia a espécie humana superior".[194] A insistência no niilismo radical o levava a aspirar pelo advento de um super-homem: "A hierarquia realizada em um sistema de dominação da terra; surgem, por fim, os senhores da terra, a nova casta dominante. Nascente deles, aqui e ali, como um deus epicurista, o Sobre-homem, aquele que transfigurará a existência".[195]

É ele a quintessência dos pré-conceitos que se acumulavam. Mas reconhecê-lo não significa negar o dado extremamente saliente nos fragmentos: a intuição de que não mais funcionava o pressuposto em que o pensamento ocidental estivera assente: *o sentido da existência*. Ele é tanto mais extraordinário porque se processa antes das consequências da Primeira Grande Guerra. Assim, sem os encômios de praxe, se explica a relevância a ser concedida à obra nietzscheana. Distinguir seus instantes de genialidade da mais frequente afirmação de suas preconcepções – a favor dos setores "superiores" contra os plebeus, contra

---

193 Ibid., p.426.
194 Ibid., p.246.
195 Ibid., p.244-5.

a democracia, contra o cristianismo, contra a moral e os valores estabelecidos – é fundamental para nele distinguir-se o que é antecipação iluminada da reiteração do mais conservador. Assinale-se de passagem um item a não ser desenvolvido: o louvor do naturalismo não parece ser senão outro nome para o tema recorrente em sua obra: o *eterno retorno*. Entendendo-se que a decadência teria se iniciado com o Platão socrático e com os sofistas, acumulada por séculos e contraposta até o momento dos fragmentos dos anos seguintes a 1880, será justo perguntar-se: o retorno à prática supostamente anterior à "decadência" socrático-platônica, com suas sublimações e sofisticações de pretensão espiritual, desprezível do instinto e do prazer, não ameaçaria a própria sobrevivência da espécie? Se o fundamento de *A vontade de potência* se declarava estar na defesa da vida, não era a mesma vida ameaçada com o autocentramento dos anárquicos sujeitos individuais? E, além de Nietzsche, o risco não é mantido pelo incremento das corporações e o surgimento do monopólio das instituições mediáticas? Como as perguntas não circularam durante sua vida, a oportunidade de ser nomeadas estiveram neutralizadas. Sua irmã, de convicção nazista, bem o sentira e, ativa, tentara aproximar sua obra do ideário nacional-socialista. Sem desmerecer que há algo genial em Nietzsche, a compreensão de sua ambiguidade não deverá ser esquecida.

5. CONSIDERAÇÕES FINAIS

Em comentário ao último livro que Nietzsche entregou a um editor, Karl Löwith escrevia: "Intitulando-se de destino europeu, o *Ecce homo* pode parecer a expressão da megalomania de um doente mental, mas também pode ser uma visão profética, ao mesmo tempo insensata e muito sensata".[196]

O equilíbrio na adjetivação era justo. Mas, em vez de desenvolvê-lo, o comentador prefere reduzir o sistema a uma

---

196 Löwith, *De Hegel à Nietzsche*, p.233.

afirmação sumária: "O verdadeiro pensamento de Nietzsche constitui um sistema: no começo é a *morte* de deus, no meio, o *niilismo* que dele decorre, no fim, o autoultrapasse do niilismo no *eterno retorno*".[197] Em consequência, o livro de Löwith dá mais espaço a Hegel. Ainda assim, sua presença efetiva é maior do que a que reservamos ao capítulo 3 de *Nietzsche*, de Heidegger, que, a propósito das perguntas feitas também em *Ecce homo*, se indagava "se não eram o cúmulo de uma apologia desenfreada de si mesmo, de um narcisismo sem limites?".[198] Na falta da alternativa desenhada por Löwith, a *noblesse oblige* impõe ao pensador uma retificação mais poderosa: em vez de exprimir um traço individual, o livro incompleto teria por objeto a história de um período dos tempos modernos, porquanto, em vez da tematização do próprio autor, o correto seria a concentração no que produzira: "Nietzsche é um pensador essencial"; dele não nos interessa nem sua pessoa nem sua obra, "na medida em que faríamos de uma e outra objeto de uma indagação histórica e psicológica".[199] Eis um enunciado cujo teor não era incomum na obra do pensador: Heidegger heideggerianiza seu objeto. É fácil transpor para si o que diz sobre Nietzsche: àqueles que chamamos propriamente de pensadores, importa sobre "*a totalidade da existência*" ('*über' das Seiende im Ganzen*) tão só o pensamento.[200] Por isso, dele ainda dirá que "constitui a transição entre a fase preparatória dos tempos modernos — historicamente, o período entre 1600 e 1900 — e o princípio de sua conclusão".[201] Para que não restem dúvidas sobre em quem Heidegger de fato pensava, recorde-se o início de período seguinte: "A metafísica pensa o todo do existente, segundo sua prioridade quanto ao Ser".[202]

---

197 Ibid., p.238.
198 Heidegger, *Nietzsche*, v.I, p.473.
199 Ibid., p.474-5.
200 Ibid., p.475.
201 Ibid., p.477.
202 Ibid., p.478.

Em uma obra bem menos reconhecida, Massimo Cacciari oferece uma indagação preciosa. Sua singularidade parte do modo como ressalta o papel do niilismo: "Seu ceticismo é radical: ou 'não existe nenhum sentido' ou as formas da razão revelam uma nova lógica e uma nova relação com a realidade: forma e realidade agora *sem substância*".²⁰³

Em uma formulação antes aforismástica que desenvolvida, Cacciari ressaltava as postulações nietzscheanas, além do marco do eu. Assim anota na retomada da crítica à causalidade: (Sua) "necessidade nas coisas não é demonstrável. Podemos calcular uma sequência de fatos. Já não se poderá calcular que estes constituam uma necessidade".²⁰⁴

O destaque da questão da causalidade seria um motivo adequado para destacar-se a genialidade de certas formulações nietzscheanas. Mas não é esse o interesse do excepcional intérprete. Importa-lhe relacioná-la com a superestima nietzscheana do sujeito individual:

> [...] O conceito de subjetividade como centro de referência das atividades de observação-representação só tem sentido em relação com a concepção mecanicista que se destruiu. A crítica da ideia de "sujeito" é o ponto crucial do "pensamento negativo" nietzscheano. A ideia de sujeito delineia um campo de formas *a priori* que *ordenam* efetivamente os objetos físicos. O sujeito dispõe de uma visão *substancial* das relações fenomênicas. Pode ser ordenadora na medida em que observa-representa objetivamente as *leis* que regulam a natureza.²⁰⁵

Passagem que, para ser bem entendida, precisa ser relacionada com outra, não imediatamente seguinte:

---

203 Cacciari, *Ensayo sobre la crisis del pensamiento negativo de Nietzsche a Wittgenstein*, p.63.
204 Ibid., p.64.
205 Ibid., p.64-5.

A análise crítica nos confirma que a necessidade é uma interpretação, que a verdade não é uma substância das coisas. Mas nesse ponto o problema não está resolvido e, pelo contrário, se reformula: que valor se atribui ao juízo lógico, à investigação científica? A experiência fundamental consiste em que o caráter do mundo em devir não seria *formulável*. [...] A extraordinária intuição de Nietzsche consiste em pôr a *necessidade* do processo cognitivo sobre a base de uma *diferença* fundamental e em deduzir disso o caráter infinito-conjectural da investigação científica: o conceito de verdade como organização-falsificação conjunta. [...] A lógica não descobre a "logicidade" do mundo, apenas define os instrumentos e modos de nos posicionarmos diante do mundo.[206]

As afirmações têm um peso extraordinário e parecem discordar do que até agora postulamos. Para indicar que não é bem assim, antes precisamos completar a interpretação proposta por Cacciari. Destaque-se que as consequências da negação da substância atingem tal grau que o niilismo radical não pode resolver:

[...] Uma vez destruída toda ilusão substancialista, assim como toda relação simples e elementar de significado, uma vez "desencantada" a relação com objeto [...] com que parâmetros será então medida essa efetividade? O niilismo radical pode chegar a esse "desencantamento", mas não pode enfrentar e tampouco resolver essas perguntas.[207]

Se é correto, como antes declara, que a negação da "coisa-em-si"[208] e a relação com proposições acerca da realidade não são

---

206 Ibid., p.68-9.
207 Ibid., p.67.
208 Aproveito a referência para ressaltar que a questão da coisa-em-si tem para o pensamento moderno uma vigência que não cabe desenvolver no presente texto. Observe-se que ela fundamenta nada menos que a divergência absoluta de Kant com Hegel. Tomo como apoio preliminar passagens da *Crítica da razão pura* e da *Ciência da lógica*. A propósito do espaço e do tempo como formas da intuição sensível, Kant escrevia serem elas "somente condições da existência das coisas como fenômenos e que, além disso, não possuímos conceitos do entendimento

respaldadas por condições naturais, em que se pode fundar a pretensão naturalista de Nietzsche senão no estabelecimento de uma conexão entre "forma e realidade já agora sem substância"?[209] Mas como fazê-lo, em termos nietzscheanos, se ele confundia o conhecimento com a intervenção do espírito, ao passo que lhe importavam o corpo, a saúde, a raça? Forma-se um impasse, por efeito do qual Nietzsche põe a responsabilidade da interpretação nas costas do sujeito. Reiterem-se as passagens capitais:

> O mundo *fictício* da lógica intervém (no caráter atribuído ao mundo) como um poder que "ordena, simplifica, falsifica, separa artificialmente". Chamamos verdade precisamente à ordem que provém desse processo de *falsificação*. O devir enquanto tal e o conhecimento fundado logicamente no pressuposto do Ser se excluem reciprocamente.[210] [...] A *verdade* é uma forma de organização do material sensível, que permite seu uso.[211]

---

e, portanto, tampouco elementos para o conhecimento das coisas, senão quando nos pode ser dada a intuição correspondente a esses conceitos; daí não podermos ter conhecimento de nenhum objeto, enquanto coisa-em-si, mas tão somente como objeto da intuição sensível, ou seja, como fenômeno" (Kant, *Crítica da razão pura*, p.25). Para Hegel, ao contrário, a afirmação da coisa-em-si é básica não só para distingui-lo de Kant, mas como fundamento de todo o seu sistema. Assim, a passagem da *Ciência da lógica* há de ser tomada como paradigmática de toda a sua produção, isto é, que ela explicite que tudo que há é cognoscível: "O saber absoluto é a *verdade* de todas as formas da consciência porque, como decorrência de seu desenvolvimento, só no saber absoluto resolveu-se totalmente a separação entre o *objeto* e a certeza de si mesmo, e a verdade se igualou a essa certeza, como esta se igualou à verdade" (Hegel, *Ciencia de la lógica*, p.46). A passagem supõe o dedo em riste contra Kant, que, por sua negação da coisa-em-si, afirma que "a razão é incapaz de conhecer o infinito [...]; estranho resultado, posto que, enquanto o infinito é o racional, diz-se que a razão é incapaz de conhecer o racional" (ibid., p.52). Não me guardo de observar que a contradição depende de admitir-se a integralidade da base lexical – ser algo racional haveria de supor a racionalidade ser integral – e não se admitir, como Kant já o fizera, que o objeto é tomado "*em dois sentidos diferentes*" (ibid., p.26).

209 Ibid., p.63.
210 Ibid., p.68.
211 Ibid., p.69.

Se a lógica não se justifica pela própria natureza do que é, se é um instrumento de uso, onde a nova relação com a realidade há de ser procurada? O que vale dizer: o próprio Nietzsche chegava a um extremo que embaraçava o prosseguimento de sua dedução. Sem que Cacciari o declare, a condenação prévia do sintético *a priori* kantiano precisaria ser repensada pelos que a negam. Tudo leva à plena negação da substância absoluta.

Participara do instante genial de Nietzsche negar que a lógica, a lição dos sentidos e a verdade decorressem de um aparato natural. Desde os gregos, assim se estabelecera sobre o tripé ascendente formado por *substância, essência, verdade*. A condição para a veracidade de uma proposição consistiria em que esclarecesse a substância de que se estivesse falando. Negar a correspondência entre a substância e o sujeito como agente implica a necessidade de estabelecer-se outra relação do sujeito com o mundo. O próprio Cacciari anota que Nietzsche não o fez.

Perguntamo-nos: o fato de a proposição matemática oferecer uma relação positiva para a questão que se lhe apresenta não é a prova de que, prescindindo-se do termo "essência", há algo de *substância*, ou seja, de sub-estante, que penetra no alcance do conhecimento verdadeiro? Ou que a formulação do *a priori* kantiano tinha tido o cuidado de não cortar todas as amarras com o afirmado pelas leis naturais? O enlace mantido corresponde a que o conhecimento se relaciona com uma parcela que se impõe ao espírito humano. Cacciari tem assim o inegável mérito de apontar para a intuição nietzscheana relativizando-a por ainda estar mesclada à idolatria do sujeito individual.

Em suma, dizer que seu sujeito abandona todo o lastro de substância é simultaneamente justo e injusto. Justo porque de fato o eu nietzscheano se quer produzido por uma vontade absolutamente individual, sem qualquer contato com as leis que reinam entre as coisas. Injusto porque não se dá conta da revolução que provocava levantar a questão do relacionamento do que humanamente se conhece com o que é válido para a natureza.

A questão é por certo de extrema delicadeza, e a formulação com que Cacciari pretendia estar de acordo com Nietzsche peca por excesso: "[...] A forma lógica não é um dever-ser, mas sim um querer-poder".[212] Excesso apenas porque termina por concluir com o que já não explica. Em troca, é legítimo porque ressalta um passo anterior: a artificialidade da lógica. Ela deriva da presença de elementos da cultura – isto é, a produção do que não se explica por componentes naturais –, em que ela se exerce. O que vale dizer: de sua falsificação escapa o que nela se relaciona com o caráter de substância nela presente. Esse dado explica que o mecanismo da lógica se estenda e se aplique além das distinções entre as culturas particulares.

Em suma, *A vontade de potência* tematiza três tópicos: (a) a megalomania do pensador, (b) o legado negativo derivado da conversão de suas preconcepções em pré-conceitos, (c) o positivo, que coube a Cacciari bem destacar.[213]

Passemos a uma última observação. Vimos Heidegger relacionar *A vontade de potência* com a expressão de certo momento histórico; vamos formulá-la de outra maneira. Entendendo-se o regime democrático como a forma de governo que se propaga em seguida à Revolução Francesa, há de se acrescentar que, como índice negativo, no regime democrático, a legitimação dos latifúndios, dos *trusts*, dos monopólios implica dar cobertura legal à arbitrariedade social. Em países economicamente avançados, a "legalidade" assim conseguida conduziu, em década recente, ao resultado paradoxal de as massas mais desfavorecidas se aliarem aos grupos mais conservadores na eleição de candidatos que, insurgindo-se contra princípios elementares do direito das gentes e de acordos internacionais, dão a impressão de favorecer os nativos mais desfavorecidos. Tal aliança é bastante recente para nos aventurarmos a prognosticar o que irá suceder. Nos países capitalisticamente periféricos, tomando-se por modelo o que sucede no Brasil, as massas pobres, sujeitas à violência cotidiana

---

212 Ibid., p.74.
213 Só por questão de espaço não nos referimos ao precioso ensaio de Olímpio Pimenta: *A invenção da verdade*.

de traficantes e de policiais, se reúnem às classes média e rica na eleição de bestializados, que, favoráveis à repressão do Estado e em nome do combate à violência das ruas, promovem a legalidade cínica do status quo. Também é muito cedo para saber-se para onde tudo isso caminha. De todo modo, a consideração da cena política se impôs como uma nova face do que a reflexão de Nietzsche, por seu aspecto negativo, preludiava. Não é ocasional que a edição alemã circulante seja aquela em que sua irmã nazista colaborara. Pois, como já se disse, se seria arbitrário considerar Nietzsche um precursor do nazismo, não o é menos negar que nele se apresentassem coincidências. Nesse sentido, a interpretação destacada de Cacciari é parcial. Seu extremo interesse é de ordem cognoscitiva e não de cunho político. Sob esse aspecto, *A vontade de potência* é uma antecipação chocante do que ainda há pouco parecia haver se esgotado com a derrota do nazifascismo. Nessa acepção, Heidegger acertava em conectar a obra inacabada de Nietzsche com certa etapa dos tempos modernos. Essa é mais uma razão para estarmos atentos à obra referida. Sua importância, por conseguinte, não é tão só do ponto de vista de uma teoria do conhecimento, mas também do político mais corriqueiro. O que, do ponto de vista analítico, era ambíguo, agora se acha investido de duplo interesse, positivo epistemologicamente, horrorizante, politicamente.

II

Georg Simmel e a questão do sujeito

1. PRELIMINARES

Georg Simmel (1858-1918) é um dos pensadores contemporâneos mais conhecidos e divulgados. A edição de suas obras completas, em 24 volumes, de que os dois últimos reúnem cartas, documentos e índices,[1] é a referência fundamental. Sua difusão, no Ocidente, tem sido assegurada pelas inúmeras versões para o inglês, francês, espanhol, italiano.

Mesmo em um país em que pouco se estimula a produção intelectual, já em 1983, Evaristo de Moraes Filho publicava uma coletânea de ensaios sobre ele. O interesse por Simmel era reiterado por longo ensaio de Jonatas Ferreira[2] e, sobretudo, no mesmo ano, por Leopoldo Waizbort, com o importante *As aventuras de Georg Simmel*.[3] Verifica-se sua incrível expansão pela

---

[1] Cf. Simmel, *Gesammelte Ausgabe*.
[2] Cf. Ferreira, Da vida ao tempo: Simmel e a construção da subjetividade no mundo moderno, *RBCS*, v.15, p.103-17.
[3] Cf. Waizbort, *As aventuras de Georg Simmel*, p.11-590.

bibliografia reunida por Kurt Gassen, que, já em 1959, abrangia dezoito páginas, com uma média de dez títulos por página.⁴ Por certo, sem esconder meu limite de acesso às análises propostas, nelas, a dominância extrema é do mapeamento de suas obras, que compreendiam menos de uma dezena de livros, porém dezenas de artigos, originalmente também publicados em francês, inglês e italiano – o mapeamento não só compreende o minucioso levantamento de suas publicações, como a concordância, com frequência implícita, com o ponto de vista do autor.

Ao longo de mais de trinta anos (1879-1918, mais propriamente a partir de 1892), partindo da afirmação do legado kantiano e dele se desviando até a adoção do vitalismo, Simmel constitui uma longa e preciosa obra, que, conforme François Léger, abrange três períodos: 1890-1893, 1900-1908, 1910-1918.⁵

Convém desde logo explicar o que motiva o presente ensaio. Embora havia anos tivesse tido em conta a excelência de alguns de seus ensaios, nunca me propusera uma visão em profundidade de sua obra. Isso foi provocado pela relevância que a questão do sujeito, sob a modalidade do que tenho chamado de o sujeito autocentrado, levou-me a acentuar a posição de seu pensamento. Ressaltá-lo, portanto, tem a função de examinar com mais detalhes o que me motivou a assumir a direção oposta. Um detalhe é decisivo: minha crítica ao sujeito autocentrado deriva da experiência quase diária com instrumentos da rede mediática – o jornal, sobretudo a televisão; mais precisamente com o aspecto performático que hoje em dia o autocentramento assume. Simmel está longe disso. Vejo-o contudo como aquele que sistematiza o paradigma subjetivo, que se tornara decisivo com o chamado idealismo alemão.⁶

---

4 Cf. Wolff (Org.), *Essays on Sociology, Philosophy & Aesthetics*.
5 Léger, *La Pensée de Georg Simmel*, p.20.
6 Não se desconhece que a ênfase na conduta subjetiva individual já se dá em Rousseau. Muito menos sua influência em Kant e Hegel. Meu interesse não está na história do realce do eu, mas na formulação do pensamento que o ressalta.

Fique bem claro que não tenho o propósito de discutir a obra simmeliana, mas vê-la como a contravertente do que tenho me proposto a aprofundar. Como procuraremos demonstrar, a ênfase em uma face do sujeito individualizado é de certo modo inevitável. Por isso mesmo e para ao menos diminuir o risco do performático, a que estamos agora próximos, torna-se necessário nos afastarmos de sua centralidade. Por isso ainda aludimos à questão do ficcional, enquanto modalidade discursiva que mais propicia o afastar-se do autocentramento.

Introduz-se a primeira consideração específica. Em Simmel, a qualidade de exímio estilista é incontestável. Mesmo porque as diferenças em sua produção são de ênfase no enunciado, e embora a questão da vida já estivesse proposta nos ensaios do fim do século XIX, sua configuração formal não se modificou.[7] No entanto, para seu leitor contumaz não passará despercebido o fato de que o autor parece haver superestimado seu talento. Assim, seus inúmeros ensaios apresentam o mesmo traço: a ideia condutora, sempre fundada no contraste dicotômico ou na dualidade, se reduplica por variações de tom. Em "A significação estética da face" [Die ästhetische Bedeutung des Gesichts],[8] a simetria entre suas duas partes afirma a singularidade de cada uma e, ao mesmo tempo, a generalidade de sua conformação assegura sua forma anti-individual, constituindo "a mais notável síntese estética dos princípios formais de simetria e individualização".[9]

---

7 O último traço é testemunhado por um trecho da "Metafísica da morte" ("Zur Metaphysik des Todes", 1910): "A criatura orgânica, à diferença da que não vive mais, dá a si mesma a configuração de limite (*Grenzsetzung*), sem a necessidade de outra. Mas seu limite não é só espacial, como também temporal. Desse modo, que ela morra, a morte é posta com sua natureza; sua vida é recebida com uma *forma*, enquanto para o objeto inorgânico ela se impõe de modo nem conceitual nem não conceitual" (Simmel, Zur Metaphysik des Todes, in: *Gesamtausgabe*, v.12, p.81). A escolha do exemplo levou em conta que no correr do ensaio falaremos da propriedade de vida e morte da criatura orgânica (*organische Wesen*).
8 Cf. Simmel, Philosophie des Geldes, in: *Gesamtausgabe*, v.6, p.7.
9 Ibid., p.144.

Variação de tom: a simetria remete ao racionalismo, enquanto a individualização tem algo de irracional.¹⁰ A passagem seria incontestável se não parecesse dependente da constante necessidade de ajustar-se a uma "verdade" estabelecida antes de sua expressão. O que vale dizer: a forma da expressão não é só guiada, mas subordinada a afirmar a "verdade", imposta com independência de sua demonstração.

A relação, por um lado, entre racionalidade e simetria e, por outro, entre individualização e irracionalidade será reiterada em uma de suas obras derradeiras: no ensaio que tem o nome do pintor e gravurista Rembrandt, ele aparece como um artista singular e excepcional por sua antítese ao retrato renascentista: "[...] O que seu retrato representava não era mais a corporeidade abstrata de toda uma vida, mas de antemão sua visão dessa totalidade de vida na unidade ou enquanto unidade de todos os seus elementos".¹¹

Conquanto a formulação seja capital para a primeira parte do ensaio, seu leitor não saberia dizer como se diferenciaria a *abstrahierte Körperlichkeit* da *Einheit*, da totalidade da vida. Quanto mais se precisa o movimento, mais um sopro "espiritual" dele nos afasta, ainda que assim se faça em nome da particularidade de cada retrato. Daí a oposição que estabelecerá, na *Intuição da vida* (*Lebensanschauung: Vier metaphysische Kapitel*), entre forma e vida.

Não esteve em meu planejamento inicial realizar uma indagação sobre o que o analista diz da produção de Rembrandt. Não se exigiria do pensador que fosse um crítico de arte, até porque seus vários ensaios estéticos não mostravam essa orientação. Mas não é de esperar que o encaminhamento qualitativo considerasse a ponte entre a qualidade estética do artista e o vitalismo que nele pretendia encontrar? Ou seja, a contensão com que o exemplo foi trazido precisa ser minimamente dilatado. Assim faremos recordando duas passagens:

---

10 Ibid.
11 Simmel, *Lebensanschauung*, p.344.

Parece-me uma das obrigações essenciais da teoria da arte de agora negar de modo cada vez mais fundamental a imediatidade da relação entre a realidade e a obra de arte. Deve-se reconhecer plenamente que a arte é um produto totalmente autônomo e, enquanto formação do conteúdo do mundo, não vive do crédito de outras formações, que designamos como mundo.[12]

Nada de novo no que aí se diz. Mas é o cuidado com a autonomia da obra que leva ao reparo. Ele é completado por passagem próxima:

> O sensível e o espiritual enquanto conceitos abstratos podem não ter nada que ver entre si; mas tão logo se tornam vivos, isto é, se realizam em um indivíduo, são mesmo esse sensível e esse espiritual individualmente determinados e, portanto, têm no fato dessa determinação individual sua comunidade indivisível.[13]

Ambos os argumentos são corretos. Estranha-se, contudo, que justifiquem a abordagem da obra de arte do estrito ponto de vista filosófico-individualista. Ou melhor, que ele seja determinado pelo tratamento vitalista. A propriedade específica do objeto, sua dimensão estética, é tida por suficiente para que o pensador não precise de outra justificativa. Daí o embaraço diante da primeira passagem citada: a unidade da vida seria alcançada por Rembrandt, enquanto os renascentistas optam pela intemporalidade da forma; Rembrandt, por assim dizer, espera que Simmel estabeleça o enlace de sua pintura com a expressão da vida. A experiência estética imporia um parêntese por decorrência do privilégio que Simmel concedia ao elo entre individualidade e vida.

Retomemos o raciocínio que se fazia. Atentava-se para a relação, em Simmel, entre a formulação verbal e o conteúdo da verdade preestabelecida. Acrescente-se agora: subordinar a

---

12 Id., Rembrandt: Ein kunstphilophischer Versuch, in: *Gesamtausgabe*, v.15, p.348.
13 Ibid., p.359.

expressão verbal à afirmação da verdade preestabelecida não é bem propriedade de exímio pensador. Destaque-se, por exemplo, o final do trecho, há pouco referido, de "A significação estética da face". A conclusão supõe o equilíbrio entre os princípios formais da simetria e da individualização. Se a correlação logo estabelecida entre racionalidade e irracionalidade já fazia parte da verdade antes estabelecida, onde estivera seu *equilíbrio* senão no estágio prévio? Vale então perguntar: a homologia entre simetria e racionalidade é aceitável, mas de onde deriva a proximidade de individualidade e irracionalidade? De o indivíduo se liberar do risco da irracionalidade ao se afastar dos traços apenas singulares?

Sendo a simetria decisiva a toda a obra de Simmel, que dela dizer senão que é um *postulado*? Daí partirá a crítica de Blumenberg ao emprego do metafórico por Simmel.[14]

Ora, que sentido há em tomar-se uma "verdade" predefinida? Se também este ensaio parte de uma, em que diferimos do que se critica? Parece legítimo distinguirem-se dois blocos: há aqueles que, estabelecida a "verdade" a declarar, a afirmam de maneira peremptória ou, ao contrário, a submetem a um modo demonstrativo, confirmando-a ou negando-a. Demonstrativo é o texto em que a "verdade" prévia é submetida ao aparato da prova. A demonstração consiste em retirar as aspas que a circundavam, em sua particularidade. Mas a facilidade em estabelecer a distinção decorre do fato de a demonstração poder se mover no círculo de um falso silogismo.[15]

---

14 Cf. Blumenberg, Geld oder Leben: Eine metaphorologische Studie zur Konsistenz der Philosophie Georg Simmels, in: Böhringer e Gründer (Orgs.), *Ästhetik und Soziologie um die Jahrhundertwende: Georg Simmel*, p.121-34.

15 "Verdade" e verdade: a primeira implica a adequação entre o pressuposto e o afirmado, ao passo que a extração das aspas depende do intercâmbio entre a pressuposição e o que se declara. À medida que os círculos sociais em que o indivíduo se move tendem a ser por ele internalizados, as verdades que o indivíduo afirma assumem aspas. É impossível de antemão dizer quando as aspas desaparecem; é possível apenas declarar que nenhum indivíduo as dispensa por completo. Assim sucede por ninguém escapar, no cotidiano, da prática de certos dogmas – a

Não nos alongando nesse meandro, a distinção entre "verdade" e verdade nos conduz a ver que o texto tem relativa independência da intenção autoral. Ao autor apenas cabe reconhecer que o que produz adquire autonomia. Se ele, exemplificando com o caso presente, estiver correto, seu propósito ao escrever o texto que aqui se formula, tendo consistido em acentuar a solução falsa da questão do sujeito em Simmel, já não esteve fundado no silogismo falso do sujeito autocentrado. Se for praticável uma afirmação impessoal, que, ao procurarmos mostrar que o sujeito simmeliano se superpõe ao autocentramento, estaremos dando força à formulação de que, em vez de uno, o sujeito ainda admite a configuração que leva em conta os papéis que desempenha, o fraturado.[16] (Em vez de insistir na bifurcação do entendimento do sujeito, apenas se assinale que, pela indagação do contrário no autocentramento, procuro reforçar a ideia da fratura como positiva).

Em suma, este ensaio, em vez de abrir uma nova trilha indagativa, tenta reiterar seu caráter de indagação inicial, aberta e modificável por outros exames do sujeito consciente.

2. PASSAGEM POR ALGUMAS DAS OBRAS DE SIMMEL

No intervalo entre o item antecedente e o que se inicia, seja notada a concordância de duas observações independentes: reserve-se a Michael Landmann o mérito de haver assinalado que a obra de Simmel é investida de uma "dialética sem conciliação";[17] não menos pertinente era Raymond Boudon ao atentar

---

socialização passa pela formação horizontal de comunidades e vertical de classes e estamentos, e uma e outra requerem a adesão a normas coletivas. Até por isso se impõe ao autor de textos com alguma pretensão reflexiva o extremo cuidado de que seu aparato demonstrativo seja, dentro do possível, libertado da prisão dos falsos silogismos. Isso talvez se torne mais difícil quando o primeiro círculo social que nos envolve é de cunho mediático e não só de ordem familiar ou profissional.

16 Cf. Costa Lima, *Melancolia: literatura*.
17 Apud Waizbort, op. cit., p.225.

para o "individualismo metodológico" do pensador discutido.[18] Ao relacionarmos os dois intérpretes, introduzimos uma diferença, porque o destaque dos mesmos não implica concordância deles com o menor apreço pelo Simmel da maturidade. A ausência de dialética, decorrente de a vida ser tematizada como um fluxo contínuo e não dependente do entrelaçamento logicamente justificado de atos e decisões, se relacionava com o *individualismo metodológico* porque este concernia à força de que *a personalidade* está investida em Simmel.

Sem estabelecer uma linearidade na ordem da exposição, nos prenderemos de imediato ao que se mostra em *Os problemas da filosofia da história: um estudo de teoria do conhecimento* (*Die Probleme des Geschichtsphilosophie: Eine erkenntnisstheoretische Studie*, 1892).[19] Assim fazer significa dizer: para Simmel, a incontestável relevância concedida à primeira Crítica kantiana remete à problematização da questão do sintético *a priori*. De sua parte, isso provoca que a filosofia da história tenha um duplo ponto de partida: (a) reconhece-se que, na obra de Kant, à atividade mental corresponde o exercício de uma capacidade de formalização antes não alcançada. Afirmá-lo implica que todo o saber deriva de formas apriorísticas ativadas pelo sujeito individual. A frase seria a repetição de um beabá banal se não supusesse o inequívoco destaque simmeliano da individualidade. Seu realce será acompanhado no autor por uma problematicidade desconhecida na fonte kantiana. Daí parte o segundo pressuposto: (b) o alcance de tais formas estende-se além do plano da natureza? A pergunta simmeliana assim se formula:

[...] Essa extensão formal pode facilmente converter-se em uma restrição objetiva (*sachlich*) se se esquece que as funções mentais, descritas por Kant como o *a priori* do conhecimento, devem valer exclusivamente para o conhecimento das *ciências naturais*

---

18 Boudon, Les *Problèmes de la philosophie de l'histoire* de Georg Simmel, p.11.
19 Para evitar confusão de datas, assinale-se que, de acordo com a edição que abre as obras completas do autor, citaremos a versão ampliada de 1907, v.9.

existentes. É de se perguntar se a experiência dos fenômenos *mentais* (*seelisch*) só "é possível" sob os pressupostos do *a priori* contidos no sistema kantiano. Se não, por exemplo, ao conceber-se a causalidade pela entrada de uma representação como consequência de outra, não se difere da causação de um movimento físico por outro?[20]

Logo Simmel acrescenta: embora Kant introduzisse a rigorosa separação entre o empírico e o *a priori*, suas "ligações, que do ponto de vista da forma da frase se mostram como pressupostos apriorísticos, permanecem, nessa medida, inconscientes, porquanto o consciente comanda mais o dado, o relativamente externo, que sua própria função interna".[21]

Sem qualquer convergência com a indagação freudiana — Simmel usa *unbewusst* como adjetivo, em seu emprego habitual —, o autor percebe que as relações entre o comando pelo consciente de dados externos e internos tornavam problemática a fundamentação do apriorístico. (O uso do adjetivo, na acepção de "insensato, desarrazoado, sem consciência", é bastante trivial para que nele nos detenhamos. Em troca, o sentido freudiano é evidente na mínima frase: "Nossas lembranças [...] são, em si próprias inconscientes. Elas podem ser tornadas conscientes, mas não deve haver dúvida de que podem produzir todos os seus efeitos enquanto se acham em uma condição inconsciente").[22] Em consequência, contra a aguda separação kantiana entre o *a priori* e qualquer argumento empírico, se estende ainda mais o domínio inconsciente das formas de ligação até aos dados de fato.[23]

As considerações referidas mostram o limite que Simmel estabelece quanto ao legado kantiano. Retomando pois o que se começara a dizer, a partir da passagem mais longa, é decisiva a introdução do termo "representação" (*Vorstellung*). Na história

---

20 Simmel, *Die Probleme der Geschichtsphilosophie*, p.237.
21 Ibid., p.238.
22 Freud, *Sobre os sonhos*, v.V, p.575-6.
23 Cf. ibid.

e nas ciências sociais, a representação desempenha a função que a causalidade tem nas ciências da natureza. É imprescindível dizer que a restrição da causalidade natural será básica no acolhimento por Simmel do legado kantiano. A diferença não resulta apenas do advento de um campo científico diverso do que Kant conhecera: o campo das ciências sociais (*Geisteswissenschaften*). Ao passo que a causalidade opera material e biologicamente e dela o agente humano se dá conta de modo consciente, a representação age em uma cadeia mental, que, com frequência, permanece não consciente. Por isso, ainda, a experiência da inter-relação humana permite um desdobramento inconcebível em termos da pura cadeia causal. Ele se condensa na analogia que se estabelece entre nossa conduta individual e a do outro: " A vida psíquica atribuída aos outros com base desde logo em sua visibilidade permanece uma hipótese, e a função desta é constituir um *a priori* de toda a relação prática e cognoscitiva entre um sujeito e os outros".[24]

A inferência provoca outra: "[...] É uma frase apriorística que cada outro seja para nós uma unidade, o que, vale dizer, representa um conjunto coerente de processos, pelos quais o *reconhecemos* ou nos reconhecemos".[25]

Embora estejamos no início da carreira intelectual do pensador, a revisão da primeira Crítica alcança seu ponto culminante; assinalá-lo equivale a apontar para o primeiro traço decisivo do autor: sua precocidade, ao lado da extensão de sua obra, antecipa o que o caracteriza formalmente: a reiteração incessante das formulações básicas, de que estamos livres de dizê-las repetitivas pela diferença de matizes. A seu favor, declare-se que em certos momentos o pensador vai além no tipo de variações de algo que já estabelecera.

Não nos demoremos no que será evidenciado. Por enquanto, é bastante acentuar: da retificação do âmbito do *a priori* kantiano resulta de o outro ser ele mesmo um *a priori* que especifica

---

24 Cf. ibid.
25 Ibid.

a experiência humana. Ao dizê-lo, Simmel ainda não chegara à formulação decisiva. Mais que produto de uma analogia de características físicas, o outro é a unidade interna da personalidade. Entender a personalidade como equivalente ao eu é um mau uso das palavras. Considerá-la equivalente ao plural da coletividade é outro mau uso. A personalidade é enfaticamente entendida como uma *unidade interna*. Os maus usos são afastados porque, como ressalta Leopoldo Waizbort, o suporte de valor do indivíduo já não é o "homem universal", mas "justamente a unicidade qualitativa e irredutível".[26] Os exemplos que apresentará na obra sobre filosofia da história acentuam a impossibilidade de estabelecer, a partir de eventos externos, uma causalidade material. Esta indicaria que os adversários provocam entre si atos de hostilidade. Mas a história revela que, se uma das partes faz um favor ao inimigo, "um benefício pode afetar o assentimento de personalidade do receptor, corroê-lo e converter o seu benfeitor em adversário".[27]

Relativamente independente do curso deste texto, um esclarecimento se impõe: fez-se anteriormente uma aproximação com Heidegger. Mesmo sob o caráter de restrito e pontual, ela haverá de ser retomada, conquanto em sentido contrário. Em *O ser e o tempo*, o espaço público é definido por sua impessoalidade e anonimato, em consequência, por sua inautenticidade. Em uma conferência datada de 1959, Hannah Arendt identificava a posição de seu ex-mestre como fruto da herança clássica:

> A filosofia política tradicional [...] tende a derivar o lado político da vida humana da necessidade que compele o animal humano a viver juntamente com outros, em vez da capacidade humana de agir, e tende a concluir com uma teoria acerca das condições que seriam mais bem ajustadas às necessidades da desafortunada condição

---

26 Simmel, Die Probleme der Geschichtsphilosophie, op. cit., p.131.
27 Ibid., p.243. Curiosamente, há um dito popular que formula a mesma experiência: "Que bem eu te fiz para que me queiras tanto mal?".

humana de pluralidade e mais adequadas para que o filósofo vivesse sem ser perturbado."[28]

Ora, a posição assumida por Simmel, desde as décadas finais do século XIX, também se ancora, além do grego, no legado bem mais recente dos tempos modernos. O efeito de uma e outra é paradoxal: se bem que o esteio heideggeriano para todo o curso de seu pensamento seja o pensamento grego, sua ênfase no plano da existência, o *Dasein*, cria uma saudável interrupção na reflexão filosófica usual. Ainda que, ao contrário do que admitem seus adeptos, se mantenha forte sua ligação com um pensamento essencialista, aquela ruptura não pode ser descartada. Em Simmel, ao contrário, a ênfase no sujeito, ampliada na caracterização da personalidade, um plural que não se confunde com o coletivo, não sofrerá descontinuidade, mas sim se radicalizará. É o que mostrará o percurso do eu, aqui ainda em seu princípio.

Em suma, desviando-se da questão da coletividade do espaço público, o posicionamento é bastante contrário ao heideggeriano. Se este reserva ao indivíduo o papel da autenticidade, que, como bem destaca Barash, ainda não é desenvolvido na obra de 1927,[29] em Simmel ele assume, em toda a sua obra, a ponta da indagação.

Encerra-se essa primeira reflexão pela volta à questão das motivações inconscientes. A passagem a seguir vertida reitera que o termo não tem nada a ver com o substantivo freudiano *Unbewusstsein*:

> Todo o enigma dos processos psíquicos inconscientes pode ser assim explicado: há ações observáveis, para as quais não podem ser descobertas motivações conscientes, bastante análogas àquelas que são produzidas pela reflexão consciente e pela vontade.[30]

---

28 Arendt, Concern with Politics in Recent European Philosophical Thought, in: *Essays in Understanding, 1930-1954: Formation, Exile, and Totalitarism*, p.429.
29 Cf. Barash, *Heidegger et son siècle: Temps de l'être, temps de l'histoire*.
30 Simmel, Die Probleme der Geschichtsphilosophie, op. cit., p.249.

Daí decorre o reforço da oposição quanto à causalidade:

> A motivação inconsciente é, de fato, apenas a expressão do que, para nós, de fato, é desconhecido; ela tão só significa que uma motivação consciente não ocorre; e que convertemos esse puramente negativo e excludente (*Ausschliessende*) em algo positivo.[31]

Tratar da motivação inconsciente como negativa e excludente não se confunde com o uso conceitual que era propagado com Freud. Entendo que, diante da consciência cotidiana, a tendência será compreendê-la como uma mera modalidade da consciência. Isso redunda em uma absolutidade da razão consciente, cujo peso se faz sentir no livro que estudamos. Não podendo a ação histórica ser atribuída senão a agentes humanos, são eles, ainda quando de modo inconsciente, movidos conscientemente. Porque a motivação inconsciente é um processo psíquico, ela é, portanto, um enigma (*ein Rätsel*). Assim tomá-la leva Simmel a se opor à formulação de Ranke da história como reconstituição de como foram as coisas; dito de maneira mais eficaz: como encadeamento de fatos, causalmente articulados. Simmel é bastante coerente em se opor a essa historiografia objetiva, adequada aos propósitos positivistas. Privilegiando a vertente oposta, Simmel assinala que sua posição reconhece a impropriedade da explicação psicológica: "[...] O historiador chega à imagem geral de uma personalidade apenas a partir de suas manifestações particulares. Mas esses traços particulares só são corretamente reagrupados e interpretados com base na imagem geral (*Gesamtbild*) da personalidade".[32]

Constitui-se pois um círculo, de que o historiador sai por uma interpretação "dogmática ou hipotética". A insistência, portanto, no fato de a motivação inconsciente resolver-se na consciência é fundamental para a posição de Simmel. Ela se explicitava um pouco antes da passagem citada. Uma "teoria do conhecimento

---

31 Ibid.
32 Ibid., p.253.

da história" caberia mostrar o quanto ela depende do "uso da consciência como princípio explicativo", o que vale dizer: "se resigna" (*wird verzichtet*) a "instintos obscuros ou a finalidades inconscientes ou ao encadeamento autônomo de eventos puramente externos".[33]

Em mínimas palavras, uma epistemologia simmelianamente orientada concentra-se na complexidade da psique do agente. Ela se contrapõe à certeza objetivista do positivismo. Em sua ênfase no paradigma subjetivo da ação histórica, ressalta-se que a consciência é um saco de gatos que antes encobre que revela; ou, menos pessimisticamente, que revela enquanto encobre. Ao dizê-lo, levantamos uma pista a ser desenvolvida: a ênfase de Simmel na subjetividade individual elimina a análise do contexto, que se embaralha com o que entende por motivação consciente.

Antes de desenvolver um segundo tópico, em que ainda a questão do apagamento do contexto não sobressai, observe-se que o desinteresse pelo contexto social por Simmel é estimulado pela diferença que estabelecerá entre causalidade e liberdade. Como o exercício da liberdade decorre da diversidade de reações de que o agente individual é capaz, o problema da liberdade adquire ares próprios que ela não respirava enquanto presa à questão da causa.

Sem ser ainda o momento de fazê-lo, adiante-se: no primeiro tópico, estivemos fixados na questão do *a priori* kantiano. Espaço e tempo deixam de ser fixos e constantes, para se tornarem medidas flutuantes, dependentes de sua inserção no sujeito. Isso não significa que Simmel recusasse sua presença na psique. A partir de "A metafísica da morte" (1910), é plausível considerar que, deixando a morte de ser pensada como simplesmente interrupção do fluxo da vida, ela é vista como a presença que pontua cada ato do agente. A morte é o *a priori* das múltiplas representações.

Descontente com a diferença entre causalidade e representação, Simmel procura um conceito que as englobasse. É o que advém com o conceito de caráter (*Charakter*), que oferece

---

33 Ibid.

ao historiador "a imagem sintética da personalidade".³⁴ Mas a maneira mesma como o define supõe a permanência de uma ambiguidade: se ele remete a "um ponto fixo", à alusão a algo que "vai além do real";³⁵ seu "conteúdo" (*Inhalt*) não pode ser determinado senão a partir dos momentos em que a soma opera. O caráter é sinônimo da pluralidade de instantes.

Ao assim estabelecer, Simmel parece hesitar. De fato, só parece. Ao restringir a ilimitação do *a priori* kantiano, já não acentuava a diversidade implícita na representação? Sim, é certo, mas a ênfase no diverso tampouco o satisfaz. Ou seja, o *a priori* kantiano decorria da imposição do intelecto humano sobre a natureza, sem que derivasse do fenômeno mesmo. A mesma derivação não cabe na história. As situações concretas que apresenta indicam que à unidade de uma personalidade corresponde a pluralidade de sua conduta. A estrita derivação do raciocínio kantiano ao grupo social tornaria a escrita da história simplesmente impossível. Para concebê-la, é então necessário estabelecer-se uma *construção*:

> pressupõe-se o estado social (*Sozialseele*) de tal modo que permite partir de fragmentos conhecidos para a constituição do não conhecido. O *a priori* que torna possível a escrita da história há de ser diverso e menos rigoroso que o kantiano. Para Kant, reitere-se, o *a priori* é prescrito pelo entendimento e não tem correspondente estrito no plano da natureza, enquanto o conhecimento histórico encontra seu material no acontecimento momentâneo como tal, uma espécie de produto semiacabado, que provoca a consciência subjetiva do agente, a significação objetiva e intemporal da vivência. Uma e outra se tornam efetivas pelas formas apriorísticas da compreensão.³⁶

---

34 Ibid., p.253.
35 Ibid., p.255.
36 Para a tradução das passagens da *Filosofia da história* contamos com a ajuda decisiva das versões francesa (tradutor Raymond Boudon) e norte-americana (tradutor Guy Oakes).

É bastante provável que nenhum historiador tradicional hesitará em negar a dedução. Se bem que Simmel devesse sabê-lo, não se afastaria da afirmação do *a priori* da historiografia. Isso lhe permitirá acrescentar algo mais. Não é novidade que aquele que pense em uma teoria do conhecimento histórico já se afastou da objetividade pretendida por Ranke e seus seguidores. O *a priori* simmeliano oferece essa alternativa.

Ressalte-se a extrema honestidade do pensador. Ela lhe concede a vantagem de, não sendo o *a priori* kantiano derivado da realidade em si, e o agente do *a priori* ser uma singularidade múltipla, que não age deterministicamente, chegar à conclusão: a história não é a reprodução do real. Poderia haver dito que mesmo a rigorosa formulação matemática não é espelho daquilo de que fala. Extremamente relevante, sente-se contudo que o raciocínio queima etapas. A eles nos referiremos no item final como o termo que falta.

O legado kantiano é "preparado" para ser levado além de si. O entendimento tem como unidade irredutível sua não superposição com a realidade. É compreensível que Simmel não considerasse as ciências que continuavam a ser chamadas exatas. (Prova recente da impropriedade da designação é dada, no momento em que escrevo, pelo cosmólogo Mario Novello ao defender, mesmo para o público não especializado, que as leis físicas, em vez de imutáveis, se relacionam com a evolução cósmica, que as alteram).[37] Em seu lugar, importava a Simmel acentuar o campo em que a diversidade é acompanhada pelas representações. Em suma, não nega a diferença marcante entre causalidade e representação, mas procura corrigir o possível exagero na formulação precedente, que encarecia sua oposição. Assim, mesmo em um campo em que a diversidade das representações é incontestável, para que a historiografia opere o entendimento necessita estabelecer unidades, sob a forma de *a prioris*. Daí a pergunta que conterá seu próximo passo: como admitir que há leis na história? Sua negativa ainda não está plena no enunciado:

---

37 Cf. Novello, *O universo inacabado*.

Quando "compreendo" o conteúdo da lei da gravitação ou o *chorus mysticus*, penso-os como intemporais. Newton e Goethe não entram nesse processo de compreensão de modo algum como seus criadores históricos, conquanto exista uma plena identidade de seu pensamento criador e o meu pensamento que os reproduz.[38]

No curso do livro, Simmel estabelece um deslocamento que se repetirá em ensaios posteriores: a compreensão da física de Newton, dos versos goethianos etc. supõe a consideração de seus autores. A alternativa – compreensão do autor ou de seu momento – não é definitiva porque a formulação precisa já vinha insinuada desde a indagação da "identidade pessoal". Ela se reserva para a frase próxima:

> Talvez aqui se resolva o enigma de como uma compreensão anímica subjetivamente configurada possa por si mesma (*eo ipso*) representar uma outra. A mediação consiste no modo especial da validez transpessoal da imagem psíquica efetuada segundo a dinâmica relacional de seus elementos, validez investida do *valor* de universalidade, cuja universalidade não é conceitual.[39]

Assim se resolveria o enigma de nossa capacidade de sermos capazes de nos transportar para a representação do outro. Seu questionamento não deve ser calado: como se pode falar em validez universal se o acesso à subjetividade alheia supõe o acesso a seu foro íntimo? Simmel revela que a história supõe a realização de um salto que a teoria do conhecimento consideraria impossível de ser bem explicada. A afirmação tradicional da universalidade da razão servia para encobrir um obstáculo que Simmel põe de lado pela ênfase na individualidade: "[...] A tarefa da história não é apenas reconhecer o conhecido, mas também intenções e sentimentos. Tal tarefa só pode ser alcançada por uma

---

38 Simmel, Die Probleme der Geschichtsphilosophie, op. cit., p.263.
39 Ibid., p.274.

espécie de projeção psíquica que nos permite partilhar dos sentimentos de outrem".⁴⁰ Simmel deverá ter percebido que afirmá-lo era imprescindível para justificar a absoluta importância do singular particularizado. Tanto que essa parte do capítulo anterior terminará de maneira ainda mais taxativa.

Procuro resumi-la: é porque só temos acesso ao outro por meio de representações, que tanto o que "recebe" a representação como o que a provoca se põem em termos de semelhança, e ambos trafegam com os mesmos sentimentos de amor e ódio, a mesma capacidade de pensar e desejar, de sentir prazer e dor. Contudo, o conhecimento histórico não se constitui a partir dessa semelhança imediata, e sim pela projeção pelo historiador do processo de representação do ator histórico, que ele reconstrói.⁴¹ Daí a luta do autor em conciliar, na relação entre o historiador e o agente por ele visado, objetividade e subjetividade. Assim logo se mostra na consideração da personalidade histórica. Esta remete à "categoria da relação objetiva, mas só passível de ser construída subjetivamente, por empatia" ([...] *des objektiven, aber nur durch subjektives Nachfüllen konstruierbaren Zusammenhanges*).⁴² Ou seja, o objetivo, na apreciação histórica, é dependente de um constructo operado subjetivamente, de maneira empática (*Nachfüllen*). A intimidade do ser humano seria alcançável desde que vencida a barreira que impede o acesso à empatia? E quem nos dirá que a empatia não se cumpriria por uma base arbitrária? Para Simmel, ela seria incontestável porque configura o *a priori* específico da formulação historiográfica. Apoia-se no transcendentalismo kantiano, que restringe ao campo da natureza. Mas, se a pressuposição kantiana encontra validez pelo fato de os resultados da ciência serem passíveis de confirmação na experiência prática, aquela pressuposição se ancorava no aparato conceitual, ao passo que Simmel reconhece

---

40 Ibid., p.264.
41 Cf. ibid., p.266.
42 Ibid., p.171.

que a "universalidade" que pretende demonstrar não conta com tal aparato.

Para efeito de raciocínio, retomemos a afirmação de que a compreensão histórica é uma construção que procura superar a distância entre a experiência de fato vivida e a imagem que o conhecimento dela oferece. A empatia dissiparia a distância. Aceitá-lo, em nome da validez de um *a priori* cujo tratamento é problemático, supõe acatar-se, se não um acordo beatífico das almas, ao menos uma vastíssima construção, que compreenderia desde a aproximação relativa até a plena arbitrariedade. Mas Simmel não concebe tal problematização. O *a priori* que levantara é tratado como uma aporia. A distância entre o vivido e a imagem que dele se cunha é exemplificada pela autobiografia e detalhada pela biografia. O historiador, diz o pensador, não tem que se preocupar com a diferença de sua disciplina com a psicologia. Seja o caso do historiador da política. A passagem deve ser bem conhecida: "Por certo, uma decisão política é um acontecimento psicologicamente produzido. Mas, se se quiser compreendê-la em toda a sua realidade, será preciso conhecer todas as condições que se davam na alma do agente, no momento da decisão".[43]

Mas isso importaria para o psicólogo, não para o historiador:

> Só o historiador da política não as considera, pois sua finalidade é construir um ser irreal (*ein irreales Wesen*): o portador de ações políticas, caracterizadas por uma continuidade existencial que se estende sobre os encadeamentos psicológicos, como se eles não existissem.[44]

Considerar historiador o construto de um "ser irreal" parecerá chocante se não for entendido no conjunto do raciocínio de Simmel. "[...] Nossa vida", diz logo depois, "é continuamente atravessada por séries que se interrompem reciprocamente, de que, em nossa consciência, cada uma se desdobra continuamente

---

43 Ibid., p.281.
44 Ibid.

por fragmentos."⁴⁵ Cabe ao psiquismo humano restabelecer a sequência lógica dessa fragmentação constante. Nossa estrutura psíquica tem desde logo uma função conciliadora. Se dela nos abstrairmos ou se formos além, veremos estabelecida uma duplicidade: "a vida subjetivamente vivida tem seu ponto de partida, seu acento, seu sentido no eu, isto é, na dinâmica anímica e na produtividade"; sob essa categoria, se desenrola a realidade interna como um todo compreensível e contínuo.⁴⁶ A ela corresponde o que chama de "séries objetivas de conteúdo" (*objektiven Inhaltsreihen*),⁴⁷ que funcionam como ponto de partida da explicação histórica. O exemplo que logo apresenta, tirado da história da arte, assinala a diferença dos dois registros. Para fazer transparecer a *aparência* (*Erscheinung*), o artista precisa muitas vezes alterar os traços reais do retratado.⁴⁸ Ou seja, abandona o conteúdo objetivo para alcançar o que está por trás dele. Na arte, o retrato renuncia à aparência para alcançá-la. A dificuldade de explicar a compreensão histórica está em que ela precisa manter uma "aparência" aceitável.

Toda a reflexão é por certo extremamente inteligente. Sob o risco de interromper o encanto que o pensador provoca, permitimo-nos acrescentar: a busca de conciliar o objetivo com o subjetivo, portanto de estabelecer o *a priori* na escrita da história como o meio de alcançar seu entrelaçamento, depende da ausência de um terceiro termo: a tematização do ficcional como forma discursiva. Daí resulta o limite que cerca sua reflexão. O que ela avança e sua restrição se evidenciam por sua comparação com Koselleck. Há por certo uma proximidade entre os dois. Nos termos de Koselleck, proximidade: "[...] A verdade de uma história é sempre uma verdade *ex post*".⁴⁹ Distância: a história não resgata um sentido que haveria nos acontecimentos. Para torná-los

---

45 Ibid., p.282.
46 Cf. ibid., p.283.
47 Ibid., p.284.
48 Ibid., p.286.
49 Koselleck, Vom Sinn und Unsinn der Geschichte, op. cit., p.19.

imprescindíveis, precisamos da narração, que lhes empresta racionalidade.⁵⁰ Simmel ignora esses termos mesmo porque, não dispondo do conceito de ficção, não desenvolvido durante sua vida, a diferença que reconhece entre a ciência e a arte é apenas de grau. Mas não nos esqueçamos de que, em antecipação do que fará Koselleck, Simmel ressaltara que, na arte, o retrato não é a reprodução de uma figura real, porque "não se pode descrever o particular (*das Einzelne*), como era na realidade, pois não se pode descrever o todo (*das Ganze*)".⁵¹ Seu avanço é cerceado porque a diferença entre arte e ciência é apenas de quantidade. Simmel, com a maioria dos historiadores, busca o sentido do que houve e o localiza na atuação do agente. Sua aproximação com a experiência da arte lhe indicava uma trilha que não levou adiante. Não se pensa que seja fácil descobri-lo. Koselleck começou a explorá-la em 1976, em "Fiktion und geschichtliche Wirklichkeit" [Ficção e realidade histórica]. Escrevia então:

> Tomamos os testemunhos [...] apenas como relíquias do que houve. A realidade da história daí derivada é, ao contrário, o produto de possibilidades verbais, de modelos teóricos e de passagens metodológicas que, por fim, se reúnem em uma narrativa ou exposição. O resultado não é a restituição de uma realidade, mas sim, formulando com certo exagero, a ficção do fático.⁵²

A incisividade da conclusão do raciocínio era bastante forte para que não a associássemos com a antecipação de Simmel. Nada, entretanto, comparável ao que se dará em um ensaio posterior. Para tornar plausível a aproximação com a ficção, é decisiva a tematização do sentido. Mais precisamente, da falta de sentido do relato histórico; repita-se: a história não resgata *o sentido* que

---

50 Cf. ibid., p.16.
51 Ibid., p.287.
52 Id., Fiktion und geschichtliche Wirklichkeit, in: *Vom Sinn und Unsinn der Geschichte*, p.91.

haveria nos acontecimentos. Para torná-los compreensíveis, a história necessita da narração: "Análise e narrativa se completam entre si para aguçar nosso julgamento, para, em suma, noutras palavras, nos ensinar a passar por cima da ausência de sentido".[53]

Só pela relação com a ausência de sentido do acontecimento em si é que a presença do ficcional no relato histórico ganhará força decisiva. A função das narrativas histórica e ficcional consiste em *atribuir um sentido*, respectivamente, ao que sucedeu ou é passível de suceder.[54] Na narrativa histórica, a atribuição de sentido feita pelo historiador é, em princípio, acatada em sua recepção. Na ficcional, ao contrário, a atribuição de sentido é múltipla e indeterminada, dependente das condições de recepção e da disposição psíquica do receptor.

Na oscilação entre avanço e permanência do previsível, Simmel por um lado enfatiza, com acerto, que a história não pode ser tida como a reiteração do havido. E, por outro, dando voz à alternativa que privilegia, que a "individualidade histórica" tem a ver com "as categorias de copenetração objetivo-subjetiva dos elementos subjetivo-pessoais", provocando que a tarefa da história é "não só reencontrar o conhecido (pelos agentes históricos), mas também suas intenções e sentimentos. Assim, essa tarefa só seria resgatável por uma espécie de projeção psíquica que nos faz participar daquelas intenções e sentimentos".[55] Daí que à história corresponda uma verdade particular que remete "à exigência universal e abstrata da verdade".[56]

Sem nos determos nos exemplos que apresenta, acentue-se sua conclusão: reitera que "a verdade histórica não pode absolutamente valer como reflexo (*Abspiegelung*) da realidade

---

53 Id., Vom Sinn und Unsinn der Geschichte, op. cit., p.16.

54 Note-se que, no final do prefácio, a formulação do sentido do texto ficcional é ultrapassada por se atribuir o *lugar* do ficcional à brecha entre o não sentido e o sentido. A discordância é mantida para melhor se constatar o caráter de obra *in progress* de todo o livro.

55 Ibid., p.264.

56 Ibid., p.288.

histórica".⁵⁷ Mesmo que se assinale a variação que o termo "objetividade" recebe, a conclusão acentua que "o valor da 'objetividade' não equivale à consistência intrínseca (*an den für sich seienden Bestand*) do 'objeto'".⁵⁸ Conclusão que é tão legítima quanto contém o aspecto problemático de atribuir à escrita da história a tarefa de reveladora das intenções e sentimentos do agente da ação histórica. O ensaio faz aqui uma pausa. Ela será aproveitada para introduzir-se outro tópico. Trata-se da tematização da lei. Ela parte da exigência da verdade. Pareceria estabelecer-se, contra o que fora antes dito, a presença da causalidade na história: "Em toda essa análise, a lei universal da causalidade é relacionada com a causalidade efetiva".⁵⁹ Logo de imediato, porém, a retificação se impõe pela distinção entre efeitos constante e variável. Sejam dadas as sequências A-B e A-C: "Segundo nosso pressuposto, a diferença entre elas não tem o estatuto de um fato a que se atribuísse uma causa real.⁶⁰ [...] A causalidade como forma não deriva da experiência; ela só ganha realidade por meio da indução, que faz aparecer certas regularidades no desenrolar dos acontecimentos".⁶¹

Daí conciliar-se a exposição anterior com a que então se faz por meio da realidade efetiva da "causalidade individual". "A causalidade nunca nos é objetivamente *acessível*, mas tão só na forma de uma lei geral que articula uma certa consequência a um acontecimento, a partir do momento em que este sempre se repete (*wo und wann*)".⁶² Por conta da variável de efeito considerada, Simmel nega com razão que, em função do conceito de causa, sendo dado A, siga-se forçosamente o efeito B.

---

57 Ibid., p.290.
58 Ibid., p.293.
59 Simmel, Die Probleme der Geschichtsphilosophie, op. cit., p.313.
60 Ibid., p.314.
61 Ibid.
62 Ibid., p.315.

Salvo pela inferência da "causa individual", decisiva para a interpretação simmeliana, só haveria de ser louvado o passo dado. Mas logo o autor parece recordar que a tarefa da escrita da história era permitir que seu receptor viesse às intenções e sentimentos do agente histórico. Como então se falar em causalidade individual? Fazê-lo exige que se estabeleça a relação intrínseca entre a forma da lei e a função capital da individualidade. Ciente da dificuldade que se lhe apresenta, Simmel relaciona o equacionamento que estabelecia com a questão da liberdade:

> O problema clássico da teoria da liberdade – como associar a causalidade com a mutação, aparentemente sem lei, de nossa vida psíquica – é insolúvel enquanto se pensa a causalidade apenas na forma de lei geral, se bem que só dessa forma ela possa ser *reconhecida* (*erkennbar*). Mas basta separar os dois conceitos entre si e admitir-se que a causalidade, na forma individual, é ao menos *possível*, para que a irrepetitividade das sequências psíquicas revele uma liberdade sem fronteiras (*losgebundene Freiheit*). A validade sem limites das relações de causalidade é universal, no campo da natureza, e singular, no domínio do psíquico.[63]

A exigência universal da verdade provocaria a validez da causalidade, desde que se tivesse plenamente em conta a diferença do que sucede na natureza e na vida interna de cada sujeito. Estaria assim resolvido o que parecia contraditório ante a confrontação entre causalidade e representação. O que aí é dito é coerente, desde que se admita que, em termos simmelianos, a "causalidade individual" é a elaboração mais refinada da representação.

Sempre então trabalhando com dicotomias e procurando equilibrá-las, Simmel, ainda aqui preso ao domínio do científico, tenta conciliar a ferramenta da causalidade com o particular da individualidade singular. As desconfianças dos cientificistas mais ortodoxos logo terão condições de melhor se concretizar. Assim, a lei na escrita da história escaparia do caráter de generalidade

---

63 Ibid.

para indicar que a validez no domínio psíquico se confunde com o polo da singularidade individual.⁶⁴ Mais adiante acrescentará que "as leis da história antes se assemelhariam a conjecturas filosóficas, com as quais o conhecimento, embora muito à distância da realidade das coisas, ganha um cômputo geral".⁶⁵ De maneira ainda mais problemática:

> As leis da história são leis especiais. Elas destacam a fortuna de todo um setor do real como produto de um princípio único, à medida que, por um lado, isolam esse setor dos elementos singulares que o compõem e, por outro, de seu mais amplo âmbito cósmico.⁶⁶

O maior desdobramento da maneira como entende a peculiaridade das leis da história mostra com nitidez o que condiciona todo o raciocínio: o realce do singular, isto é, do indivíduo particular, encontrava como obstáculo o reconhecimento, vivo naquele primeiro Simmel, da força da ciência. Em vez de a presença de seus meios ser simplesmente subtraída, como sucederá na fase vitalista, no caso a afirmação da lei e de seu resultado, a unidade, será abrandada, para que a função da singularidade individual seja reiterada.

A segunda consequência respeita à unidade. Na ciência, o efeito unitário de uma lei é geral. Quando nos deparamos com fenômenos psíquicos, a unidade ao contrário deriva da multiplicidade de seus efeitos, pois seus agentes são sempre únicos em relação aos demais. Daí a continuação da passagem há pouco citada: a descrição de uma totalidade complexa como dotada da força conjunta de seus elementos supõe a etapa preliminar do conhecimento. Simmel não vê restrições em haver observado que o outro implica a analogia com o que se passa no observador ou que o conhecimento na história supõe um *a priori* especial. Ele os entende como traços característicos do que se passa no psíquico

---

64 Ibid.
65 Ibid., p.327.
66 Ibid., p.333.

e assim chega à conclusão destacada. Tudo isso estava implicado na formulação da "causalidade individual": "Em vez de ser pensada em relação às variações temporais do mesmo portador, a individualização da causalidade também pode sê-lo quanto ao conjunto dos indivíduos".⁶⁷

É justo afirmar que, já nessa fase, Simmel é um explícito defensor do que chamamos de sujeito autocentrado.⁶⁸ É coerente consigo mesmo quando declara que "a significação mais profunda da individualidade [...] consista antes em ser um entre muitos do que ser 'outro' entre todos os outros".⁶⁹ Daí também ser correto dizer-se que a obra *Os problemas da filosofia da história* compõe um círculo vicioso. Seu ponto de partida é a singularidade do sujeito individual. A princípio, ela se impõe parecendo contrariar o curso da ciência. Mas a ciência natural era naquela fase de Simmel uma formação discursiva que não podia ser dispensada. Isso provoca uma curva em seu raciocínio, que estabelece um ponto de convivência pela flexibilidade a que o conceito de lei é submetido. Por efeito dessa flexibilidade, a formulação da teoria da história estaria em nítida oposição ao esforço de objetivação empreendido desde Chladenius até Ranke. Ao passo que estes têm como decisiva a distinção entre as narrativas da história e da literatura, a quebra das fronteiras entre ciência e arte facilita a Simmel dedicar muitos de seus ensaios à questão do retrato na pintura, do autor no teatro, a poetas e artistas. Sua teoria converge com a plasticidade de sua escrita. A dissolução das diferenças discursivas, o que está no mundo, passa a caber na natureza ou no sujeito. Onde, para ele, a história encontraria seu átomo primeiro senão no sujeito individual? A verdade na história, a ser procurada

---

67 Ibid., p.316.
68 A caracterização especulativa já estava avançada em Hegel: "A consciência, elevada sobre a percepção, apresenta-se concluída junto com o suprassensível através do meio-termo do fenômeno [...]". (Hegel, *Curso de estética: o belo na arte*, p.117).
69 Simmel, Die Probleme der Geschichtsphilosophie, op. cit., p.316-7.

em seus eventos e conjecturas, encontra sempre seu agente na particularidade do eu.⁷⁰ Daí não se estranhar que ele reitere a analogia dos conceitos históricos abstratos com a obra de arte.⁷¹ Ainda mais adiante, a questão dos conceitos históricos é retomada por outro ângulo. São abstratos, não como os da natureza, porque estes são matematicamente formuláveis, mas, contra o que supõe o "realismo ingênuo", por operarem por seleção. Daí, sem nos aprofundarmos no questionamento crítico do materialismo histórico, aqui desnecessário,⁷² relacione-se a seleção com que trabalham os conceitos históricos com "a categoria particular de variabilidade".⁷³ Ela lhe permite crer que sua ênfase na individualidade não se confunda com o realce de um tipo de objetividade factual.

Sente-se que a tentativa de conciliação do aparato da explicação científica com a epistemologia proposta ainda deixava no autor uma sensação de incompletude. Assim parece melhor se compreender que logo depois o conceito aqui ainda não formulado, o conceito de vida, assuma uma função central. De maneira apenas implícita, é ela que, sob a forma de "intenções (e) sentimentos" (*Gewollte*, *Gefühle*), diminui a divergência quanto ao materialismo histórico ao recordar a função nele assumida pelas massas, pois essa função assinala a centralidade desempenhada pelo "interesse econômico", dado que, no empreendimento social, nenhum outro elemento tem a mesma visibilidade.⁷⁴

Como totalidade, a vida seria o meio de aliviar a sensação de incompletude. Essa incompletude provocava que o desenvolvimento do trabalho dependia de converter certa tonalidade na cor mais forte.

Na obra que analisamos, a vida ainda se confundia com essa área de tonalidades. Não é ocasional que assim sucedesse porque

---

70 Ibid., p.346 ss.
71 Ibid., p.355.
72 Ibid., p.400 ss.
73 Ibid., p.410.
74 Ibid., p.411.

se concentrava em conectar o aparato científico com o campo de exploração cognitiva da ação humana.

Ao anteciparmos um princípio ainda em elaboração, nos permitimos um pequeno salto para *A filosofia do dinheiro* (*Philosophie des Geldes*) (1901). Sua justificativa se conforma a um argumento já apresentado: serem suas obras bastante próximas umas das outras significa que, embora sejam reiterativas, isso não quer dizer que sejam redundantes. No caso da passagem que traduzimos, ainda não estava configurada a passagem da dicotomia para o dualismo. Por isso, a insistência no fato subjetivo não permitia ver o lugar a ser reservado ao objetivo: "[...] O idealismo moderno deriva o mundo do eu, concebe a alma e, em conformidade com suas receptividades e energias formativas, cria o mundo, o único de que podemos falar e que é real para nós".[75]

O realce do eu procura dar sentido ao mundo. A dicotomia se estabelece porque o mundo já não se confunde com o que dele faz a ciência; ou seja, porque a contraparte do relacionamento com o eu não se mostra suficiente. Assim se explica por que a evolução da espécie fizera que seres puramente materiais se investissem de uma psique. Mas falar em conversão não é um cômodo reducionismo? Não trato sequer da constituição do equilíbrio entre eu e mundo, pois que noto a constituição dos dois polos como se nada importasse do que sucedesse entre eles – os terceiros termos deles resultantes, de que trataremos no final. Portanto, na consideração presente, enfatizar a questão do reducionismo pretende enunciar um problema que se agravará: ele está na afirmação, frequente da unidade. Em vez de já aqui desenvolvê-la, apenas se acentue ser ela frequente na obra simmeliana, de que *A filosofia do dinheiro* é o tomo mais discutido.

Dizíamos há pouco que, para o autor, a dicotomia entre a abordagem científica da natureza e a representação, presente nos *Problemas da filosofia da história*, já não era satisfatória porque

---

75 Id., Eine Kritik der ethischen Grundbegriffe, in: *Gesamtausgabe*, v.3-4, p.11; Id., Philosophie des Geldes, op. cit, p.110.

se resolvia em um contraste. A dicotomia já se fizera presente em passagem no final do prefácio de sua dissertação sobre a ética em Kant: "Assim como o anatomista como tal não cede a um juízo estético sobre o corpo sob dissecação, tanto menos o filósofo da ética, enquanto pesquisador científico, mistura a indagação dos fenômenos morais com uma valorização moral".[76]

Assinale-se a diferença que se mostra poucos anos depois pelas passagens extraídas do ensaio sobre "O conceito e a tragédia da cultura" (Der Begriff und die Tragödie der Kultur [1911]): "[...] O produto das potências simplesmente objetivas só pode ser valioso subjetivamente, ao passo que, ao contrário, o produto das potências subjetivas é, para nós, objetivamente valioso";[77] "[...] O desenvolvimento do ser pessoal no sentido da cultura é puramente um estado que se cumpre no sujeito, mas, como tal, só pode ser alcançado pela admissão e exploração de conteúdos objetivos";[78] pois "o espírito cria um objetivo autônomo, pelo qual o desenvolvimento do sujeito assume seu caminho de si para si mesmo".[79] O agrupamento das passagens visa a mostrar que elas se correspondem no ultrapasse da dicotomia com que o pensador havia trabalhado. Embora ele continue a operar com pares conceituais, parece evidente que passa a ser guiado não por oposições, mas pela integração daqueles pares: a dicotomia dá lugar à dualidade.

Antes de seguir-se na reconstituição da lógica simmeliana, deixe-se claro: tendo por base o pensamento das Críticas kantianas e contestando seu apriorismo absoluto, Simmel assenta na encruzilhada entre dogmatismo e empirismo. Kant condensava

---

76 A aproximação é feita sob a dupla ressalva de que o próprio autor considerava sua dissertação uma obra imatura.
77 Simmel, Der Begriff und das Tragödie der Kultur, in: *Gesamtausgabe*, v.12, p.202.
78 Ibid., p.210.
79 Ibid., p.219.

um paradoxo: seu *a priori* é exclusivo à espécie humana,[80] o que se relaciona à sua recusa de um essencialismo fixo — ao qual Kant dera um basta por sua crítica ao substancialismo, apesar de ainda receber seus respingos, e ao que teremos como um essencialismo móvel. O dualismo simmeliano seria a grande sinalização da permanência da distinção se não continuasse a sofrer os efeitos do substancialismo. Eles estarão presentes tanto pela ênfase no eu, em sua modalidade autocentrada, como na própria tentativa de encaixar a dualidade no princípio da unidade. Em vez de mostrá-lo de imediato, preferimos fazê-lo depois da discussão de algumas de suas obras.

Comece-se por assinalar o que, em *A filosofia do dinheiro*, será decisivo do ponto de vista da perspectiva deste ensaio: ao realce do eu, e de sua forma plural, a personalidade, se contrapunha o peso da objetividade, constituído pelo que se afasta do sujeito. Ambos são tratados como partes de uma dualidade pelo que os unifica: a formação do valor.

O valor encontra seu ponto de partida no desejo que o objeto provoca no sujeito.[81] O desejo, que será impessoalizado pela troca monetária, cumpre uma trajetória que, na exposição do autor, se concretiza pelo tratamento do belo. O desejo abre sua rota pela afirmação do valor utilitário. Por um trajeto evidentemente longo para ser aqui tratado, compreendido como o processo de objetivação, o utilitário vem dar lugar ao valor estético. Se, em sua etapa utilitária, o valor aponta para um sujeito singular, na etapa bastante posterior, o belo é de reconhecimento supraindividual — Simmel acrescentará "de validez universal,

---

80 Ressalte-se que Kant considerava *a priori* válido a toda atividade científica: "É a faculdade de julgar [...] que torna possível, e mesmo necessário, conceber na natureza, além da necessidade mecânica, também uma finalidade, sem cuja pressuposição não seria possível a unidade sistemática na classificação completa das formas particulares segundo leis empíricas (Kant, *Crítica da faculdade de julgar*, p.439, 34).
81 Cf. Simmel, Der Begriff und das Tragödie der Kultur, op. cit., p.55 ss.

pois a evolução da espécie há muito superou, por seus movimentos interiores, os motivos e experiências particulares".[82] Daí a "superação do fixo e absoluto dos conteúdos do mundo por sua dissolução em movimentos e relações".[83] Afirmá-lo é, para o autor, tanto mais indispensável porque "seu conteúdo real nunca é estipulado com a mesma segurança que a que decide de sua existência principal, por assim dizer, formal, porquanto o processo de dissolução em princípios superiores, a busca de alcançar o mais além, nunca chega ao fim".[84]

A interminabilidade do conteúdo do conhecimento leva à reafirmação da dependência mantida pelo ser quanto à sua representação. Ela já era bem e precisamente determinada do início do tratado: "[...] O valor constitui de certa maneira a contraface do ser, ao qual é muitas vezes comparável como forma abrangente e categoria da imagem do mundo"; "ao mundo dos puros conceitos, das qualidades objetivas e determinações se opõem as grandes categorias do ser e do valor, formas de tudo englobantes, que tomam seu material daquele mundo dos puros conteúdos".[85] Daí, nessa visão antissubstancialista, não se poder mais falar sobre o ser em independência do que se diga sobre o valor: "Uma vez que haja valor, abrem-se os caminhos de sua realização, assim como é compreensível seu desenvolvimento posterior [...]".[86]

Toda a dedução que procuramos sintetizar é extremamente valiosa; isso não impede que a necessidade de resolvê-la leve a um patamar no mínimo questionável: "No que jaz acima do valor e da realidade, há o que é comum aos dois: os conteúdos, o que Platão por fim entendia pelas 'ideias'".[87] É certo que Simmel não insiste na filiação platônica. Mas ela não surge por acaso. De imediato é do maior relevo que a temática do valor se enraíze na

---

82 Ibid., p.47.
83 Ibid., p.95.
84 Ibid., p.96.
85 Ibid., p.25-6.
86 Ibid., p.27.
87 Ibid., p.29-30.

resistência do objeto. Se o desejo abre a relação do sujeito com o objeto, é a precisão de criar curvas entre eles que estabelece a configuração do valor. Não é ocasional que sua afirmação coincida, na abertura da obra de 1901, com a superação da dicotomia pela dualidade. Sua relevância é teoricamente descompensada pela iminência da abstração metafísica. Ressalte-se a passagem:

> O decisivo para o valor econômico, que delineia o campo econômico como autossuficiente, é que o alcance de sua validez se estenda além do sujeito individual. Desse modo, mostra-se que, para o objeto econômico, é preciso que um outro sujeito seja dado, que o objeto seja valioso não só para mim, mas também em si (*an sich*), isto é, também para um outro. [...] A troca pressupõe uma medida objetiva das valorizações subjetivas, não só no sentido do seguir temporal adiante, senão que assim ambos estão no mesmo ato.[88]

Pode-se pensar que o autor não se desliga do momento concreto, material, em que se cumpre a troca econômica. Ser assim, contudo, não impede que se tenha em vista a objetividade ser *anterior* e, portanto, *estar em si* o próprio caráter de precioso emprestado ao objeto. Quero dizer, a frase contém uma ambiguidade de que talvez o autor não tenha se dado conta: ela tanto remete ao contexto da troca como supõe que a objetividade está em si mesma. Pode-se por certo contestar que a suposta falha se restrinja ao plano da expressão. De todo modo, mantenho a questão porque ela ressalta o que já se vira a propósito da validez universal do belo. Como seria possível afirmá-lo em termos concretos, senão tomando como medida o padrão de uma certa cultura, ou seja, a europeia, então considerada sinônimo de ocidental? Um "deslize" eurocêntrico conduzia o processo do valor ao equilíbrio metafísico.

Façamos uma síntese provisória: com *Os problemas da filosofia da história*, partia-se, no exame da inter-relação humana, da

---

88 Ibid., p.58-9.

supremacia do sujeito individual. Dessa maneira, a influência decisiva do pensamento kantiano encontrava um limite. Estabelecer a diferença entre a regularidade da natureza e a multiplicidade das representações provocava um desequilíbrio contra o qual se indispunha a direção antes desenhada no pensamento simmeliano.

Contra tal desequilíbrio, um resultado de extrema importância será alcançado em *A filosofia do dinheiro*, pelo dualismo entre os paradigmas subjetivo e objetivo. Ele provoca a dinamicidade conferida à cognição humana, que empolga até seu extremo: seu permanente inacabamento. Por que ela, entretanto, não satisfaz o autor? Provavelmente porque ser infindo o processo de conhecer provocava uma sensação de vazio; que poderia compensá-lo senão a centralidade do sujeito individual? Isso porque, dado que ela se mantém, estar o sujeito embarcado em um processo inacabável não seria sinal de que a própria centralidade a ele conferida era inadequada? O pensamento de Simmel seria a encarnação contemporânea do *horror vacui*. É mais fecundo pensar-se que sua insatisfação com a resultante de uma dinamicidade incessante era a tradução da exigência lançada contra a consciência cotidiana e ordinária, manifestada pelo chamado bom senso.

Considerando que o segundo traçado é mais promissor, pretendo caminhar no sentido de duas direções: (a) a oscilação entre subjetividade e objetividade torna a dimensão filosófica, além de indispensável, impossível de ser resolvida pela adoção de um único sistema. Não se diz com isso que Simmel propusesse um ecletismo sem limites, mas sim que justifica as várias concepções que, ao contrário do que sucede na história das ciências, são entre si contemporâneas na história da filosofia. Daí o pensamento do autor, explorador de um pequeno núcleo de ideias, caracterizar-se por sua negação de caber em uma sistemática. Por isso, ainda, sua base em Kant, com independência da lógica que já o levava nos *Problemas* a restringir seu transcendentalismo, a dele se afastar, sem o negar. Mais que um seguidor da trilha aberta pela primeira *Crítica*, é mais apropriada a descrição do pensamento simmeliano como uma via paralela da própria história humana, que se motiva e cumpre em um provisório constante.⁸⁹ Ainda é cabível o acréscimo: a fidelidade ao núcleo kantiano se mantém pela compreensão de que a formulação do pensamento nunca se superpõe ao em-si das coisas. Isso não o impede de, através da representação ou mesmo do dualismo, afirmar o polo oposto: o realce da unidade.

Ao dizê-lo, voltamos à hipótese há pouco levantada e provisoriamente não desenvolvida: a dimensão metafísica; (b) como sua afirmação equivale ao ultrapasse da dimensão histórico-temporal, ela implica que nesta se nega a presença de um terceiro termo, que se interpusesse ao par subjetivo e objetivo. Ou, em consequência mais imediata, a falta de relação entre o imprescindível da filosofia e a necessidade de postular a tematização do leque discursivo.

Mesmo sob o risco de redundância, a rapidez com que temos mudado o cenário expositivo torna preciso voltar às primeiras páginas de *Os problemas da filosofia da linguagem*. Procuraremos assim fixar algumas das ênfases sobre as quais opera a mudança. A mais evidente concerne à relevância do sujeito individual. Na primeira página da introdução, a questão surge em contraposição ao "realismo histórico".⁹⁰ Contra o realismo, para o qual "na escrita da história (*Historik*), o acontecimento importa diretamente e, no melhor dos casos, com a máxima concentração quantitativa, tem-se kantianamente o direito de perguntar: como a história (*Geschichte*) é possível?".⁹¹ Contra a concepção, institucionalizada ao longo do século XIX, para o pensador, ela não mais se confunde com um retrato do passado, pois é o produto de um *a priori* específico.

Ser a história possível significa o abandono do lastro no fato e o desenvolvimento da função desempenhada pelo eu. Como as

---

89 Cf. Simmel, Zur Psychologie der Mode: Sociologische Studie, in: *Gesamtausgabe*, v.5, p.105-14.
90 Id., Die Probleme der Geschichtsphilosophie, op. cit., p.229.
91 Ibid., p.229.

páginas precedentes terão mostrado, a história é rica como problemática, pois fundamentalmente tem a ver como concebe o exercício da liberdade pelo eu. As duas formulações apresentadas na mesma página da introdução são impecáveis e se sustentam na afirmação kantiana segundo a qual, antes que a própria história, a própria maneira como *vemos* a natureza é uma criação do espírito humano: "À medida que a natureza é produzida como sua representação e as leis universais e constitutivas da natureza não são senão as formas de nosso espírito, a existência natural é submetida ao eu soberano".[92]

Como Simmel dirá no final do tratado, a natureza e a história estabelecem o modo como o homem se conhece. Mas, como aquele que conhece, o homem faz a natureza e a história. As duas referências têm como ponto questionável a premissa de que partem: o primado do sujeito individual. A maneira como se realiza a retificação do transcendentalismo kantiano implica a presença de um eu absoluto, que então assume a condição de dono inconteste de sua liberdade.

Não é acidental que Blumenberg criticasse Simmel por não desenvolver a relação do dinheiro, mais precisamente da troca monetária, com a questão da liberdade: "O que Simmel descobria é o reverso mesmo dessa circunstância (sua tendência a tornar-se uma segunda natureza), a afinidade da instituição do dinheiro com o processo da liberdade humana".[93]

Como o analista não foi além da reprimenda, acrescente-se: para que não se suponha que os que intervêm na troca dispõem do pleno cabedal de liberdade, teria sido preciso considerar as condições intermédias, contextuais, assim como a posição social ocupada pelos parceiros. Voltamos, assim, a considerar a falta,

---

92 Ibid.
93 Blumenberg, Geld oder Leben, op. cit., p.122. Como, na obra referida, a relação da ação humana com a liberdade é central, ao ressaltar o que não fora feito, Blumenberg enfatiza sua crítica à argumentação simmeliana.

na reflexão simmeliana, do terceiro termo. Minuciosa que é sua argumentação, a ausência não é menos sentida. Sempre com apoio em Kant, que "descreve a natureza como nosso mundo da representação, como o produto de nossos sentidos e de nosso entendimento",[94] não mais como "um saber absoluto" (*ein absolutes Wesen*), mas sim como "uma categoria" (*eine Kategorie*),[95] o conceito de cultura assume um duplo sentido. Em sua primeira acepção, compreende "o complexo inclusivo (*die allumfassende Komplex*) de fenômenos interligados com cadeias causais" e, na segunda, "um passado do desenvolvimento de um sujeito".[96] A dupla derivação é suficiente apenas em termos bastante genéricos. Pois, ao ser conectada a um agente em particular, a generalidade ressalta o vazio que se tem apontado. Para que a afirmação não seja arbitrária, impõe-se não esquecer que, no ensaio destacado, um passo de mediação entre indivíduo e cultura havia sido dado. Aí se enuncia que a significação cultural de uma obra não se confunde com a órbita de seu criador, porquanto a obra é tanto mais relevante quanto mais integrada em uma ordem extraindividual e objetiva:

> Isso será ainda mais manifesto naqueles produtos culturais em que é decisiva a admissão em que se fala de uma vida pessoal. Quanto mais um produto é separado da espiritualidade subjetiva de seu criador, tanto mais se integra a uma ordem objetiva, mais específica é sua significação *cultural* [...].[97]

Indivíduo e cultura são as concretizações da dualidade estabelecida entre o subjetivo e o objetivo. Com efeito, é evidente o empenho de Simmel em destacar a função do sujeito, levando em conta a dinâmica em que se move. Mesmo que aponte para essa

---

94 Simmel, Von Wesen der Kultur, in: *Gesamtausgabe*, v.8, t.2, p.364.
95 Ibid., p.363.
96 Ibid., p.365.
97 Ibid., p.370-1.

dinâmica, talvez não a enfatize pelo receio de romper o equilíbrio que desejava estabelecer.

Fechemos o parêntese que nos reconduziu a *Os problemas*. Mal havíamos iniciado a abordagem de *A filosofia do dinheiro* quando a interrupção se impôs. Tratávamos então do efeito negativo resultante da explicitação da unidade metafísica. Em compensação, o cerne de *A filosofia do dinheiro* esteve em acentuar o conceito por excelência caracterizador do pensamento de Simmel, por ele próprio designado de "relativismo".

A maneira como concebe o valor por certo supõe o estabelecimento de uma relatividade entre o objeto e o sujeito para o qual ele se impõe, a princípio de maneira pessoal e utilitária, bem depois, impessoal e esteticamente. Como vimos, era difícil para o autor mantê-lo sem o estender ao plano metafísico. Mas, se quisermos ser justos, teremos de parar antes desse deslocamento. Pelo relativismo, Simmel pretendia oferecer sua resposta ao que chamamos de o essencialismo fixo do substancialismo clássico.

Ao longo do capítulo I de *A filosofia do dinheiro*, o relativismo reforça a correspondência entre o valor que correlaciona um agente a um objeto. A correlação se torna ainda mais evidente quando o valor se concretiza pela impessoalidade da troca monetária. Pouco importa se o agente da troca é A, B ou C, o objeto X tem para todos um valor equivalente; o que não é decorrência do afã com que cada um deles o deseja, mas em função das razões comuns do mercado. A explicitação então exposta do caráter da mercadoria, a que se estende a impessoalidade do dinheiro, não tinha por si novidade. A importância da caracterização simmeliana não estava em si mesma, mas na extensão que lhe concede aos outros campos da atividade humana. Assim se explica que o longo tratado pouco se interesse por ser a troca monetária a base da economia moderna.

Até mesmo pela posição que ocupará no pensamento do autor, o uso do termo "relativismo" merece uma atenção particular. Ela é destacada no interior de sua correspondência com o epistemólogo Heinrich Rickert, mais precisamente na discussão do livro deste *O objeto do conhecimento* (*Der Gegenstand der Erkenntnis*), onde a divergência maior dos amigos acerca dos limites da objetividade do conhecimento conduz à questão do relativismo. É em carta de 15 de abril de 1916 que Simmel escrevia:

> Publicamente, eu pouco esclareci o que compreendo pelo relativismo da verdade (*Relativismus der Wahrheit*). Ele não significa que, para mim, a verdade e a não verdade sejam relativas entre si, senão que a verdade é uma *relação* de conteúdos (*eine Relation von Inhalten*), cujo conteúdo não tem outro poder sobre si, do mesmo modo que corpo algum é pesado por si, mas por correlação a outro. Não me interessa que as verdades *particulares* o sejam *relativamente* em seu sentido, mas apenas em seu todo ou, mais precisamente, em seu *conceito*. Sua expressão [isto é, de Rickert] – "*apenas* relativamente" – mostra que não me compreendeu. Pois não quero subordinar o conceito de verdade a algo "mais alto", apenas lhe dar um fundamento sólido.[98]

A discordância é de extrema importância. Conforme o testemunho do filósofo amigo, mas nem por isso menos atento, o termo "relativismo", amplamente utilizado em *A filosofia do dinheiro*, não se desprendia de um halo de ambiguidade. Simmel de certa maneira afasta a censura pela declaração de não querer submeter a verdade a "algo 'mais alto'", mas sim mantê-la *relacionada* ao próprio campo concreto em que se manifesta. Portanto *Relativismus* seria mais bem entendido como *relacionismo*, e o aviso haveria de ser recebido por todos os que comentassem o pensamento do autor.

Não nos perguntamos como Simmel pretenderia que seu esclarecimento particular, ou seja, através de uma carta, tivesse alcance público. Como desde cedo publica ensaios em francês, inglês e italiano, estava ciente da propagação de suas ideias. Como sua morte estava próxima, por que não buscava encontrar meios de divulgar uma explicação reservada a Rickert? Apenas

---

98 Id., Rembrandt, op. cit, p.638.

ousamos pensar que não entenderia o que chamamos de unidade metafísica como um plano "mais alto". A ousadia consiste em supor que o enlace da dualidade se resolveria na vida material, concreta das relações individuais? Ou que a própria vida ainda integraria o que, desde a Antiguidade, o Ocidente entende como "além do mundo físico"?

Embora seja muito pouco o que dedicamos às setecentas páginas de *A filosofia do dinheiro*, o que dissemos é suficiente do ponto de vista aqui ressaltado. Destaque-se o problema levantado: a consequência da impessoalidade em que a troca se resolve, seu estágio do valor, contém a dimensão metafísica ou ela paira sobre o relacionismo do autor? Como vimos, a segunda possibilidade é negada pela carta ao amigo.

À semelhança do que fizemos com *A filosofia do dinheiro*, só esboçaremos, do não menos grosso tratado da *Soziologie: Untersuchungen über die Formen der Vergesellschaftung* [Sociologia: pesquisas sobre as formas de socialização] (1911a), o pertinente ao propósito da concepção sobre o sujeito individual.

Note-se de imediato: a ênfase contínua prestada à singularidade individual, referida ou como eu ou como seu coletivo, a personalidade, não impede o autor de, nas pesquisas que empreende na condição de professor da ciência nascente, dedicar centenas de páginas à ação provocada pela formação dos círculos humanos:

> A compreensão de que o homem seja determinado, em todo o seu ser e em todas as suas manifestações, por viver em ação recíproca (*Wechselwirkung*) com outros homens, deve por suposto levar a um novo modo de ver nas chamadas ciências humanas (*Geisteswissenschaften*). [...] A sociologia é, assim, em sua relação com as ciências existentes, um novo *método*, um auxiliar na pesquisa de aproximar-se dos acontecimentos que sucedem no campo do humano.[99]

---

99 Id., La Signification esthétique du visage, in: *La Tragédie de la culture*, p.15.

Os círculos da ação recíproca compreendem seus átomos individuais e a cultura que os engloba. O ponto de partida, ao menos hoje, é bastante óbvio. Mas lhe parecia que era a premissa necessária para fundar uma ciência da sociedade, pois só assim seria possível diferençar o conteúdo da forma. O conteúdo é fixado pelo fato de as ações individuais engendrarem efeitos sobre outras ou por receber o efeito de outras ações, ao passo que a forma implica as diversas ações formarem uma unidade, fundada pelos interesses que as provocam. A forma, por conseguinte, é o conceito intermédio entre a ação individual e o fato social.

A distinção entre forma e conteúdo realça a unidade recíproca. A preocupação em chegar à unidade do processo analisado dele requer o reconhecimento de sua indissolubilidade e sua separação no processo de análise: "Ambos, na realidade, indivisíveis, só podem ser reunidos metodologicamente por um pensamento científico, se este não separa (as formas) dos *conteúdos*, que por elas se tornam conteúdos sociais".[100]

No momento em que o tratado aparecia, a sociologia ainda se legitimava e ao autor não seria dispensável reconhecer que o conflito (*der Streit*) era um conceito a desenvolver:

> Para que o indivíduo ganhe a unidade da personalidade, não basta que seus conteúdos permaneçam sem cessar harmônicos segundo normas lógicas ou objetivas, religiosas ou éticas, é preciso também que a contradição e o conflito não só precedam aquela unidade, mas se mostrem em cada momento de sua vida.[101]

Ao assinalar a contradição e o conflito, expõe um duplo caminho: sua solução remete à personalidade, sua manutenção provoca o indivíduo conflitivo. A dupla abertura estará presente ao discorrermos adiante sobre o confronto entre a personalidade ou sua forma individualizada, o eu, e o papel social. A passagem

---

100 Ibid., p.45.
101 Ibid., p.266.

mencionada é a primeira formulação simmeliana que reconhece a dupla possibilidade de resultado da ação individual – destaque-se o traço que acompanha a extensa obra: a personalidade é vista como o ultrapasse dos conflitos. As afirmações precedentes, talvez até pelo papel que teve o pensador alemão na sociologia norte-americana, fazem parte do grande arsenal da sociologia.[102] Fora desse terreno bem palmilhado, ressalte-se o questionamento, nunca explicitamente reconhecido, do conceito de essência. É certo que ele se dá como decorrência da representação, de que *Os problemas da filosofia da história* bem discutira. Sua retomada implica que, para Simmel, representar-se a representação é decisiva para o cientista social em geral:

> A imagem kantiana do mundo progride no mais peculiar dos paradoxos: nossas impressões sensoriais são puramente subjetivas pois dependem da organização físico-psíquica, que poderia ser diferente noutras criaturas, e do acaso dependente de sua excitação, que se convertem em "objetos" quando recolhidas pelas formas de nosso intelecto, as quais lhes conferem firme regularidade e uma imagem coerente da "natureza".[103]

É certo que afirmar "a absoluta singularidade de uma pessoa da qual formamos uma imagem não é idêntica à sua realidade".[104] Lida de maneira corriqueira, a frase não exige ressalvas, mas, se já estamos atentos aos traços "metafísicos", ela não remete a uma pressuposição essencialista? Sem que ocorresse ao autor a distinção entre essencialidade fixa e móvel – com que se admite que não se pode simplesmente abolir o conceito de essência –, ele procura contornar a contradição por estendê-la a um horizonte

---

102 Sobre a importância de Simmel para a sociologia norte-americana, bem como sobre a própria sociologia que praticava, cf. Wolff, *The Sociology of Georg Simmel*, p.vii-lxiv.
103 Simmel, La Signification esthétique du visage, op. cit., p.42.
104 Ibid., p.48.

mais largo: a interdependência do homem com a natureza. Ela se estabelece em contiguidade à afirmação de cunho kantiano: "A natureza é apenas uma representação na alma humana". A saber: "Com todas as suas leis próprias e inegáveis e sua dura realidade, a natureza está incluída no eu; por outro lado, este eu, com toda a sua liberdade e o ser-para-si, sua oposição à pura natureza, é uma parte dela".[105]

A tentativa de estabelecer o equilíbrio dos termos tratados, com o que o *relacionamento* se tornaria impecavelmente absoluto, não parece satisfatória. Ela é reafirmada no fim do excurso do capítulo I – "A individualidade de cada indivíduo (*des Einzelen*) encontra seu lugar na estrutura da universalidade (*Struktur der Allgemeinhaft*); de certo modo, essa estrutura é de antemão organizada, malgrado a imprevisibilidade da individualidade, sobre ela e seu trabalho".[106] A insatisfação referida decorre de que se fixa em um momento, digamos, intemporal, portanto que abstratiza o que, em termos concretos, implicaria desenho bem diverso.

A presteza com que Simmel recorre à noção de universalidade comprova a permanência de certos "demônios". Já por isso recorrerá ao primeiro: o demônio da centralidade do eu. Nele, ressalta o da consciência normal, cotidiana, com sua exigência de ultrapasse das tensões. O senso comum faz que Simmel empreste universalidade a uma reflexão que só é aceitável em termos distantes das situações efetivas, isto é, abstratos. Ao fazê-lo, prestava vassalagem tanto à milenar tradição filosófica quanto à científica. Ambas o motivavam a atestar leis do comportamento, mesmo que, no caso da história, estas antes remetessem a supostas "causas individuais".

Acentue-se de passagem: não é provável que o acordo do bom senso com o sujeito autocentrado seja ameaçado quando a sociedade do eu atingir tamanha expansão que a irretocável mediocridade se torne a norma da conduta? A esperança de tal advento logo se mostra um erro de cálculo: tal momento seria inatingível

---

105 Ibid., p.54.
106 Ibid., p.61.

porque nenhuma espécie, como tal, comete suicídio. Nossa história recente mostra que tudo pode ter limite, exceto a própria mediocridade.

O aparecimento de Freud (1856-1939) não teria sido precipitado pelo avanço do autocentramento? Pois, em última análise, em que se apoia nossa acusação à consciência cotidiana senão na abertura da investigação psicanalítica? Embora só mais à frente algumas linhas serão dedicadas ao tópico, cabe desde aqui declarar estarmos pensando no que os *Estudos sobre a histeria* (1893-1895) (*Studie über Hysterie*) (1892-1899), na análise de Anna O., Josef Breuer chamava de *condition seconde*,[107] expressão que logo Freud também adotava. É incontestes que a localização temporal motivadora do questionamento do sujeito autocentrado se estende bastante além da vida do próprio Simmel. Uma passagem bem adiante da *Sociologia* mostra que ele estava ciente de o sujeito não formar a consciência do outro senão a partir de fragmentos desprendidos da sua própria.[108] O ponto de vista a partir do qual construímos a imagem do outro é dependente do formato representacional que estabelecemos quanto a nós mesmos.

A passagem é bastante significativa. Simmel admitia que a unidade exigida pela "consciência primeira", para falarmos em linguagem freudiana, era contingente, pois na dependência de um sistema fundado na margem oposta àquela em que a psicanálise se baseará. A "segunda condição" deriva do ultrapasse das fronteiras da primeira. A margem em que Simmel habita implicava a preferência pela unidade estável, pelo harmônico e internamente coeso. Isso não o impede de um olhar intenso para a outra margem:

> Com um instinto, oposto ao automático, o que comunicamos ao outro, mesmo o mais subjetivo e secreto, é o corte estilizado por

---

107 Freud, *Estudos sobre a histeria*, p.70.
108 Cf. Simmel, *Soziologie*: Untersuchungen über die Formen der Vergesellschaftung, in: *Gesamtausgabe*, v.11, p.384.

uma seleção e ordem, cujo curso, do ponto de vista de nossos processos mentais, lógicos, objetivos, puramente causais, é incoerente e arbitrário (*unvernünftig*).[109]

Entre o que comunicamos e o limite do conhecimento recíproco não há apenas a mentira, a dissimulação, a discrição e o segredo, de que o autor brilhantemente trata a seguir, porém a margem ignorada por Simmel da ficção. Assinale-se que a ficção não se confunde com o que se oculta, pois está entranhada em um modo de representação. Tampouco se confunde com a reserva que cada eu subtrai da comunicação social.

Todo o capítulo, dos mais notáveis escritos por Simmel, é tanto mais significativo quanto precisa a passagem entre os paradigmas dos tempos modernos, com sua ênfase na consciência pessoal, e o da modernidade, singularizado, entre outros determinantes, pela ênfase no conceito de inconsciente. O fato de que Simmel se insira no paradigma menos novo não diminui o mérito de sua obra: a diferença dos tempos é a oportunidade para que à incapacidade humana de chegar ao em-si das coisas se descubra outra face da relação humana com as coisas.

Apenas acrescentemos: aproximar-se o outro da zona de reserva privada estabelecida por cada eu não supõe aproximar-se do ficcional. Esse modo de pensar implicaria que o ficcional se confunde com um espaço intermédio entre o consciente e o inconsciente. Assim não o considero porque o ficcional tem diverso ponto de partida: a linguagem. O ficcional se apresenta como o reverso da medalha do que a consciência cotidiana marca como seu território. Até por isso Simmel está correto ao considerar "a propriedade material como se uma extensão do eu".[110] É todo o território do eu que se estabelece dentro de limites dependentes das normas em vigor em uma cultura.

Deixemos o excurso e cogitemos de outro ponto de discordância. Refiro-me à verificação de que uma sociedade

---

109 Ibid., p.388.
110 Ibid., p.397.

crescentemente dominada pela máquina, como a nossa, provoca a exigência decrescente de os parceiros se apresentarem como personalidades. Formulo-o pelo avesso do que Simmel declara:

> Talvez não se tenha considerado bastante que quanto maior é o grau de maturidade da cultura, tanto mais a objetivação (*Vergegenständigung*) do espírito age na emancipação (*Verselbständigung*) do indivíduo. À medida que a tradição imediata, a instrução individual e, antes de tudo, o estabelecimento de normas por autoridades individuais determinam a vida intelectual do indivíduo, é ele solidariamente inserido no grupo vivo que o cerca, pois só ele lhe dá a possibilidade de uma plena existência intelectual.[111]

Do longo tratado fizemos por certo um aproveitamento bem pequeno. Neste final, apenas ainda se assinale que todo o livro parte do suposto da proporção imutável entre o individual e o social. Daí a afirmação geral: "[...] Há em cada homem [...] uma proporção imutável (*eine unveränderliche Proportion*) entre o individual e o social, de que só muda a forma".[112]

Em nossa indagação acerca das formas assumidas pelo sujeito e a distinção entre o autocentrado e o fragmentado, partimos da relação assumida pelas funções que ele desempenha, consideradas homogêneas ou heterogêneas entre si. Elas se harmonizam pelo uso da racionalidade cotidiana, que, pondo entre parênteses a função crítica, alarga o quanto possível o senso comum. Simmel exemplifica a incidência de tal acordo, concretizado pelo que há pouco chamara de "proporção imutável", ao caracterizar o que entende por presença da nobreza. Sua significação depende de formar um círculo social cerrado e interpessoal, que faz que seus membros constituam uma unidade, uma "formação intermédia" (*Zwischengebilde*), diferenciada tanto da individualidade singular quanto da massa.[113] Em uma afirmação que não aparece

---

111 Ibid., p.428.
112 Ibid., p.797.
113 Cf. ibid., p.816.

explicitamente em Simmel: na nobreza, o sentido particularista da personalidade, concentrado no eu, só se afirma quando o valor estamental se apaga em favor da diferença de classes. O oposto à "formação intermédia" da nobreza se confunde com a exaltação da "unicidade qualitativa e irredutível" da individualidade, na formulação de "As grandes capitais e a vida intelectual" [Die Grossstädte und das Geistesleben] (1903).[114]

Reserva-se um breve exame sobre um dos ensaios mais lidos do autor: "O conceito e a tragédia da cultura" [Der Begriff und das Tragödie der Kultur] (1911b). Nele, Simmel pareceria retomar o dissenso e a tensão da dicotomia. A breve consideração logo mostra como ele se põe diante do equilíbrio da dualidade.

A cultura não é apenas a face objetiva da individualidade, mas é trágica porquanto, como assinala Vladimir Jankélévitch, os "limites do eu" supõem "o isolamento do vital", de certo modo, sua negação.[115] O choque entre o eu e a vida significa que o elã vital supõe a permanência da incompletude. No entanto, entre o reconhecimento da dimensão trágica da cultura e a unidade metafísica da vida, a decisão vitalista é inequívoca. A *personalidade* encarnará a menos abstrata dessas unidades. O que não impedirá Simmel de reconhecer, sob ênfase no unitário, a presença de duas direções, uma voltada para a singularidade, a outra, para a conformação com o coletivo. Simmel a trata exaustivamente, relacionando-a, por sua vez, com o passado e o futuro vividos pelo eu.

Seu acompanhamento textual é ocioso. Basta considerar que engloba os dois momentos no que chama de o "pressuposto metafísico de nossa criatura prática e sentimental".[116] Por ele, a reiteração insistente entre as funções do singular e da conformação com o coletivo contém por certo uma tensão que nem por isso deixa de se resolver em uma síntese. A síntese entre o sujeito

---

114 Apud Waizbort, op. cit., p.491.
115 Jankélévitch, Introduction, in: Simmel, *La Tragédie de la culture*, p.69.
116 Simmel, Der Begriff und das Tragödie der Kultur, op. cit., p.195.

e o objeto, entre a individualidade e sua sociedade dá lugar à tragédia da cultura. Seu paradoxo se cumpre na "significação metafísica do conceito de cultura".[117]

O próprio termo "cultura" assume pois uma posição incomum em uma obra que preferia estabelecer harmonias. Ainda que o ensaio não tenha um significado maior quanto às obras em que mais nos detivemos, a acepção prestada ao termo permite suspeitar que há na obra de Simmel uma riqueza que se oculta se o leitor estiver apenas atento ao que o autor procura ressaltar. A incidência dessa particular ambiguidade se mostrava nas considerações, vistas anteriormente, sobre seu entendimento do termo *Relativismus*. Conforme o próprio Simmel, ele deveria ser mais bem entendido como "relacionismo". O esclarecimento é precioso, sem que, no entanto, o primeiro sentido fosse arbitrário. Veja-se como exemplo a frase: "O valor específico da pessoa culta é inacessível ao sujeito se ele não o atinge mediante realidades objetivamente intelectuais".[118]

É ocioso observar que a relação entre o cultivo pessoal e o eu dá conta do equilíbrio do dualismo ressaltado. Nem por isso a tragédia da cultura deixa de ultrapassá-lo. Para realçá-lo, contudo, precisaríamos de um capítulo autônomo.

3. ARREMATE

A abordagem final concentrar-se-á nas duas últimas obras de Georg Simmel, a que traz o nome do pintor e gravurista holandês Rembrandt (1606-1669), *Rembrandt: experimento de filosofia da arte* (*Rembrandt: Ein kunstphilophischer Versuch*) (1916) e a *Intuição da vida: quatro capítulos metafísicos* (*Lebensanschauung: Vier metaphysische Kapitel*) (1918). Nos anos em que aparecem, era insofismável a integração vitalista do pensador

---

117 Ibid., p.211.
118 Ibid., p.204.

que, talvez por sentir que a vida acabava, procurava dar a maior nitidez ao modo como concebia.

A citação de Goethe dispensa um acúmulo de frases: "A fonte só pode ser pensada enquanto flui". Ela empresta dinâmica à intuição do vitalismo: a vida "nunca é, sempre advém".[119] Por isso mesmo, o "saber da vida" não cabe em um sistema, senão que "fala em criações".[120] As mínimas referências serviriam de epígrafe de toda uma obra que se caracteriza por sua inesgotável tematização de um restrito núcleo formulador. Porque o "saber da vida" não é congruente com o plano conceitual, o sistema possível é substituído por seu contínuo espraiar. Por que a ocupação com a moda impediria de preocupar-se com a religião, dessa com a liberdade social ou mais genericamente com o tempo?

Conquanto a extensão temática abranja toda a sua obra, ela é especificamente enunciada apenas na fase final. Não é ocasional que Blumenberg visse a configuração da filosofia do dinheiro como uma metáfora que mantinha a "má reputação" (*in Verruf*) da linguagem figurada porque seu uso simmeliano era tão ilustrativo que nela caberia falar depois de tratar da vida.[121] Isso equivale a dizer que, enquanto culminância de sua indagação, o vitalismo expõe um problema de que seus intérpretes têm se desviado: Simmel trabalha uma faixa discursiva, seja a filosofia, seja a sociologia, seja subsidiariamente uma estética sociológica, em que a função decisiva deveria ser confiada aos conceitos. Não que estes, embora se saiba que sua função nas áreas referidas não seja sempre a mesma, tenham de estar a serviço de um sistema fechado, mas sim porque requerem não ser usados para tratar do que simplesmente apraz ao analista.

Em palavras mais diretas: o conceito obriga seu usuário ou à extrema univocidade ou a enunciados tendencialmente unívocos, com uma auréola metafórica. Confundi-lo com uma metáfora ilustrativa será distorcê-lo. A composição simmeliana conduzia

---

119 Simmel, Rembrandt, op. cit., p.321.
120 Ibid., p.322.
121 Blumenberg, op. cit., p.124.

o autor para fora da contenção própria do conceito. Para fora, em direção a quê? Ao lado do discurso estritamente conceitual – o matemático –, do conceitual intervalado por metáforas – o das ciências sociais – ou do filosófico, em que o conceitual convive com metáforas, e do salto para o discurso dominantemente metafórico, o ficcional, no qual seria possível reconhecer aquele em que opera Simmel senão como uma terra de ninguém? Mais precisamente, como aquele em que cada intérprete recolhe e cultiva aquilo que mais lhe agrade? Um simmeliano convicto o negaria. E teria razão se acrescentasse: não, não é assim, a chamada terra de ninguém é ocupada pela posse metafísica e suas unidades. A dita posse metafísica manteria nossa discordância.

Ao dizê-lo, antecipamos o que voltará a ser tratado no item final. O que poderia ser tomado como extrapolação, será aqui mantido porque tem a vantagem de economizar a passagem sobre os ensaios estéticos. Assim, em vez de nos estendermos sobre os de mesma função que "A significação estética da face" (1901), deixaremos o espaço apenas para os ensaios sobre o ator e sobre Rembrandt.

O pintor e gravurista é ocasião para que Simmel afirmasse a arte como concretização de uma unidade de vida:

> É certo que o retrato, sendo uma imagem física, apenas pode recolher a forma física do retratado, no entanto, apenas a realidade vivente (*die lebendige Wirklichkeit*) do homem pode oferecer seu vigor (*Beseeltheit*) com essa forma de unidade. Se o retrato no entanto nos desperta a plena representação daquele vigor, então tal representação deve fluir de uma fonte que não se origina (*anderswo*) do próprio quadro, mesmo que tenha sido ele que nos conduziu.[122]

Reiterando o que era dito a propósito do ator: ele apresenta ao dramaturgo "uma forma objetiva (*ein objektives Gebilde*) trazida ou configurada [...] por uma alma imanente, de que é a

---

122 Simmel, Rembrandt, op. cit., p.335.

expressão".¹²³ (É evidente que a formulação só é suficiente se se parte do suposto do sujeito autocentrado). O trabalho do ator consiste então em converter o criado por outrem na extensão de si mesmo. Em termos ainda mais próprios ao autor, o ator participa de um processo empático, pelo qual prolonga a semelhança e estende a cadeia da criação.

Não seria inusitado ou mesmo contraditório pensar-se em uma criação em absoluto? Pois como seria possível concebê-la senão como algo que se dispõe em termos não relacionais? (A contradição estaria na frase imediatamente anterior, quando considerava a intervenção do ator pela proximidade do dramaturgo).

Tratando a questão em termos mais gerais: não fora o próprio Simmel que, a propósito da troca monetária, formulara que o valor é a resultante da relação de troca? E que, em termos ainda mais gerais, explicara o *Relativismus* de sua filosofia como um relacionismo? Seria possível entender o relacionismo proposto com uma criação absoluta? A questão se concretiza pela correspondência que, a propósito do retrato, estabelece entre a "corporalidade abstrata" e o todo da vida como "a unidade de todos seus elementos".¹²⁴

A consideração há pouco referida de Hans Blumenberg sobre o uso da metáfora leva a pensar na relação, em Simmel, entre a obra de arte e um "germe anímico". Em seu começo, Simmel a levanta para desconsiderá-la, pois estaria supondo que a configuração da obra seria apenas de ordem extensiva. Mas logo reconsidera seu andamento. "O germe ou a semente não contém tão só o ser vivo em tamanho pequeno, senão que tem com ele uma pura relação funcional" ("Uma melodia não é tão só uma sucessão de tons, mas também uma unidade peculiar, que, nessa multiplicidade temporal, não se mostra como tal, mas a determina".¹²⁵ Mesmo sob o risco de provocar uma relação de causalidade, Simmel mantém a metafórica da forma interna como diretora.

---

123 Ibid., p.339.
124 Ibid., p.344.
125 Ibid., p.346.

Não se nega que, ao assim fazer, apresentava um caminho brilhante, mas, para que seu prolongamento continuasse, exigia postergá-la *ad infinitum*. Como sua condição de ensaísta relacionado com a ciência requeria impor um limite à sua própria capacidade metafórica, como evitar esse limite senão modulando-a metafisicamente? No sentido forte e não só ilustrativo do termo, a metáfora supõe o ultrapasse do apenas analógico. Assim sucede porque restringir a metáfora ao analógico equivale a confundi-la com uma redundância, porque o que se dizia já era passível de ser compreendido antes da intervenção da metáfora. Pense-se no verso emblemático de Ungaretti

M'illumino d'imenso

Reitero o que já terei escrito a seu respeito: embora a conjugação do verbo remeta à primeira pessoa, como ela poderia ser pensada senão como uma incrível pessoa impessoal; e que imensidão poderia ser essa? E que dizer do título: *Mattina*, além de que não se confundiria com uma manhã anônima qualquer? Assim, as partes constitutivas do poema se confundem com seus núcleos irradiantes; incluindo o título, elas formam um triângulo luminoso – não em algum sentido cabalístico, mas tão só de constituírem uma espessura transparente; algo inalcançável antes da construção metafórica.

Na metáfora, sempre uma referência está contida. Por isso mesmo ela cumpre uma relação. A força da metáfora, conquanto remeta para algo existente, consiste em extravasar a referência que a permitiu.

Como conceber que Simmel não tenha percebido o germe da contradição? Assim parece se explicar por sua concepção da indivisibilidade do indivíduo:

Como conceitos abstratos, o sensível e o espiritual podem não ter nada entre si; tão logo, contudo, se tornam vivos, ou seja, se tornam realidade em um indivíduo, tal sensível e tal espiritual individualmente determinados, têm assim, de fato, nessa determinação individual, sua solidariedade inseparável.¹²⁶

(Não se discute a característica dos conceitos simmelianos: se são retirados do lugar em que se formulam, parecem rotineiros). Como já se notou: em Simmel, o sujeito individual é o múltiplo que se funde na unidade da personalidade. Não é que o autor aqui repete o que já dissera antes, e sim que suas fases estão entrelaçadas. A unidade brotara de seu vitalismo metafísico – não estranha, por isso, a força que seu *Relativismus* investe na afirmação da unidade. Note-se o que se entranha no próprio termo: se ele é entendido como relativismo, estabelece-se, ao mesmo tempo, uma zona em que é pertinente, ao lado de um campo desocupado; se entendido como relacionismo, não há mais desocupação, porque o termo concerne tanto ao que está sendo declarado como ao passível de ser aí englobado.

Isso equivale a dizer que a retificação que Simmel estabelecia em sua carta a Rickert criava simultaneamente uma metafísica no plano concreto do terreno: a metafísica do imanente. Essa formulação lhe seria preferível porque a unidade metafísica não mais se localizaria além. O conceito de unidade se formula pela oposição entre forma e vida. A forma é definida como estável e fixa, ao passo que a vida é movimento contínuo. Por isso aquela é tomada como intemporal, estando absolutamente separada do fluxo da vida. A reflexão desenvolvida no *Rembrandt* recebe a última etapa da formulação que propusera acerca da história: "Conforme seu princípio, o princípio da vida é bastante heterogêneo do princípio da forma".¹²⁷ Embora consciente do risco de entender a vida como a "mudança, destruição e recreação contínua de formas", Simmel mantém o raciocínio, chegando à metáfora da vida como processo que lança a forma para fora de suas margens, separando-a de seu próprio processo.¹²⁸

---

126 Ibid., p.350.
127 Ibid., p.378.
128 Cf. ibid., p.379.

Se o leitor não tiver o texto sobre Rembrandt diante dos olhos, há de considerar que todo o lance referido é mantido por uma razão interna: a intemporalidade da forma é relacionada com o retrato renascentista, ao passo que a intermitência da vida o é com a modalidade desenvolvida pelo pintor, sobretudo em sua velhice. Precioso como elaboração, não detalhamos o texto por mera questão de economia. Entenda-se a conclusão do contraste entre forma e vida: a história é congruente com a vida. Há portanto de se inferir que, em sua fenomenicidade, a história não cabe em uma rede de conceitos. Daí a afirmação posta no fim do primeiro capítulo: "Assim, a vida e a forma (são) os partidos metafísicos com que as imagens dadas se repartem sua essência".[129]

Permito-me um pequeno adendo: como Heidegger não revelará suas fontes, é o caso de se perguntar se a filosofia do *Dasein* não tem algo a ver com a impossibilidade de se definir o ser em termos intemporais? É certo, entretanto, que o próprio Simmel afastava a possibilidade de pensar a existência como Heidegger a concebia por estabelecer a relação direta entre vida e individualidade: "Enquanto a forma, como tal, ancora na abstração e, assim, com a universalização, a vida está ligada à configuração individual".[130] Por isso, o que poderia ser uma ponte entre os dois pensadores se converte em uma profunda separação.

Encerre-se com seu último livro: *Lebensanschauung: Vier metaphysische Kapitel*. Para o presente propósito, não será preciso ir além do capítulo I, "Die Transzendenz des Lebens" [A transcendência da vida]. Ela se cumpre por duas trajetórias, as do "conteúdo e o valor da vida que se põe entre um mais alto e um mais baixo".[131] O que equivale a dizer que, em todas as ocasiões, encontramos um limite, e todo limite é passível de modificação. "Somos sempre e sobretudo *temos* fronteiras e também

---

129 Cf. ibid., p.384.
130 Ibid., p.397.
131 Id., Lebensanschauung, op. cit., p.212.

somos fronteira".¹³² A frase busca dizer da condição humana e insiste em declará-la:

> Nossa representação e nossa apreensão *primária* delimitam áreas na plenitude infinita da realidade e seus infinitos modos de apreendê-las, de modo que provavelmente a magnitude ilimitada de estímulos é suficiente como base para nossas condutas práticas.¹³³

Isso por certo não significa que "o dado (de modo sensível ou metafísico) jamais entre de fato (*wirklich*) nas formas de nosso conhecimento genuíno ou definitivo".¹³⁴ Por conseguinte, se a formulação do dualismo supõe um equilíbrio que se concretiza pelo relacionismo estabelecido pelo valor, o próprio dualismo tem um limite entre o que é passível de se conhecer do dado e o que entra em nossas formas ou categorias de cognição.

O derradeiro Simmel explicita o que ainda não havia cabido em palavras suas: a ambiguidade do ser humano consiste no duplo movimento decorrente do reconhecimento de sua limitação e seu constante ultrapasse. É possível mesmo dizer-se: tal duplicidade é paralela à nossa finitude. As fronteiras de nosso conhecimento não decorrem de nossa finitude, pois são tão finitas quanto seu agente. Daí que já na "Metafísica da morte" declarava enfaticamente que a compreensão da morte depende de nos liberarmos da imagem mitológica das Parcas;¹³⁵ e, em uma formulação sintética muito louvável, que encontra sua significação em ser "criadora de forma" (*die formgebende Bedeutung*).¹³⁶

Sem que em seu último livro aponte para o paralelismo da morte com a motivação para modos de conduta, a autotranscendência da morte já fora objeto da minuciosa reflexão do tratado de sociologia. Como era peculiar ao autor, ele reitera e reitera

---

132 Ibid.
133 Ibid., p.214.
134 Ibid., p.216.
135 Cf. Simmel, Zur Metaphysik des Todes, op. cit., p.82.
136 Ibid., p.83.

um enunciado particularmente valioso. "Deve haver algo (*etwas*) para ser superado, mas também ele está aí somente para ser superado. Assim o homem também como criatura ética é um sem limites agente com limites".[137] Vale a propósito ainda repetir a passagem da carta a Rickert. O relacionismo, pelo qual Simmel optava, abrange a vida, em última análise, entendida na acepção metafísica do termo. Ela assim compreende, por um lado, as dimensões além da morte e, por outro, a dimensão pulsante do que o autor insistia em caracterizar como o mais extremo singular, o eu. Simmel define a dualidade como "a derradeira problemática metafísica da vida: ela ser continuidade sem limites e, ao mesmo tempo, (ser) o eu determinado por limites".[138] O que é paralelo à caracterização do eu como "o que vai além de si mesmo (*das Übergreifen über sich selbst*)", equivalente, por sua vez, ao "fenômeno originário da vida".[139]

A autotranscendência que o eu alcança por sua contínua deslimitação leva Simmel a não se confundir com Schopenhauer e Nietzsche, porque reúne na individualidade do eu a "vontade de vida", do primeiro com a "vontade de poder", do segundo, no que designa "a absoluta *unidade* de ambos".[140] Do ponto de vista deste ensaio, reconhecê-lo é relevante, mas não suficiente.

Já falamos que a dualidade entre o subjetivo e o objetivo estabelecia o cunho harmônico procurado pelo autor. Era, entretanto, necessário ainda levar a indagação adiante. Embora a explicitação da dimensão metafísica do vitalismo simmeliano, alcançada no último livro, suponha uma unidade que desrespeita a morte, mostrando-se como um transcendentalismo profano, posto em lugar do religioso cristão, tal unidade harmônica, portanto tranquilizadora, ainda se confronta com outra unidade confiada ao eu. É possível mesmo diferençar entre uma transcendência, que diremos estável, confiada à vida desgarrada da morte

---

137 Simmel, Lebensanschauung, op. cit., p.218.
138 Ibid., p.222.
139 Ibid., p.223-4.
140 Ibid., p.229.

que se lhe entremeava, e a transcendência dinâmica, estabelecida pela liberdade de movimentos exercidos pelo eu. Dizê-lo significa que o vitalismo simmeliano então aparece como o continuador do substancialismo spinozista, a que Kant, com suas Críticas, renunciara. Isso sucede ainda que o pensamento estudado contrasta com a tradição do substancialismo essencialista.

A "dialética sem centro" já referida assume uma inserção histórica precisa: através do realce do sujeito autocentrado, ela oferece uma resposta ao vazio deixado no Ocidente pelo legado cristão. Se muito do impacto do pensamento de Simmel se explica pelo cuidado com que bordava a túnica da sociologia, não é de se descurar sua importância do ponto de vista sociorreligioso. Porque não será particularmente relevante para a questão do sujeito, apenas chama-se a atenção para o ângulo religioso de seu pensamento, sem nele nos determos.

4. VÉSPERAS DAS CONSIDERAÇÕES FINAIS

Elas serão curtas porque estiveram sendo nomeadas no curso da exposição.

(a) A carência de uma tematização intermédia, entre objetivo e subjetivo, vida e sujeito individual. Fazê-lo supõe estabelecer relações tensas ou equilibradas – nos termos de Simmel, dicotomias ou dualidades. Tornando abstrato o múltiplo concreto da vida, a dominância da dualidade passa a supor um moto-contínuo que se resolve em harmonia. Dizê-lo equivale a afirmar a falta permanente de um terceiro termo, de que decorre o permanente analogismo. Admite-se que Simmel estava certo ao considerar que o vivente a cada instante requer um equilíbrio, por suposto, de um lado, entre suas emoções e expectativas e, de outro, seus resultados. Com independência, porém, das manifestações de desejo, na produção intelectual, a postulação de tal equilíbrio é posta de modo apodítico. (A distinção pode ser comprovada ao compararmos a atuação política e a análise da política. Na primeira, seus agentes tendem a se mostrar otimistas e esperançosos, ao passo que, na análise do processo, dominam os embates, as contradições, os pontos conflitivos). Em termos da história do pensamento, demonstra-o a teoria kantiana do *a priori*. Requerida contra o absoluto da subjetividade, que pareceria próxima de Kant por seu repúdio da metafísica anterior, torna-se tensa por seu transcendentalismo sem limites. Daí concordarmos com a restrição que Simmel lhe dará. Isso, no entanto, não impede que seu acerto logo seja prejudicado pelo equilíbrio a que seu relacionismo a submete. Daí decorre a unidade metafísica tornar no mínimo controversa sua eficiência interpretativa.

Tal consideração implica que vemos no princípio de função um peso anterior ao que se deve conceder à estrutura. Mas, sempre de um ponto de vista da elaboração intelectual, funções e estruturas têm seus limites resguardados ou não conforme sejam vistos a serviço, respectivamente, da tensão ou da harmonia. Em formulação mais comum, isso equivale a afirmar que, no pensamento simmeliano, entre os elementos *a* e *b* falta um conector, ou seja, o contexto que os articula. A "unicidade qualitativa e irredutível", apontada por Leopoldo Waizbort,[141] remete para a tendência equilibradora que conduz à afirmação do plano metafísico.

(b) Não parece conjectural que a explicitação da dimensão metafísica fosse correlata ao afastamento da influência kantiana. Se a atração daquela se faz notar em quase toda a obra simmeliana, o afastamento torna-se indiscutível em seu último livro.

A consideração anterior aponta para a dupla e contraditória tendência presente em Simmel. Os anos que dedicou ao ensino e à pesquisa em sociologia serviram de contrapeso à inclinação metafísica que sempre o atraíra, a qual, em troca, encontra plena vazão em seu vitalismo. Seu sujeito autocentrado conduzia a uma dimensão religiosa secularizada.

A inclinação para o tratamento metafísico era, em Simmel, adequada às exigências propostas pela racionalidade cotidiana. Ao estabelecermos essa relação, contrastamos a racionalidade

---

141 Waizbort, op. cit., p.131.

cotidiana com a *condition seconde*, conforme a expressão usada por Freud em referência aos doentes traumáticos. Como mostram as passagens, uma e outra são claramente diferenciadas: "Quando, vencida a doença, os dois estados de consciência voltam a confluir e se unificar, os pacientes, olhando em retrospectiva, veem-se como uma personalidade indivisa que estava consciente de todo o desatino";[142] "[...] São justamente as lembranças patogênicas que, de fato, 'faltam por completo à memória dos doentes em seu estado psíquico normal ou aí estão presentes apenas de forma extremamente sumária [...]".[143]

Com a psicanálise, Freud constituía um novo paradigma. Contra ele, o pensamento simmeliano continuará contraposto. Reiterando o que fora dito no começo do ensaio, o percurso sobre parte da obra de Simmel nos importou como maneira de mostrar o enlace do que temos feito a propósito da *mímesis* com a elaboração de um novo paradigma, de que Freud será um dos impulsionadores.

5. SIMMEL E O FICCIONAL

A motivação para esta seção aumenta porque seu foco no sujeito autocentrado cresce com a ausência de referência ao ficcional.

Em nossos livros mais recentes, o destaque da *mímesis* tem levado à concretização da ficcionalidade, em que temos distinguido uma modalidade interna e outra externa. Em vez de repetir o que já foi dito, fixemo-nos em seu fundamento. Ele se encontra na reflexão que Wolfgang Iser desenvolveu a partir das considerações de Jeremy Bentham e Hans Vaihinger. Seja esta última destacada de passagem.

Muito embora Vaihinger não desenvolvesse a ficção como um conceito positivo, muito menos viesse à especificidade da ficção

---

142 Freud, *Estudos sobre a histeria*, p.74.
143 Ibid., p.159-60.

literária, pois, para ele, a ficção era um meio de ajuda para a cognição, sendo por si um falseamento do conhecimento do que se procurava conhecer, a ele cabe o mérito de relacionar o ficcional do que se formula pela cláusula do *como se*. Para efeito de rapidez da exposição, nos concentraremos em seu aproveitamento por Iser e em sua tradução para o português.[144]

Principie-se pela distinção entre a formulação do postulado e a prática ficcional:

[...] O postulado e a ficção indicam atitudes diferentes que, contudo, resultam de necessidades subjetivas; no caso do postulado, desaparece a consciência da diferença entre ele e o estado de coisas que organiza, ao passo que, na ficção, prevalece a consciência da diferença.[145]

Daí parte a propriedade da frase condicional, decorrente de que o "como se" "significa que 'a *condição* por ela estabelecida *é irreal ou impossível*'".[146] Citando Vaihinger,[147] Iser tem o mérito de não só redescobrir o autor, como liberá-lo do positivismo científico que o impedira de aprofundar seu achado. (Desenvolvimento lateral: a base kantiana comum dera lugar, em Vaihinger e Simmel, a resultados divergentes. Enquanto Simmel ignora o ficcional e, em vez da supremacia cientificista, provoca o encaminhamento metafísico, Vaihinger, embora se mantivesse aderido ao positivismo, enseja o salto a ser cumprido por Wolfgang Iser).

Terminemos a mínima alusão ao ficcional com referência ao parágrafo final do item abordado. "A teoria da ficção de Vaihinger não proporciona uma hermenêutica da invenção [...] pois sua eficácia está estritamente relacionada com seu ser-falso".[148]

---

144 Cf. Iser, *O fictício e o imaginário*, p.191.
145 Ibid., p.196.
146 Ibid., p.199.
147 Cf. Vaihinger, *Die Philosophie des Als Ob*, p.585.
148 Iser, op. cit., p.206.

A frase sintética remete ao que caberá a Iser fazer nos capítulos seguintes de *O fictício e o imaginário*. Não, não terminemos ainda. Virginia Woolf nos conduz a um inesperado adendo.¹⁴⁹ Depois de uma viagem por séculos e de conhecer-se como homem e depois como mulher, Orlando se confessa "mortalmente cansada deste eu (*I'm sick to death of this particular self*).¹⁵⁰ A conclusão tanto nos leva à formulação levemente anterior quanto à que se lhe segue.

> [...] Não se pode negar que os mais entendidos na arte de viver [...] inventam algum modo de sincronizar os sessenta ou setenta tempos diferentes que, simultâneos, pulsam em todo sistema humano normal; de maneira que, quando soam onze horas, todos aqueles tempos ressoam uníssonos [...]. Todos pulsando simultaneamente na cabeça, quantas pessoas diferentes não haverá [...] no espírito humano? [...] esses eus de que somos constituídos, sobrepostos uns aos outros [...] têm suas predileções, simpatias, pequenos códigos e direitos próprios [...] de modo que um só virá se estiver chovendo [...].¹⁵¹

A ficção abria à prosadora inglesa a exploração de *these selves of which we are built up*.¹⁵² As duas espécies de consciência que Freud nos permitiu conhecer explicam a razão da discrepância. Mas cuidado em não se dar a entender que a *seconde condition* reduzida aos estados traumáticos se expandiria nas situações ensejadas pelo ficcional. Nada permite inferir que o artista seja mais sujeito a estados traumáticos que outra qualquer pessoa, muito menos que sua criação está na dependência de estado semelhante. Sucede sim que trabalhar em uma forma discursiva que, partindo da cláusula do *como se*, leva o artista a lidar como

---

149 Com meu agradecimento à amiga Ana Carolina Guedes, doutoranda em história, pela referência.
150 Woolf, *Orlando*, p.172.
151 Ibid., p.172-3.
152 Id., *Orlando: a Biography*, p.217.

uma condição irreal ou impossível que lhe enseja tematizar cenas impossíveis à consciência-padrão. Por sua própria condição discursiva, a ficção (de qualidade) se obriga a se desviar de enredos dogmáticos. A fina sátira de Orlando quanto aos escritores e a penetração das passagens recortadas mostram-no ciente de uma flexibilidade desconhecida em outros modos de discurso. Atente-se especificamente para o leque discursivo. Ressaltar a diversidade das formas discursivas — a científica, a histórica, a socioantropológica, a ficcional e a dificilmente formalizada do discurso cotidiano — tem por meta enfatizar que *o conhecimento assume modalidades distintas de enunciação*. O que vale dizer: a afirmação de que o conhecimento não tem um padrão substancial, por isso não revela o em-si das coisas mas o submete à não causalidade do *a priori* kantiano. Enquanto transcendental, seu *a priori* leva de imediato à alternativa de ou procurar reconquistar a unidade que parecia perdida ou remeter tal unidade a seu agente, o sujeito individual. Enunciada a alternativa, tem-se o caminho aberto para ampliar-se a objeção ao sujeito autocentrado. Contra ela, uma iniciativa mais audaz consistirá em dizer: abandonada desde Kant a suposição de que o conhecimento não é capaz por suas extensões sensoriais de atingir o si-da-coisa, que, portanto, o mundo é feito desde logo pelo que o *a priori* nele constrói, faz que comece a ruir a pirâmide com base na substancialidade dos discursos metafísico e religioso. Sua hierarquia tende a decrescer com o advento do Iluminismo e a força assumida pelas ciências naturais. Na medida em que a religião perdeu o topo em prol das ciências, serviços de assistência aos miseráveis, ambulatórios e entidades filantrópicas são substituídos por laboratórios e organizações técnicas. Cria-se de imediato para os menos desfavorecidos um vazio e, a seguir, para a sociedade, o vazio que era preenchido pela espiritualidade e pelo consolo religioso. O romantismo atuará pelo realce do sentimento, que de alguma maneira minoraria o vazio religioso. O que surge é a consequência decorrente da pluralidade do leque discursivo: as ciências crescem sem parar, o território religioso é por certo reduzido, aparecem as ciências sociais, as artes se autonomizam. Modificada, a pirâmide dos discursos tem como grande diferencial a perda da supremacia religiosa. Para sua comunidade intelectual, a sociedade vê-se debruçada sobre um vazio.

A diferença da situação do leque discursivo hoje em dia está em que – mesmo que a opinião geral mantenha a forma piramidal –, na ontologia contemporânea de ponta, a rede discursiva aparece investida de potenciais equivalentes, embora diferenciais. Ou seja, a resposta contra a centralidade – no Simmel do final da vida, basicamente instrumentalizada pelo sujeito autocentrado – é exposta pela igualdade teórica dos diversos discursos. Não se pretende que a igualdade proposta por epistemólogos de ponta faça esquecer a profunda desigualdade, que marca internamente a condição humana.

Retorno ao ponto central do capítulo, a fim de acentuarmos a divergência com a afirmada harmonia estabelecida pelo eu.

Partimos da hipótese de que a unidade atribuída ao eu é uma construção do senso comum. O problema não está em ser uma *construção* – afinal, todos os nossos argumentos o são –, mas sim em constituir uma maneira fácil e cômoda de afirmar a coerência geral de nossas condutas.

Isso não equivale a dizer que as pessoas em geral necessariamente não percebam a discrepância de suas condutas. O pai de família que acredita testemunhar probidade não se daria conta de que, na condição de autoridade pública, pratica e/ou facilita o furto para si próprio e/ou para seus associados? O dirigente religioso, membro de uma religião que dele exige castidade, ignora os abusos sexuais que pratica ou encobre?

Os exemplos são divulgados e não precisam ser esmiuçados. Mas a consideração ainda está aquém do que deverá enunciar. Em palavras breves, o padrão de consciência vigente na sociedade ocidental esconde os papéis menos salientes do eu porque seu ideal é confundi-lo com o papel mais aceito e de maior êxito do eu. O eu, pressionado pela consciência padronizada no grupo de referência, procurará estar a ele ajustado, tornando ignorados seus possíveis outros papéis. A teoria dos papéis tende assim a desempenhar mesmo na pesquisa científica uma posição secundária. Seu resgate ainda assim subordinado é passível de se dar pela extrapolação da análise da ficcionalidade. O conceito de papéis motiva a aproximação do ficcional, mesmo porque o ficcional, em sua modalidade interna, distancia-se da prática autocentrada.

Se a unidade do eu é uma construção da consciência normal, sob ele de fato se esconde a diversidade dos papéis efetivamente realizados. Como então se explica que pouco deles se fale? Um dos raríssimos textos que, a propósito da obra de Simmel, tematizam a questão principia por acentuar a falta de um conceito unificador: "A pesquisa que visa esclarecer a significação de Simmel para a história do conceito de papéis (*Rollenbegriff*) se depara com a dificuldade de que essa própria história não produziu um conceito unitário do que seja papel (*Rolle*)".[153]

Quaisquer que sejam suas razões, uma primeira ressalta: se, conforme se infere do que se disse há pouco, a consciência cotidiana e comum requer que cada membro seu se veja como uno, de que modo fará desaparecer da biografia de algum nome famoso suas manifestações discrepantes, sem provocar a reação de seu editor ou de seus leitores? Ao contrário do que sucede no curso do dia a dia, não seria uma função do analista de autobiografias rastrear os sinais menos divulgados dos papéis do eu que se nomeia? De acordo com a hipótese lembrada, a ausência do conceito de papéis é uma dificuldade resultante do inflexível império da consciência ordinária. (Não será por reconhecê-la que mesmo aquele que a levante deixará de obedecê-la. Porque obedecê-la é a condição mesma de ser parte da tribo).

Abre-se pois um parêntese relativamente largo para abordar a peculiaridade do papel do ator. Diante do risco de passarmos muito depressa para o questionamento do eu pelo exame dos

---

153 Gerhardt, Georg Simmels Bedeutung für die Geschichte des Rollenbegriffs in der Soziologie, in: Böhringer e Gründer, *Ästhetik und Soziologie um die Jahrhundertwende: Georg Simmel*, p.71.

papéis que nele se encobrem, guardemos um momento da exposição para os ensaios de Simmel que tratam particularmente da autobiografia. O decisivo se intitulava "Para a filosofia do ator". Ele tem seu núcleo na formulação: "Se, entre todas as formas de atividade humana, a arte é aquela em que se acham realizadas, a partir da liberdade soberana do sujeito, a necessidade objetiva e a performação ideal de um conteúdo, então a arte do ator é seu exemplo radical".[154]

A solução oferecida pela arte ressalta a harmonia entre o impulso subjetivo e a exigência objetiva que manifesta "a intuição de uma coesão metafísica".[155] Desse modo, acrescentará em um artigo de 1912, "o ator por assim dizer traduz o destino na tridimensionalidade do sensível",[156] dispondo-se ao lado e diferenciando-se do pintor, com sua arte do "sensível visual", e do músico, que explora "o sensível acústico".[157]

Acrescente-se, por fim, que a fusão declarada entre a subjetividade criadora do ator e as exigências objetivas a ele impostas está longe de ser falsa. Embora, como observa o pensador, três interpretações do mesmo Hamlet sejam necessariamente diversas sem que deixem de ser verdadeiras, delas não se pode dizer senão que estabelecem uma fusão com o que têm em comum. A vantagem da análise da ficcionalidade será que não bastará remeter à mesma premissa empírica de que parte o discurso ficcional, mas sim que, em cada caso, explorará a riqueza, isto é, a diversidade, de cada execução.

A dificuldade exposta por Uta Gerhardt não a impede de observar os traços que caracterizam o exercício de um papel. De acordo com Talcott Parsons, ela acentuava o realce assumido pela disposição "espontânea" para efetivar-se a integração do sujeito:

---

154 Simmel, Zur Philosophie des Schauspielers, in: *Gesamtausgabe*, v.8, t.2, p.428.
155 Ibid., p.430.
156 Id., Der Schauspielers und die Wirklichkeit, in: *Gesamtausgabe*, v.12, p.309.
157 Ibid.

Em primeiro lugar, pela internalização do padrão, a conformidade com ele tende a ter significação pessoal, expressiva e/ou instrumental para o eu. Em segundo lugar, a estruturação das reações do outro às ações do eu como sanções é uma função de sua conformidade com os padrões.[158]

Parsons, por certo, nos anos 1960 já antecipava o que dissemos. Mas nem por isso o que aqui se declara se torna rebarbativo: a diversidade dos papéis desaparece pela extrema comodidade da afirmação do eu. Por isso mesmo, a tendência dos intérpretes é acatar a fusão de papéis na afirmação de cada eu. Ela é reiterada por Uwe Gerhardt, que vê Simmel considerar a interação social como o amálgama de papéis: "[...] O próprio Simmel não desenvolveu um conceito dos papéis, pois para ele a sociedade não é o efeito da troca (*Wechselwirkung*) [...], porquanto não é algo da ordem da substância, mas sim uma pletora de processos agrupados de socialização".[159]

Por essa razão, a autora acentua que o êxito da sociedade sobre o indivíduo o leva "para dentro dos papéis assinalados", convertendo sua integração em sua própria realidade.[160] Curiosamente, vejo um pesquisador em que Freud encontrava achegas para sua interpretação dos sonhos, o inglês Sully, que escreve, em 1893, uma compreensão que traz ao sonho a perspectiva de "*personalidades sucessivas*". Ainda que o autor falasse em "personalidades sucessivas" e não em "papéis", entendo que as duas expressões são equivalentes. Na vida desperta, o eu submerge os papéis que nele se diferenciam, e os papéis, secundários, são ignorados ou se integram ao eu dominante, enquanto no sonho a sucessão temporal lineariza os papéis que se sucedem, sem dar margem para que o eu centralizador os absorva: "*Nossos sonhos são um meio de conservar essas [anteriores] personalidades sucessivas*. Quando adormecemos, retornamos às antigas maneiras de

---

158 Apud Gerhardt, op. cit., p.74.
159 Ibid., p.75.
160 Cf. ibid., p.78.

olhar as coisas e de sentir a respeito delas impulsos e atividades que longo tempo atrás nos dominaram".¹⁶¹

Voltando a Uwe Gerhardt, acentue-se que, embora seu ensaio se destinasse à interpretação de Simmel, a passagem referida indica sua divergência com a centralidade concedida ao sujeito individual. Estamos de acordo com ela, ao entendermos a dita unidade do eu como um resultado problemático, se não mesmo equivocado. Ressalve-se, contudo, que em Gerhardt não se considera a pressão da consciência cotidiana, muito embora a ideia lhe fosse aceitável: "A eliminação da diferença entre individualidade e socialização forma em consequência o ideal com que se reconhece o resultado rudimentar da práxis cotidiana".¹⁶² Daí seu corolário: "A individualidade é tanto mais plena quanto mais heterogêneas são as vias pelas quais a pessoa transita" (*die Verkehrreise der Person*).¹⁶³

As duas atestações são os pressupostos com que a analista define o que chama de os teoremas formuláveis a propósito de Simmel:

> O teorema da integração (complementariedade das expectativas), o teorema da identidade (congruência entre definições de papéis e interpretações) e teorema da conformidade (realização do conteúdo normativo no plano da conduta) que impossibilitam à análise dos papéis o acesso à dialética da individualidade com a sociabilidade.¹⁶⁴

Para que a conversão dessas disposições em teoremas não se choque com a orientação afinal metafísica de Simmel, será preciso que se entenda "teorema" em sentido metafórico, ainda que fazê-lo suponha uma metáfora ilustrativa.

---

161 Apud Freud, Über den Traum, in: *Obras psicológicas completas*, v.V, p.629, grifo meu.
162 Ibid., p.79.
163 Ibid.
164 Ibid., p.77.

Abandone-se o que se concebera como gracejo e ironia. É mais produtivo relacionarmos o pouco que dissemos do ficcional e o reunirmos à questão dos papéis. De acordo com a formulação de Simmel, quando o ator é excelentemente constituído, ao combinar o talento do autor com o seu, ele se torna um dos eus mais criadores de sua tribo. Sua condição seria apagar a diversidade dos papéis. Usamos, ao contrário, o exemplo de Virginia Woolf para compreender que a modalidade da ficção permite o destaque assumido pelos papéis. Nesse sentido, o ficcional literário, a partir da *seconde' condition*, abre caminho para a compreensão da trilha oposta àquela que conduzira Simmel à sua harmonia.

APÊNDICE: CARTA DE GEORG SIMMEL A HEINRICH RICKERT

Estrasburgo: 15.IV.16

Muito obrigado por sua carta. Por favor, não me constranja com desculpas sobre sua letra. O que então não deveria eu dizer no que, por exemplo, respeita à minha, para converter a leitura de seu *artifício de acrobata* em *artifício de advogado*? É claro que você tem todo o direito de ler assim, mas é um exemplo engraçado da diferença entre o "opinativo" e o "existente".

[...][165]

Em consequência, poderíamos sobre isso evidentemente estar de acordo. Ao contrário, na questão do relativismo e do pressuposto básico da verdade, não há acordo possível. Aqui há, por certo, entre nossos pensamentos, uma fissura que vai ao fundo, verossímil e historicamente esperável, decorrente de que você se mantém mais firmemente com Kant que eu; meu

---

165 Omitimos uma parte considerável da carta porque ela só faria sentido para quem conhecesse a correspondência anterior de Rickert, evidentemente não incluída no volume das cartas de Simmel.

desenvolvimento lentamente dele me afastou. Também suspeito que você me tenha por um cético sigiloso, o que é absolutamente errado. De fato, sucede que, muitas vezes, se compreende por relativismo algo bem diverso: que todas as verdades sejam relativas, e o mesmo talvez quanto aos erros; que toda moral seja relativa, ou seja, que tenha outro conteúdo e estereótipos semelhantes. O que compreendo por relativismo é uma imagem metafísica positiva e contém tanto menos ceticismo quanto o relativismo físico de Einstein ou de Laue.[166] Daí decorre o círculo vicioso: há a verdade – para denominar-se seu lugar lógico de inegável gravidade. Toco aí, entretanto, em coisas que direi em meu livro por concluir, se me for concedido escrevê-lo. Comecei-o agora, mas ainda há muito para ser dito.[167] Apenas duas curtas observações. Você escreve: "Alguma verdade poder ser relativa, mas é impensável que toda verdade seja apenas relativa". É evidente que não me expliquei sobre o que compreendo por relativismo. Publicamente, eu pouco esclareci o que compreendo pelo relativismo da verdade (*Relativismus der Wahrheit*). Ele não significa que, para mim, a verdade e a não verdade sejam relativas entre si, mas, sim, que a verdade é uma *relação* de conteúdos (*eine Relation von Inhalten*), cujo conteúdo não tem outro poder sobre si, do mesmo modo que corpo algum é pesado por si, mas por correlação com outro. Não me interessa que as verdades *particulares* o sejam *relativamente* a seu sentido, mas apenas quanto a seu todo, ou, mais precisamente, a seu *conceito*. Sua expressão [isto é, de Rickert] – "*apenas* relativamente" – mostra que não me compreendeu. Pois não quero subordinar o conceito de verdade a algo "mais alto", apenas lhe dar um fundamento sólido, como é aquele círculo. Um fundamento que, de fato, não deve ser *contra* a lógica, sem que seja

---

166 Max von der Laue (1879-1960), autor da primeira monografia sobre a teoria da relatividade de Einstein. Prêmio Nobel de Física de 1914.
167 A edição das cartas de Simmel em que me baseio (cf. bibliografia) esclarece que se tratava da projetada *Metafísica*, de que o autor escreveu apenas umas poucas partes.

O CHÃO DA MENTE

alcançado somente pela lógica. A mais profunda diferença entre nós se desenvolve a partir desse ponto. Por fim, você escreve: "Nada há de absoluto, sem que haja o relativo, mas também nada há de relativo sem que haja o absoluto. Um requer o outro". Considerado de um puro ponto de vista mental, a primeira afirmação é para mim duvidosa. Posso muito bem pensar em um absoluto, que, por assim dizer, existe sozinho, sem que haja algo relativo – como Deus, antes da criação do mundo. Sim, inclusive um "mundo", na mais pura absolutidade (com a modificação correspondente do conceito de mundo), não me parece impensável: o mundo das "mônadas sem janelas", os seguidores de Herbart não estão longe disso. Vista nessa medida, sua afirmação acerca do relativo no absoluto e sobre o relativo torna esses conceitos extraordinariamente relativos entre si. Eis a relatividade ilimitada que eu metafisicamente quero alcançar.

III

Primeira parte
UM MOMENTO COM FREUD

1. Preliminares

Em seu início, entre as décadas finais do século XVIII e o princípio do XIX, quantas pesquisas não se cumpriram como a de Freud, modestas, desconhecidas, quando não rejeitadas pela comunidade científica estabelecida? Explica-se a força atribuída ao convite da Clark University, de Massachusetts, para que Freud proferisse, em 1909, as conferências conhecidas com o nome de *Cinco lições de psicanálise*. Por seu necessário caráter de síntese do já então apreendido e pela exigência implícita de não se restringir a casos isolados, sua consideração seria fundamental para uma apreciação demorada da obra freudiana. Não se pretende aqui oferecer tal apreciação minudente mas sim acentuar, de maneira abreviada, a descontinuidade, introduzida pela reflexão freudiana, na ordem do pensamento. Dentro dessa proposta de rapidez, considere-se que sua obra é constituída por dois blocos: a apreciação dos casos que sua clínica lhe ofertava e a construção teórica que ensejam. Do ponto de vista da apreciação analítico-literária, o que há de mais extraordinário nos ensaios e conferências de Freud concentra-se em suas análises ou ao vivo (como em "O homem dos ratos", "O caso Dora" ou "O homem dos lobos"), ou em retrospectiva ("Leonardo da Vinci e uma lembrança de sua infância", ou "Moisés de Miguel Ângelo"). Considerá-lo nos levaria a ressaltá-las. A restrição nos ocorreu depois de alguma reflexão. Destacá-las em detrimento dos princípios que os norteiam – não importa se o pesquisador já estivesse deles consciente – seria estimular outras análises particulares, no melhor dos casos, tão brilhantes mas igualmente singulares, autônomas, multiplicáveis, sem que se atinasse com sua orientação. O dilema resulta da impossibilidade de empregar-se a propósito de textos conduzidos pelo potencial da linguagem – portanto não só nos discursos declaradamente ficcionais – um *método* preciso, dedutível pela comparação de análises concretas. Quanto mais notável é a apreensão crítica de tais textos, mais improvável é a captação do método de que foram servidos, muito menos sua disposição teórica. Estamos pois declarando: não basta reconhecer a qualidade de um analista pelos textos que dele tenham sido escolhidos. Para ir-se além de sua força intelectual será preciso apreender o quadro teórico ali implícito. O pensamento teórico e o aspecto intuitivo são independentes entre si. Sua distinção está em que o teórico, enquanto abstrato, prima pela abrangência que o intuitivo expõe em termos de agudeza. Como deve ser indiscutível que recorremos aqui a Freud na tentativa de se mostrar o quanto se lhe deve para o questionamento da *mímesis*, é à apreensão de sua disposição teórica que devemos privilegiar.

Uma última observação preliminar. Temporalmente, a psicanálise é um movimento que funde contrários. Gerada a partir do acervo das décadas imediatamente anteriores à Primeira Grande Guerra, sua irradiação pública, depois da ameaça de sucumbir aos efeitos do conflito, afirma-se e perdura nas seguintes à catástrofe. Por um lado, sua riqueza interna traz o legado que se desencadeara e não cessara de crescer com Kant, Schelling, Hegel; por outro, se insurge, a partir do campo particular da exploração da psique da humanidade, contra a herança do idealismo alemão, que culminara na obra de Hegel, com a afirmação do "saber absoluto", do espírito e da força da consciência.

O leitor que esteja a par do acervo do idealismo e da produção freudiana deverá perceber a diferença que cerca a formulação dos dois continentes. Ainda que se saiba da pressa com que Kant e Hegel enviavam a seus editores textos apenas acabados, não é menos evidente que o tempo que dedicavam à sua elaboração era incomparavelmente maior que o confiado a suas aulas ou a seu preparo. Com Freud sucedia precisamente o contrário, mesmo quando escasseassem seus possíveis pacientes por convocação à frente de batalha, é indiscutível que era à clínica que Freud dedicava mais tempo, até porque encarava seus textos como uma maneira de difundir seus achados. Por isso, se a complexidade das obras kantiana e hegeliana é com frequência obscurecida por sua disposição sintática, lamentamos que os textos teóricos de Freud não tenham sido explorados na mesma proporção da intensidade que articulavam. Isso não tornará mais cômoda a tarefa que nos impomos. De certo modo, ela até mesmo se complica por darem ensejo às simplificações que se incorporaram à bibliografia psicanalítica.

2. Desdobramento teórico

O primeiro destaque a ser feito é de ordem propedêutica. Dedicada à conversão do sonho manifesto na latência a ser investigada, a Conferência XXIX, originalmente pronunciada no inverno de 1915, requeria do paciente a ser indagado sobre seu sonho que se concentrasse não em seu todo, mas sim em partes de seu conteúdo, nelas destacando as associações que fossem despertadas.[1]

---

1 Cf. Freud, *Novas conferências introdutórias à psicanálise*, p.131.

Conquanto evidente que o requerimento é específico à análise dos sonhos, ele não deixa de ser também motivado em todo texto orientado pela atenção primordial à linguagem. Ou seja, no campo pragmático, o interesse pelo enredo concentra-se no desfecho do narrado; as partes precedentes podem ser apenas esboçadas desde que a clareza do final não seja demasiado comprometida. Tal pressuposto só deixa de funcionar quando o relato pragmático contiver e projetar outro interesse – por exemplo, servir de corroboração a algo grave –, sem que seja mudada a orientação para o desfecho. No caso do sonho, ao contrário, as diversas partes são passíveis de realce, de acordo com as associações oferecidas por aquele que sonha. A diferença se acentua para quem se interesse pelo movimento textual, seja ao próprio sonhador, seja a quem se dispõe a analisá-lo.

A peculiaridade no tratamento do sonho prossegue com a urgência de o sonhante procurar, ao lado das associações, fixar quais tenham sido seus "restos diurnos". Mais que estes, as associações, escreve Freud, *apenas se aproximam* do conteúdo latente e "devem ser consideradas e interpretadas como *símbolos* de alguma outra coisa".[2] (Já pela relação entre o conteúdo do sonho, as associações e os restos diurnos, verifica-se com nitidez que o "algoritmo do insconsciente" [Bateson] projeta sua sombra sobre o consciente e a vida de vigília).

Outra vez se impõe a aproximação com o não sonho. Mais especificamente, com os textos orientados pela linguagem. Sem que a expressão apareça em Freud, sua postulação permite incluí-la. O trabalho da interpretação "é efetuado contra uma resistência de intensidade variável, desde a de grandeza insignificante até a insuperável".[3] No sonho, a associação mantém uma vitória razoável contra a resistência a seu provável entendimento. Relacionadas com os restos diurnos, as associações são recursos, por assim dizer, fornecidos pela própria psique; são formas que driblam o controle a que o inconsciente está submetido. (Como

2 Ibid., p.134.
3 Ibid., p.135.

Freud o concebe, o inconsciente é a caverna da pura impulsividade, tanto mais forte porque não confundida com as pulsões; que, para não ser assassina do eu, precisa da câmara amortecedora do pré-consciente). Ora, a resistência psíquica permanece a mesma no texto não onírico, mesmo o não destinado a um propósito pragmático casual, sem que seu analista – no sentido amplo do termo – conte com alguma ajuda, senão a de dispor de outra versão do texto-objeto. O que vale dizer: a comunidade dos discursos conhece a resistência à sua decodificação, pois a resistência é simultânea a seu engendramento.

Por mais expugnável que seja a resistência, a tentativa de penetrar em seu muro convive e se depara com o mecanismo da censura. A ação suscitada contrai sua contra-ação, ao impulso se opõe a defesa do *status quo* no qual a pessoa tem sua residência plantada.

Para compreender e localizar a censura é decisivo acentuar o papel da pequena formulação: "Os pensamentos oníricos latentes são convertidos em uma série de imagens sensoriais e de cenas visuais".[4] Enquanto modos de expressão, as imagens sensoriais e as cenas visuais deixam de ser impedidas pela censura, pela qual passam relativamente incólumes. Assim se processa pelos recursos que Freud designava de *deslocamento* e *condensação*. A extrema argúcia freudiana desvela a luta surda que se trava nos bastidores da psique. Enfatizar-se a função comunicacional da linguagem é uma banalidade que só deixa de ser lamentável se estivermos em condições de compreender as nuanças ali implicadas. Note-se, por exemplo, a arbitrariedade com que julgamos o censor. Para começar, em termos puramente internos, é impossível distinguir sua função negativa da positiva. O fato de uma afirmação ser justa não significa que seja oportuna. Mais grave, entretanto, é a maneira como os veículos mediáticos falam da censura exercida por algum regime passado. No Brasil, por exemplo, os locutores de TV deitam o malho na censura dos anos de ditadura, sem se dar conta da censura que continuam a realizar na escolha de suas notícias e na maneira trivial ou sensacionalista de anunciá-las.

---

4 Ibid., p.143.

O pensamento que o sonhador compreende não ser claro, mais precisamente que a ele se impõe, é um autêntico "filho da noite" — aquele que seu consciente recusa como excrescente. Para que a censura se converta em dobrável, terá de dispor de colaboração: "Esse impulso inconsciente deve à ligação com os outros pensamentos oníricos, irrepreensíveis, a oportunidade de penetrar, em discreto disfarce, a barreira da censura".[5]

Falar nos "outros pensamentos oníricos" não parece ter sido a melhor escolha verbal.

Imperfeita que possa ter sido a formulação freudiana, é ela que nos dá acesso a um continente que, com independência de uns raros "viajantes", permanecera ignorado. Apenas se adicione: na aparência, à função das imagens sensoriais e das cenas visuais acrescenta-se a "elaboração secundária", ou seja, o preenchimento de lacunas ou superposições da cena onírica por meio de conexões que a tornariam mais próxima do legível. Freud logo acrescenta: "então lidamos com ele (o sonho) como estamos habituados a tratar os conteúdos de nossa percepção: buscamos preencher lacunas, introduzir nexos, com frequência incorrendo em graves mal-entendidos".[6]

O caminho aberto pelo grande pesquisador nos permite ousar dizer: nosso consciente não é só um grande controlador, no sentido tanto positivo quanto negativo, mas o responsável por disfarces e enganos. Eles não só se mostram nesta ou naquela área de sua atuação, mas em tudo em que a mente humana intervém. A generalização não parece excessiva, ainda que não se pretenda que a presença do inconsciente tenha a mesma força no sonho, na elaboração de um texto ficcional, em uma decisão política ou uma operação matemática — não é acidental que o sentimento de culpa tenha o alcance que se conhece.

Disfarces e enganos se realizam pela "elaboração secundária". Ela concede ao material onírico, ainda quando complexo e relativo a experiências e sensações conscientemente rejeitáveis,

---

5 Ibid., p.141.
6 Ibid., p.145.

ajustar seu conteúdo aos preceitos e valores de quem tenha sonhado. Se ela tem assim o caráter de ajuda indispensável, por outro lado, torna mais complicada a operação analítica, porquanto outras tantas vezes funciona como escolho para ela. Ainda que Freud não tenha assim destacado, toda a operação que sintetizamos implica que o agente da reflexão só não se confunde com o eu usual porque atua contra seus interesses. Confundi-la com a reflexão seria lamentável, pois aquele agente atua mediante uma espécie particular de reflexão.

Embora o texto da conferência que destacamos seja de pequena extensão, seu restante, sendo de interesse estritamente psicanalítico, é aqui dispensável. Apenas ainda ressaltemos: a leitura que dela fizemos, além das propriedades concernentes à cena onírica, tem por destaque decisivo a força dos recursos imagético-visuais, cuja presença permanece intensa nas manifestações discursivas que têm em comum com o sonho a presença marcante do inconsciente.

A abordagem de parte da Conferência XXIX permitiu o desdobramento da formulação freudiana sobre o sonho. É necessário um parêntese que explique melhor o que foi feito.

Entre as formas discursivas, a que se orienta pela exploração da linguagem é bastante minoritária. Assim sucede porque, entre as outras formas, tanto o discurso pragmático quanto o filosófico, o religioso, o científico das ciências naturais e o das ciências sociais são direcionados pela finalidade, ainda que diversa para cada uma. Com independência da exclusividade matemática das ciências naturais ou de sua dominância acompanhada de graus diversos de metaforicidade, a mesma direção finalística se lhes impõe. O desdobramento da Conferência XXIX acentuou as relações de semelhança e dessemelhança que sucedem desde o onírico até ao estritamente ficcional. Sua extensão compreende desde o ficcional restrito, o onírico, até o ficcional conscientemente trabalhado. Chamamos o material onírico de ficcional restrito porque, em relação a seu agente, ele tece uma narrativa não dependente de sua vontade. Ser restrito, ademais, significa que nenhuma trama explícita é admitida no sonho, sendo sua manipulação substituída pelas representações, inibições e desejos do sonhante. O caráter enigmático que um sonho possa ter não resulta da presença de alguma ficcionalidade misteriosa, e sim da intensidade de censura que provoca seus deslocamentos e condensações. Ressalte-se um último elemento: nos dois polos da ficcionalidade, a onírica e a literária, os recursos imagético-visuais têm uma presença acentuada.

Os três traços, sobretudo o terceiro, denunciam a relevância da terra desconhecida, o inconsciente. Dito isso, passamos para o primeiro texto propriamente teórico, "O inconsciente" (1915).

No final da primeira seção, Freud se referia genericamente a Kant: ele "nos alertou para não ignorar o condicionamento subjetivo de nossa percepção[...]".[7] A referência ganharia em precisão se remetesse aos procedimentos sintéticos *a priori*, não motivados por uma causalidade conscientemente explicada e justificada. De sua parte, Freud forneceria à teoria kantiana o acesso ao hemisfério de que promanam aqueles juízos. Ressalte-se, nesse sentido, a primeira parte que sublinho do enunciado: "Por um lado, *o inconsciente abrange* atos que são apenas latentes, temporariamente inconscientes, mas que de resto não se diferenciam em nada dos conscientes [...]".[8]

Sem que a carga inconsciente simplesmente decorra do que é rejeitado pela censura, a importância ocupada por esta leva a que entre o inconsciente e o consciente se interponha um termo intermédio, o pré-consciente, espécie de câmara de recepção do que tem a "capacidade de tornar-se consciente".[9]

A afirmação, a ser reiterada por passagens da mesma importância, esbarra com o critério de verificação empírica exigido pela ciência, porquanto, dizia otimisticamente Freud, "*provisoriamente*, nossa topologia psíquica nada tem a ver com a anatomia;

---

7 Id., O inconsciente, in: *Obras completas: Introdução ao narcisismo, ensaios de metapsicologia e outros textos (1914-1916)*, v.12, p.108.
8 Ibid., p.108.
9 Ibid., p.110.

ela se refere a regiões do aparelho psíquico, onde quer que se situem no corpo, e não a locais anatômicos".¹⁰ O termo "inconsciente" tivera uma certa frequência entre poetas e pensadores temporalmente próximos de Freud, porém em nenhum deles de maneira mais que esporádica. (A expressão, "provisoriamente", era uma maneira de minorar a resistência que o enunciado provocaria nos meios institucionalizados). Freud parecia esperar que o prosseguimento das pesquisas permitisse a localização anatômica do inconsciente. Como se já não soubesse que a precisa localização topográfica era impossível, em virtude de o conteúdo reprimido ser conservado mesmo depois de o sujeito haver reconhecido sua motivação. Assim sucede porque a representação do reprimido pode se modificar no consciente sem que afete sua inscrição no inconsciente:

> Se comunicamos a um paciente uma ideia que ele reprimiu em um dado momento e que descobrimos, em um primeiro instante isso nada muda em seu estado psíquico. Principalmente, não suprime a repressão nem desfaz suas consequências, como talvez se esperasse do fato de a ideia antes inconsciente haver se tornado consciente.¹¹

A formulação será desenvolvida nas páginas seguintes: depois de instaurada a repressão, "a ideia inconsciente continua existindo como formação real no sistema *Ics*", porquanto "a repressão consegue inibir o desenvolvimento do afeto".¹² Torna-se por isso de especial interesse anotar que "a repressão pode impedir que o impulso pulsional transforme a exteriorização de afeto em uma manifestação de afeto"¹³ e provoque "uma retirada de investimento";¹⁴ em uma descrição mais complexa, opera-se "a reti-

---
10 Ibid., p.112.
11 Ibid., p.113.
12 Ibid., p.116.
13 Ibid., p.117.
14 Ibid., p.119.

rada à ideia do investimento (pré-consciente), que pertence ao sistema *Pcs*", e "a ideia permanece não investida, então, ou recebe investimento do *Ics* ou conserva o investimento *ics* que já possuía antes".[15] (O termo "investimento" será logo a seguir substituído por "libido" quando se tratar de impulsos sexuais).[16]

A mudança terminológica impõe-se à atenção. Ela é decorrência de uma dupla circunstância: (a) como bem se sabe, os ensaios freudianos são resultado de uma pesquisa em andamento em sua clínica. Não há, por assim dizer, um intervalo entre as duas atividades. Era o próprio arrojo do investigador que lhe permitia desatender ao pensamento estabelecido; (b) como também já se assinalou, a posição assumida pelos textos freudianos era flagrantemente diversa da defendida pelos filósofos. É indiscutível que também os filósofos eram respaldados por uma intensa pesquisa, mas, ainda que não se pusessem sob o controle da exigência de verificação empírica, dispunham de um tipo de composição que podia se desenvolver por anos a fio. Entre o processo de reflexão e concatenação das ideias e o reservado à redação, dispunham de um intervalo indeterminado. Era o que Freud desconhecia. Os temas que o obsedavam continuam por anos seguidos, embora sua própria constância provoque a mudança de sua elaboração. Por isso, à semelhança da restrição de uso do termo "investimento", assim também ao ponto de vista topográfico será acrescentado o ponto de vista econômico.

Tais modificações não devem ser descuradas porque demonstram o caráter eminente de um *work in progress*. Chama-se a atenção particular para o caso do uso do termo *Trieb*. Não se trata aqui de correção conceitual, mas sim de um problema de tradução. No alemão corrente, *Trieb* e *Instinkt* são indistintos. Não sei explicar por que, a partir da tradução inglesa, o *Trieb* freudiano tem sido com frequência tomado como equivalente a *Instinct*. Por essa via, tem-se-lhe emprestado um caráter automático e biológico que contraria o aspecto propriamente cultural

---

15 Ibid.
16 Cf. ibid., p.121.

da construção. Considerando-se que a própria conceituação do inconsciente supõe que a psique não se explica organicamente, é evidente a distorção provocada.

Venhamos à síntese do ensaio. Do ponto de vista do tempo, é decisiva a diferença entre consciente e inconsciente: "Os processos do sistema *Ics* são atemporais, isto é, não são ordenados temporalmente, não são alterados pela passagem do tempo; não têm relação nenhuma com o tempo. A referência ao tempo também se acha ligada ao trabalho do sistema *Cs*".[17]

Também opositiva é sua relação quanto à realidade, própria ao consciente, ao passo que o outro hemisfério está sujeito ao princípio do prazer: "*A isenção de contradição mútua, o processo primário* (mobilidade dos investimentos), *atemporalidade e substituição da realidade externa pela psíquica* são as características que podemos esperar encontrar nos processos do sistema *Ics*".[18]

Às formulações relativas ao desconhecimento do fluxo temporal, à afirmação do prazer contra o princípio da realidade, ao desconhecimento da contradição, à mobilidade dos investimentos, apenas faltava o desconhecimento da negatividade[19] para que, em um enunciado sintaticamente simples, se apreendessem a origem e a força da energia psíquica.

Do ponto de vista do pensamento contemporâneo, seria tão só de observar que a oposição entre os dois sistemas dá lugar à sua interação. O que vale dizer: o próprio êxito da indagação freudiana conduz à mudança drástica do relacionamento dos sistemas mentais. Logo deveremos concretizar tal inter-relacionamento no âmbito do ficcional estrito. Antes disso, contudo, ainda nos mantemos no campo do ensaio analisado.

O caráter de enunciados não tão esmiuçados como poderiam ter sido, isto é, de obra em constante andamento, bem se mostra

---

17 Ibid., p.128.
18 Ibid.
19 Ibid.

pelo que acrescenta acerca das relações do inconsciente com a repressão. É o que se verifica no parágrafo dedicado à comunicação entre o inconsciente e o pré-consciente:

> Seria errado supor que [...] a comunicação entre os dois sistemas se restringe ao ato da repressão, em que o *Pcs* lança ao abismo do *Ics* tudo o que lhe parece perturbador. O *Ics* é, isso sim, algo vivo e capaz de desenvolvimento, e mantém bom número de outras relações com o *Pcs*, entre as quais a de cooperação.[20]

Reconhecê-lo é decisivo. Do contrário, poder-se-ia supor que a vida psíquica é o produto do controle exercido sobre ela. Ser vida significa que seu dinamismo ultrapassa o que se lhe interdita. A própria interdição é capaz de gerar imprevistas prioridades. Por acaso, não falhamos ao sentir que o enunciado terminava ao se formular, quando, de fato, então apenas começava? Daí que passagem de *O eu e'o id* (1923) voltasse ao problema de um ponto de vista diverso: "O reprimido é, para nós, o protótipo do que é inconsciente. Mas vemos que possuímos dois tipos de inconsciente: o que é latente, mas capaz de consciência, e o reprimido, que em si e sem dificuldades não é capaz de consciência".[21]

A ênfase volta a recair sobre a repressão. Sem que o inconsciente a ela se circunscreva, é a ela que deve a possibilidade de ser apreendido. A discrepância entre o enunciado precedente e o imediatamente acima deriva de que a psique não se confunde em Freud com um princípio vitalista. Ela antes se caracteriza, como se vê pelos dois tipos de inconsciente, pela contradição interna. (Note-se que uma das fecundidades do pensamento freudiano está em não contornar a contradição). O ser não tem por fronteiras senão a contradição em que opera. Essa é sua *natura naturans*. Afirmá-lo não significa aceitá-la, muito menos louvá-la,

---

20 Ibid., p.131.
21 Id., O eu e o id, in: *Obras completas: O eu e'o id*, "Autobiografia" e' outros trabalhos (1923-1925), v.16, p.17.

mas constatar que a sociedade só admite sua irredutibilidade quando, na loucura, ela se converte em absoluta. Entendemos que a suspeita sentida diante da passagem de "O inconsciente" era mais que apenas suspeita pelo tom categórico que assumirá a obra de 1923. Ela afirmava o caráter de dinamicidade da psique, e também a correção lógica bastante além do que o pensamento ocidental exigiria. A mesma obra o mostra ao assinalar que o pré-consciente não se confunde com a censura:

> Para a consciência, a inteira soma dos processos psíquicos aparece como o reino do pré-consciente. Uma parte enorme desse pré--consciente se origina do inconsciente, tem o caráter dos derivados deste e submete-se a uma censura antes de poder se tornar consciente. Uma *outra parte do* Pcs *é capaz de consciência, sem censura.*[22]

No inconsciente, a repressão, não vencida pelo próprio processo analítico, era fator de dinamicidade. No pré-consciente, ao contrário, sua mobilidade para a consciência se cumpre sem a intervenção da censura, pois se assim sucedesse o pré-consciente se confundiria com um filtro negativo – do que decorreria que o consciente seria sinônimo de uma razão despojada de afetos.

Um acréscimo inevitável: na teoria do ficcional, um dos capítulos mais intrincados concerne à relação da poesia com a filosofia. Não cabe aqui desenvolvê-lo, e sim antecipar um núcleo que ainda deverá ser expandido. Na discussão passível de ser desdobrada entre pergunta e resposta, a poesia se concentra na indagação, a filosofia, na resposta. Nenhum das duas é plena em si mesma. Por isso uma não é excludente da outra, sem que uma antecipe a outra. Desse modo, poesia e filosofia não superam, mas expõem a contradição que está na raiz da vida psíquica.

O risco de extravio seria grande se aproximássemos a poesia – no sentido que abrange a prosa ficcional – como pergunta que não se completa em resposta ao chiste (*Witz*). Freud tinha percebido a extrema dificuldade em definir no que o chiste (ou

---

22 Id., O inconsciente, op. cit., p.133, grifo meu.

agudeza) consiste. Por isso renunciamos à ideia de nos determos no livro que dedicou ao tema, *O chiste e sua relação com o inconsciente* (1905), apenas remetendo ao esboço de sua aproximação. Releia-se toda a seção I, que leva a pensar o chiste estrito como uma condensação que combina comicidade, e contraste entre sentido e *nonsense*, por meio de uma palavra composta.[23] Já a agudeza, termo mais apropriado para nossa meta, tem o propósito de sugerir que o poema guarda e expande as propriedades do *Witz*; que ele é então uma agudeza expandida, que se origina de uma questão advinda do inconsciente e apenas adestrada às luzes da razão.

Venhamos a *O eu e o id* (1923). Só o fato de a palavra "inconsciente" ser substituída pelo termo técnico "id" mostra que, já contemporaneamente a Freud, a designação se socializara.

A abertura do ensaio dedica-se a especificar, no território já palmilhado, detalhes que haviam escapado ou que necessitavam de maior precisão. Reitera sobre a consciência o que já se sabe ser menos saliente: "[...] É a *superfície* do aparelho psíquico, isto é, atribuímo-la, como função, a um sistema, espacialmente, é o primeiro desde o mundo externo".[24]

De maior eficácia é a relação entre o que a consciência recebe de uma representação advinda do inconsciente e da resultante do pré-consciente: "[...] A primeira se produz em algum material que permanece desconhecido, enquanto na segunda (a *Pcs*) acrescenta-se a ligação, com *representações verbais*".[25] Acrescente-se que, sendo "resíduos de memórias", as representações verbais "foram uma vez percepções", afundadas no *mare magnum* da psique e dele saídas como "resíduos mnêmicos".[26] Seu entrelace é evidente: "[...] Apenas pode tornar-se consciente aquilo que uma

---

23 Id., O chiste e sua relação com o inconsciente (1905), in: *Obras completas*, v.7, p.33.
24 Id., O eu e o id, op. cit., p.23.
25 Ibid., p.23-4.
26 Ibid., p.24.

vez já foi percepção [...]".²⁷ (A observação seguinte acrescenta um dado notável em que não podemos nos deter: "A palavra é, afinal, o resíduo mnemônico da palavra ouvida").²⁸ É ocioso ainda esclarecer que as passagens entre os três sistemas farão que os restos mnêmicos e a combinação com os afetos se convertam em muito mais que tão só restos.
Freud considera seu texto pronto para a nova formulação: onde se põe o eu? As três observações iniciais progressivamente aprofundam sua determinação:
a) Para o eu, a percepção desempenha o papel que no *id* cabe à pulsão. "O eu representa o que se pode chamar de razão e circunspecção, em oposição ao *id*, que contém as paixões";²⁹
b) em sua relação com o *id*, ele é como um cavaleiro que tem de manter controlada a força superior do cavalo, com a diferença de que o cavaleiro tenta fazê-lo com sua própria força, enquanto o eu utiliza forças tomadas de empréstimo [das sensações];³⁰
c) o próprio corpo de uma pessoa e, acima de tudo, sua superfície constituem um lugar de onde podem partir percepções internas e externas, simultaneamente.³¹

A anotação seguinte seria tão só a síntese se seu desenvolvimento não permitisse a maior tematização do eu ser sobretudo de ordem corporal. Recorde-se a formulação que Freud incluíra na tradução inglesa de 1937: "[...] O eu é sobretudo um eu corporal".³² A insistência na reiteração – corporeidade do eu, alimentada pela projeção mental do que o corpo sente – seria extravagante não fossem os derradeiros parágrafos da seção. Ao contrário de extravagância, a validez da reiteração decorre do

---

27 Ibid.
28 Ibid., p.25.
29 Ibid., p.31.
30 Ibid.
31 Ibid.
32 Ibid., p.32.

fato de termos "provas de que mesmo o trabalho intelectual sutil e difícil, [...] também pode ser efetuado pré-conscientemente, sem chegar à consciência".[33] E em uma radicalidade maior: "Aprendemos, em nossas análises, que há pessoas nas quais a autocrítica e a consciência [moral] [...], ou seja, ações psíquicas altamente valorizadas, são inconscientes e, enquanto tais, produzem os efeitos mais importantes".[34]

Dentro da modalidade de um trabalho que trazia para a escrita o que de outra maneira estaria na iminência de se perder, sente-se que um desdobramento precioso lhe pareceu dispensável.

O andamento dos textos que vinha compondo – além dos três sistemas referidos – o subsistema do superego, armazenador dos preceitos de controle, deixava a impressão de um curso que, originado no *id*, desconhecedor da negação e da causalidade, diminuiria seu ritmo diante da barragem do pré-consciente, para, tornando-se navegável, harmonizar seu andamento com o respeito à contradição e à causalidade; em suma, aceitável para a vigência da razão. Essa seria a formulação que converteria a psicanálise em aceitável pelo racionalismo dominante.

Os dois últimos parágrafos referidos mudam o todo do resumo. Quando vigorosa e sutil, a elaboração psíquica recorre ao pré-consciente e manifesta, pela via do sonho, que exibe seu resultado ao despertar. Ainda mais extremo é o que o segundo e último parágrafo enunciam: a autocrítica e a consciência de algo são originadas inconscientemente. Ou seja, o fluxo acima referido inverte seu curso. Mantém consigo os recursos que a razão lhe concedera e os combina com a violência apaixonada do *id*.

De minha parte, seria arbitrário desenvolvê-lo porque não sou psicanalista; mantenho-me na beira da estrada. Antes dos parágrafos destacados, a síntese do aparelho psíquico seria adequada a uma concepção romântica usual. Traduzida em termos adequados à abordagem do ficcional, seria dito que o exercício

---

33 Ibid., p.33.
34 Ibid.

das disposições ficcionais – o ficcional restrito do sonho, o ficcional, no sentido amplo, que provoca a experiência estética – interrompe a via "civilizada", socialmente integrada e controlada por normas e costumes que a sociedade adota. Para a via "civilizada", o sonho, pelas restrições que a censura estabelece sobre seu conteúdo, ainda seria aceitável, desde que um recurso científico indicasse a maneira de torná-lo aproveitável. Mas que fazer com a ficção integral, que se costuma chamar de pintura e literatura? Dizê-las, assim como a música, em desacordo com o propósito de fim era filosoficamente aceitável, mas, no plano do dia a dia, que fazer com elas? A pintura torna-se admitida por sua combinação com a arquitetura e pela prática do decorador e do figuracionista; a música, pelo ofício religioso, por extensão, como meio terapêutico; uma e outra, como relaxamento e diversão. De maneira menos direta, também a poesia. Mas que dizer do romance? Sua aceitação popular, iniciada na segunda metade do século XVII, sobretudo durante o século XVIII, foi simultânea ao abandono do paradigma religioso, em favor de um secular: o privilégio do subjetivo, portanto do sujeito individual.

A articulação que Freud apresenta das regiões psíquicas oferece outra justificativa para a questão do ficcional. Não é ocasional que, para o paradigma desde antes estabelecido e não modificado pela aceitação da psicanálise, a ficção seja entendida no sentido negativo. De acordo com o modelo freudiano, sua aceitação pela sociedade ocidental apenas coincidia com a afirmação do eu. Este conhece os impulsos advindos do inconsciente, mas os lima pelo pré-consciente para que sejam acatados pela consciência. Isso significa que a ficção não é aceita como produto que tem por raiz a cláusula hipotética do *como se*, mas como modalidade de diversão e lazer. Essa é a diferença entre a reflexão freudiana e o que se costuma entender por psicanálise da arte e da literatura. Aquela, a partir de seus casos concretos e da análise do sonho, permitiria uma abordagem distinta do ficcional, estas se contentam em estimular a abordagem sociológica pela introdução de motivos psíquicos. Ou seja, a transformação passível de ser oferecida pela investigação freudiana é reduzida à nova modalidade da ênfase já reconhecida na força da sociedade. Encerramos aqui o relacionamento da elaboração freudiana com a questão do ficcional, para voltarmos à abordagem mais direta de *O eu e o id*. Havemos de fazê-lo para não deixarmos de tocar na função do superego, também denominado de ideal do eu. Sua pequena extensão decorre de que seu conhecimento concerne sobretudo ao psicanalista.

Na fase oral primitiva, sendo o eu ainda fraco, ele sente as exigências eróticas como necessárias, sujeitando-se a elas ou reprimindo-as.[35] A observação seguinte não se prende à ordem histórica: a renúncia a um objeto sexual processa-se por sua identificação. Só assim, declara nosso autor, é possível que "o *id* abandone seu objeto".[36] Nota relevante para a formação do eu: seu "caráter é um precipitado dos investimentos objetais abandonados".[37] Qualquer que seja a força da resistência, "os efeitos das primeiras identificações efetuadas na mais primitiva infância serão gerais e duradouros".[38] Em sua permanência, Freud reconhece a presença do ideal do eu, na identificação com o pai, e o complexo de Édipo. A superação de ambos é a condição para a normalidade: "A postura ambivalente diante do pai e a relação objetal exclusivamente terna com a mãe formam, para o menino, o conteúdo do complexo de Édipo simples e positivo".[39]

O ideal do Eu, comumente identificado com a sede da repressão, "é o herdeiro do complexo de Édipo, e, desse modo, expressão dos mais poderosos impulsos e dos mais importantes destinos libidinais do *id*".[40] Mas aquela identificação era parcial. Sua força negativa, portanto repressiva, é a condição para seu aspecto positivo:

---

35 Cf. ibid., p.35.
36 Ibid.
37 Ibid., p.36.
38 Cf. ibid., p.38.
39 Ibid., p.40.
40 Ibid., p.45.

Como formação substitutiva do anseio, o apelo ao pai, [o ideal do eu] contém o germe a partir do qual se formaram todas as religiões. O juízo acerca da própria insuficiência, ao comparar o eu com seu ideal, produz o sentimento religioso de humildade que o crente invoca ansiosamente.[41]

Do mesmo modo, sua força positiva, produtora, é condição para a sombra de culpa. O entrelaçamento dos fatores poderia levar à afirmação da quimera contida nas frequentes promessas de felicidade. (Obviamente, Freud não se atreve a esse diagnóstico).
Uma citação mais longa se impõe:

[...] O Eu se constitui, em grande parte, de identificações que tomam o lugar de investimentos abandonadas pelo *id*; que as primeiras dessas identificações agem regularmente como instância especial dentro do Eu, confrontando este como superego, sob a forma de um superego, enquanto mais tarde, o Eu fortalecido pode se comportar de modo mais resistente às influências dessas identificações.[42]

Acrescente-se a referência que enlaça o eu ao superego, como instância crítica do primeiro. Seu saldo, positivo ou negativo, conforme o caso, é inevitável, pois, em sua origem, o eu era fraco e o ideal do eu depende da renúncia de objetos desejados e de sua internalização, por identificação. Dito de outro modo: "O Eu se desenvolve da percepção das pulsões ao domínio sobre elas, da obediência às pulsões à inibição delas. Nessa operação, tem forte presença o ideal do Eu, que é, em parte, uma formação reativa aos processos pulsionais do *id*".[43]

Material considerável já foi concedido para a penetração no mundo do eu. Por ele, sabemos de sua função de auxiliar quanto

---

41 Ibid., p.46.
42 Ibid., p.60.
43 Ibid., p.70.

ao *id*, que se ajunta a seu já sabido privilégio no mundo externo. A passagem por textos complementares será superficial. O primeiro é oferecido em "A análise terminável e a interminável" (1937). Não é propriamente um texto teórico, mas a abertura para uma teorização derivada. Assim decorre da própria necessidade de falar-se em análise interminável. A teoria psicanalítica enquadra-se nessa situação pela impossibilidade de assegurar seu pleno êxito contra a inquietação pulsional, provocada pelos mecanismos de defesa do paciente.[44] Advirta-se também para o diverso: os mecanismos de defesa podem sentir-se ameaçados e assim reaparecer como resistência redobrada contra a proposta analítica.[45] E ainda: a interminabilidade é copresente a tudo que não tenha a pontualidade de um acidente ou de um mero encontro. Interminável é o que depende da ação das duas pulsões primárias da vida: *eros* e pulsão de morte.[46] Passemos ao texto culminante.

Ao lado de *O chiste e sua relação com o inconsciente* (1905), da *Psicopatologia da vida cotidiana* (1915), de *O eu e o id* (1923), *A interpretação dos sonhos*, partes 1 e 2 (1900-1), constitui um dos ápices da formulação psicanalítica. Neste capítulo, pouco se trata do primeiro e nada do segundo porque seríamos então forçados a ressaltar casos concretos. A seu respeito, apenas destaquemos que a ênfase nos distúrbios psíquicos não impede que a teoria elaborada se estenda a toda a espécie humana. Disso decorre o elo que prende a obra psicanalítica à extensão socioantropológica, assim como a precisão de Gregory Bateson:

> A consciência fala de coisas ou pessoas e conecta predicados às coisas ou pessoas que foram mencionadas. No processo primário, as coisas ou pessoas usualmente não são identificadas e o foco do discurso se cumpre nas *relações* que se afirmam delas resultantes.[47]

---

44 Id., A análise terminável e a interminável, in: *Obras psicológicas completas: Moisés e o monoteísmo, Esboço de psicanálise e outros trabalhos (1937-1939)*, v.XXIII, p.262.
45 Cf. ibid., p.271.
46 Cf. ibid., p.276.
47 Bateson, *Steps to an Ecology of Mind,*, p.139.

Data de 1877 a afirmação de Strümpell a que Freud se referia: "O homem que sonha fica afastado do mundo da consciência de vigília".⁴⁸ A exemplificação em que ela aparece não explica a motivação da presença de um velho mestre-escola, em sonho do próprio Freud. Fazê-lo nos remeteria a outros textos. Não sendo indispensável, apenas se acentue que, em seu sonho, se tratava de realçar que o motivo da lembrança não se confundia com algo recordado: "(No sonho), não é só, como na vida de vigília, o que é mais importante, mas, pelo contrário, o que é também mais indiferente e insignificante".⁴⁹

Outra passagem do mesmo Strümpell volta a reiterar: "Os sonhos não reproduzem experiências. [...] Os sonhos não oferecem mais que *fragmentos* de reproduções".⁵⁰ Por conseguinte, a lembrança se torna material onírico à medida que a motivação de seu conteúdo requer daquele que sonha a conexão de passagens de seu passado diversa do modo como elas haviam sido vividas. É por isso que, no campo do sonho, e, acrescentamos, da ficção em geral, a cena visual e as imagens sensoriais têm um realce que, dentro do império da razão, se dilui e desfaz. Confiram-se os exemplos relacionados na seção 8 de *O chiste*. Recorde-se apenas a síntese teórica apresentada: "[...] O estranho conteúdo 'manifesto' do sonho pode ser normalmente compreendido como a transcrição mutilada e modificada de certas estruturas psíquicas corretas, que merecem o nome de *pensamentos latentes do sonho*".⁵¹

Ressaltar portanto que o sonho não reproduz experiências vividas implica acentuar sua posição prioritária na verificação da produção do inconsciente. (Daí não se infere que a ficção estrita seja tão só um produto do inconsciente, mas sim que, em sua linguagem, o inconsciente desempenha o papel básico de excluir a

---

48 Apud Freud, A interpretação dos sonhos, in: *Obras psicológicas completas*, v.IV, p.7.
49 Ibid., p.18-9.
50 Ibid., p.21.
51 Id., O chiste e sua relação com o inconsciente, op. cit., p.228.

quase exclusividade da razão, sem por isso deixar de contar com sua colaboração).

A relação complexa entre o consciente e o inconsciente leva-nos a nos deter por um momento na articulação entre os estímulos sensoriais objetivos provocados durante o sono e sua substituição por imagens visuais. Daí decorre a retificação do senso comum que costuma explicar o sonho por estímulos sensoriais. Ao contrário, a pesquisa empreendida por Freud mostrava que "as impressões recebidas pela mente de estímulos exteriores durante o sono são de natureza semelhantemente indeterminada; e com essa base, a mente forma ilusões [...]".[52] A formulação ainda lhe parecia insuficiente porque não contemplava a possibilidade de os fatores sensoriais provocarem a inclusão de outras imagens mnêmicas, para as quais emprega a expressão de "fenômenos visuais imaginativos".[53]

Tais enunciados não eram bastantes para seu autor porque se tornara usual, aos que se interessavam em estudar o fenômeno, considerá-lo decorrência das condições do estado de vigília. A postulação freudiana enfatiza o contrário. Para compreendê-lo, basta bem se entender que

> [...] o interior do corpo, quando se acha enfermo, torna-se uma fonte de estímulos para os sonhos, e se admitirmos que, durante o sono, a mente, estando desviada do mundo exterior, pode dispensar maior atenção ao interior do corpo, então parece plausível supor que os órgãos internos não precisam ficar doentes antes que possam provocar excitações para alcançar a mente adormecida.[54]

Mesmo no interior deste âmbito extenso, a agudeza do autor o levava a reiterar o que James Sully escrevera em 1893: "Nossos sonhos constituem um meio de conservar [...] personalidades sucessivas [anteriores]. *Quando estamos adormecidos, retornamos*

---

52 Id., A interpretação dos sonhos, op. cit., p.30.
53 Ibid., p.33.
54 Ibid., p.37.

às antigas formas de encarar as coisas e de senti-las, a impulsos e atividades que há muito nos dominavam".⁵⁵ Se o argumento fosse desenvolvido, levaria à consideração dos papéis que foram ou são vividos pelo eu e por ele esquecidos ou mesmo ocultados. Como o propósito de Freud não privilegiava essa pluralidade, sua abordagem era tocada só de raspão; devemos lhe agradecer a referência a um autor que permanece desconhecido.

Maior importância haverá de ser dada ao que Freud anota na área do eu. A força que se concede à razão não só conduzia outros pesquisadores a falseá-la, como aquele mesmo que sonha em distorcer a produção onírica: "A tendência da mente humana em tudo ver um encadeamento é tão acentuada que, na memória, ele preenche, sem querer, qualquer falta de coerência que possa haver em um sonho incoerente".⁵⁶

Em termos mais gerais: a intervenção da *ratio* é deformadora ao conjugar-se com o *interesse* de quem a mobiliza. Se assim já sucede quando a razão tem um propósito construtivo de reflexão, imagine-se o que não advém quando sua meta é apenas performativa. Ora, como a intervenção da *ratio* é correlata à presença de um interesse, a interpretação é necessariamente afetada e perde sua suposta imparcialidade. O que vale para a interpretação ordinária e para a mais requintada, como a freudiana.

A *parcialidade* da interpretação, ressaltada em casos semelhantes ao do sonho, em que impera a subjetividade do sujeito, acentua sua constante interminabilidade. Embora o próprio Freud aqui não explicite a conclusão, seu leitor atento estará obrigado a fazê-lo a partir do ensaio de 1937 ou, mais imediatamente, pelo comentário já presente em *Die Traumdeutung*:

> Nossa consideração científica dos sonhos parte da suposição de que são produtos de nossa própria atividade mental. Não obstante, o sonho terminado nos surpreende como algo estranho a

---

55 Ibid., p.63.
56 Ibid., p.48.

nós. Estamos tão pouco obrigados a reconhecer nossa responsabilidade por isso que estamos prontos a dizer "um sonho me veio" como "sonhei".⁵⁷

A formulação mais direta – "*a cena de ação dos sonhos é diferente da cena da vida ideacional de vigília*",⁵⁸ é legítima, porém sua formulação é restrita. É compreensível por que Freud não desenvolvera a mais ampla: estaria mais frontalmente exposto à concepção da ciência institucionalizada, criando uma pedra à aceitação da psicanálise. Nem por isso o encaminhamento que oferecia era pouco arriscado. Mais um motivo para recordar o que o filósofo Schleiermacher escrevera em 1862: "Caracteriza o estado de vigília o fato de que a atividade do pensar ocorre em *conceitos* e não em *imagens*".⁵⁹ Estamos sob o mesmo risco quando incluímos a análise do sonho no espaço mais largo do ficcional.

É de se crer que o momento mais tenso da indagação tenha sido transposto. Tratava-se agora de notar o horizonte que se lhe abria. É certo que ele não seria tranquilo pois a razão, enquanto confundida com o estado de vigília usual, demora a submeter-se ao que Freud dispõe como um território psíquico em que melhor podia situar-se. Daí que contrastasse sua abordagem com a costumeira de seu objeto. É assim que confronta o que definia com o que se chamava de interpretação "simbólica" do sonho; e sua decifração como uma modalidade de criptografia, "em que cada sinal pode ser traduzido em outro sinal que possua um significado conhecido, de conformidade com uma chave fixa".⁶⁰

Em absoluto desacordo com simbolismo e criptografia, Freud trabalha com a hipótese que, em 1895, levantara, junto com Joseph Breuer. De acordo com ela, o conteúdo do sonho é comparado a "um conglomerado geológico em que cada fragmento de

---

57 Ibid., p.50.
58 Ibid.
59 Ibid., p.51.
60 Ibid., p.105.

pedra exigisse uma análise isolada",[61] cujo "deslindamento coincidisse com a remoção das mesmas".[62]

Em termos mais amplos, Freud acata a observação que Schiller fizera em carta a um amigo:

> O fundamento de sua queixa [acerca da produtividade insuficiente] parece-me estar na restrição imposta por sua razão sobre sua imaginação [...]. Vocês, críticos, [...] ficam envergonhados ou assustados com as extravagâncias momentâneas e passageiras que se encontram em todas as mentes verdadeiramente criativas e cuja duração, maior ou menor, distingue o artista que pensa do sonhador.[63]

As observações aludidas são por certo curtas, muito genéricas e se relacionam ao próprio caráter provisório de uma teorização em andamento. Até por isso, a observação decisiva aparecia em nota ao pé de página: "Há pelo menos um ponto em todo sonho em que ele é insondável – um umbigo, por assim dizer, é seu ponto de contato com o desconhecido".[64]

O traço umbilical, que todo sonho contém, equivale, do ponto de vista da perspectiva geral em que temos nos empenhado, a dizer: toda atividade ficcional é decorrente de um núcleo desconhecido, e sua ativação é fruto de "uma atividade da mente altamente complexa",[65] assim como de tais realizações serem sincrônicas a uma cadeia de experiências – o vivido combina-se ao imaginário, um e outro sofrem a interferência dos mecanismos de controle – sobre a censura;[66] o vivido é desconectado de sua linearidade e, pelas imagens visuais, é combinado a outros instantes, ocasionando um conteúdo cuja aparência se confunde

---

61 Ibid., p.106.
62 Ibid., p.107.
63 Ibid., p.110.
64 Ibid., p.119.
65 Ibid., p.131.
66 Cf. ibid., p.185.

com o caos. Tanto no sonho quanto na ficção restrita, a intervenção analítica e/ou crítica anota sua "caoticidade", sem a converter em algo "tragável" pela consciência. (O autocentramento do eu fornece uma ajuda palatável, oferecendo, sobretudo ao poeta contemporâneo, as estritas cenas de sua vida como matéria para o uso de metáforas).

Embora seja estritamente desnecessário, considere-se que a ficção restrita não necessita da intervenção da censura, conquanto nela não estejam menos presentes os mecanismos de controle social.

O muitas vezes assinalado caráter de obra em progresso admite e explica que a teorização freudiana se adense e explicita novos elementos, à medida que o livro se aproxima do fim. Assim o evidencia o capítulo VII, "A psicologia dos processos oníricos". Acentua-se ainda mais o entrelaçamento entre o inconsciente e a consciência. É o que se dá quando recorda que o sonho é passível de incluir "refugos indiferentes do dia anterior", sob a condição de que estes se relacionem com "qualquer interesse diurno de monta". O que vale dizer: a aludida inclusão não se explica pela "atividade de vigília".

Como entendo a passagem, o entrelace dos dois hemisférios, na relação que Bateson bem chamara de "mapa e território", efetua-se pela deformação: algo que, do ponto de vista do estado de vigília, era indiferente, torna-se investido de saliência por efeito da censura exercida pela repressão. Efeito equivalente pode ocorrer na ficção restrita, conquanto sua motivação não seja oriunda da mera repressão:

> Por motivos ligados ao mecanismo da associação, [...] o processo onírico acha mais fácil alcançar controle sobre material ideacional recente ou indiferente, que ainda não foi utilizado pela atividade do pensamento de vigília e, por motivos de censura, transfere a intensidade psíquica do que é importante mas objetável para o que é indiferente.[67]

---

67 Id., Über den Traum, op. cit., p.627.

O que não estivera na consciência ou havia sido considerado irrelevante por ela, agora, no início do sono, assume destaque. A relevância teórica da observação está em que a consciência não adormece com o próprio sono, senão que cumpre seu trabalho em condições diversas do que fizera no estado de vigília. Vale então articular o resultado pontual que se aponta com passagem da seção B, do mesmo capítulo:

[...] A força motivadora [do sonho] é [...] um desejo em busca de realização: o fato de não serem reconhecíveis como desejos e suas muitas peculiaridades e absurdidades é devido à influência da censura psíquica [...] à parte à necessidade de fugir a essa censura, outros fatores que contribuíram para sua formação foram a necessidade de condensação de seu material psíquico, a consideração da possibilidade de sua representação em imagens sensoriais e, embora não invariavelmente, a exigência de que a estrutura do sonho possua um exterior racional e inteligível.[68]

Em termos mais pausadamente explicativos:

[...] Partindo de uma ideia intencional, uma determinada quantidade de excitação, que chamamos de "energia de investimento", é deslocada ao longo dos caminhos associativos selecionados por aquela ideia intencional. Uma sequência de pensamento que é desprezada é uma sequência que *não recebeu* esse investimento; uma sequência de pensamento que é "suprimida" ou "repudiada" é uma sequência da qual esse investimento foi *retirado*. Em ambos os casos, elas são abandonadas às suas próprias excitações. Sob certas condições, uma sequência de pensamento com um investimento intencional é capaz de atrair a atenção da consciência para si própria e, nesse caso, através da ação da consciência, recebe um "hiperinvestimento".[69]

---

68 Ibid., p.569.
69 Ibid., p.632.

Posta em funcionamento no pré-consciente, a consciência combina-se à quantidade de investimento e oferece uma claridade onde antes pareceria imperar a obscuridade irracional. Pelo suplemento assim ofertado ao mundo psíquico do eu, o sonho se transforma em ferramenta preservadora de antigas fixações do eu. Voltamos pois a tocar de passagem nas outras faces do eu, escondidas sob a dominante.

As considerações precedentes implicam a atuação de dois sistemas de investimento, o primário, que garante a livre descarga das energias psíquicas, atuantes das representações e provocantes da *identidade perceptiva*, e o secundário, de que decorre a identidade de pensamento. Este, por mais que a razão e a consciência atuante na vigília pareçam completá-lo, ainda traz consigo uma marca de desejo. Ressalto a parte inicial da formulação freudiana:

> Todo o pensamento não é mais que um caminho indireto da lembrança de uma satisfação (uma lembrança que foi adotada como uma ideia intencional) a investimento da mesma lembrança que se espera atingir mais uma vez através de um estágio intermediário de experiências motoras.[70]

A passagem integral[71] conduz a observações pontuais. A primeira concerne à viagem regressiva do sonho: nos sonhos alucinatórios "a excitação se move para trás, até atingir o sistema perceptivo, com o que se opõe à direção 'progressiva', tomada pelos 'processos psíquicos que surgem do inconsciente durante a vida de vigília'".[72]

Na direção para trás, a ideia se afasta de seu conteúdo nocional e se transforma na imagem sensorial de que se originou".[73]

A ficção restrita do sonho tem em comum com todo o processo

---

70 Ibid., p.640.
71 Ibid.
72 Ibid., p.578.
73 Ibid., p.579.

ficcional essa transformação. Se não for redundante dizê-lo, sua diferença consiste em ser direcionada pelo exclusivo interesse do sujeito. Em outras palavras, Freud já afirmara que o sujeito menos sonha do que é sonhado; é menos agente que objeto; tal curso tem uma ambiência própria: "Durante o dia, há uma corrente contínua a fluir do sistema *pcpt*, na direção da atividade motora, mas essa corrente cessa à noite e não pode mais constituir obstáculo a uma corrente de excitação que flui no sentido oposto".[74]

Outra vez, Freud afasta a suposição de que sua reflexão é cabível tão só a seus pacientes: "Minha explicação das alucinações na histeria e na paranoia e das visões em sujeitos mentalmente normais é que elas são de fato regressões – isto é, pensamentos transformados em imagens".[75]

No estado de vigília, nossa segurança está garantida por um "muro", que impede o sujeito de mergulhar em seu próprio abismo. Neste, os gatos deixam de ser pardos e se diferenciam porque o consciente é atravessado por fluxos que contêm lembranças.

Retornamos então à intensa e usualmente desconhecida dialética sem terceiro termo que se processa em cada mente: "[...] (A) regressão [...] é um efeito da resistência que se opõe ao avanço de um pensamento na consciência, ao longo do caminho normal de uma atração simultânea exercida sobre ele pela presença de lembranças dotadas de grande força sensorial".[76]

Em síntese, tendo o pré-consciente como tela diferenciadora da consciência, mas que a ela encaminha, desenham-se os dois hemisférios de nossa vida psíquica. O continente que apenas se começava a explorar encontrava seu Colombo. Declará-lo nos faz melhor vislumbrar o papel já revelado pela teoria do

---

74 Ibid., p.580.
75 Ibid.
76 Ibid., p.584.

conhecimento de Kant, a que Freud apenas aludira. Note-se, porém, o que formula em *Sobre o sonho*:

> O inconsciente é a verdadeira realidade psíquica: em sua natureza mais íntima, ele nos é tão desconhecido quanto a realidade do mundo exterior e é tão incompletamente apresentado pelos dados da consciência quanto o é o mundo exterior pelas comunicações de nossos órgãos dos sentidos.[77]

Ora, como dizia um pouco antes, ele é "o pressuposto constituinte da base geral da vida psíquica",[78] de onde retiraria esse seu caráter senão, de acordo com a concepção kantiana, das proposições sintéticas *a priori*, não demonstráveis pelo mecanismo típico da razão, a causalidade? Se a causalidade se insere na razão, onde estariam as proposições que dela não derivam? Por certo, em termos estritamente freudianos, em seu lugar se recorreria ao controle exercido pela consciência, à censura. Sem negá-lo, dir-se-ia que já estamos no campo da cultura, portanto de uma área que, em princípio, teria efeitos diversificados (o que vale dizer: a cultura provoca que a proposição sintética *a priori* seja passível de se manifestar de maneiras diversas). Em vez de desmentir a atribuição a Freud de haver sido um novo Colombo, seria preferível dizer que a nova América era mais ampla e empolgante do que fora o continente para o próprio genovês.

Como não estivemos interessados em apenas assinalar o que o pensamento ocidental deve a Freud, mas em destacá-lo como investigador indispensável de uma parcela significativa do território do ficcional, ainda nos permitimos recorrer à abertura de sua reflexão no pequeno texto de 1908, "O poeta e a fantasia" (Der Dichter und das Phantasie).

A criança e o poeta exercem com igual seriedade o jogo da brincadeira (*spielen*). Por esse traço comum, se distinguem e,

---

77 Ibid., p.651.
78 Ibid., p.650.

simultaneamente, se aproximam da realidade. Pela seriedade da brincadeira infantil, a criança constrói um mundo para si. "A criança [...] gosta de basear nas coisas palpáveis e visíveis do mundo real os objetos e situações que imagina. É esse apoio na realidade que distingue seu 'brincar' do 'fantasiar'".[79] A linha divisória entre o jogo da criação e a realidade diferencia a criança do poeta.

Cercado pela inevitabilidade do que o circunda, a escolha pelo poeta da seriedade da criação só se estabelece pela subtração do tempo que dedica aos afazeres e preocupações do real. Por isso a brincadeira infantil não cria a miséria que consumiu Camões, nem submete a criança a esconder seu jogo, como Wallace Stevens faria com sua condição de poeta quanto aos próprios companheiros de trabalho. O ato de brincar ainda não se interdita à criança, salvo àquelas da geração cujos pais já mergulhara na miséria, ao passo que o poeta precisa de alguma condescendência dos que o cercam, porquanto o contato com o imaginário supõe a concretização do irreal, algo discorde com o cotidiano.

Conforme a tese freudiana, *das Spiel*, o brincar, implica a eliminação, ao menos a neutralização, da oposição entre o jogo, com sua indeterminação de um fim preciso e preestabelecido, e a realidade que se impõe. Para que o adulto se adapte à seriedade e sinta algo de semelhante ao que conhecera quando criança – Freud declara ser preciso que sinta o prazer espontâneo da criança –, é preciso que seu *Spiel* não se confunda com o devaneio (*Tagträume*). A criança brinca de "ser grande";[80] o poeta sabe que o desenrolar da vida já apresenta a frustração que a criança só eventualmente conhece. Ao verificar-se na vida adulta, a centralidade do eu apresenta para o que seja (ou suponha ser) poeta a tendência de confundir o poema com o lugar em que se "vingará" de suas frustrações.

Freud não exagerava na comparação do brincar infantil e a criação do poeta como fontes de prazer. O prazer do ficcional

---

79 Id., O poeta e a fantasia, in: *Obras completas: O delírio e os sonhos na Gradiva, Análise da fobia de um garoto de cinco anos e outros textos (1906-1909)*, v.8, p.327.
80 Ibid., p.329.

adulto é uma forma de *como se*, ou seja, de algo que, para não se confundir com a pura fantasia, precisa manter-se entrelaçado à consciência da realidade — essa é a função, a necessidade e o limite do plano da verossimilhança. (Dizê-lo talvez explique a frustração de inúmeras obras fundadas na moda do documento e do testemunho, isto é, da quase exclusividade do polo verossímil).

Em suma, se a fecundidade do brincar infantil e a criação do poético adulto têm em suas margens a fantasia, se em ambos os casos ela requer um exercício de delimitação e controle, esse exercício só é comparável no sentido negativo — no brincar infantil, ele é indispensável como aprendizagem da própria realidade; no brincar adulto, como maneira de contornar a realidade, sem, no entanto, se converter na atividade compensatória da fantasia ilimitada (o devaneio).

A exemplo do que fizemos ao longo desta primeira parte, procuramos destacar, na obra freudiana, a consideração teórica geral de seu desenvolvimento, em vez de seu estrito propósito psicanalítico. A diferença é capital, tendo em conta tanto o propósito que orienta a feitura deste livro — o destaque do ficcional como desiderato da experiência da *mímesis* — quanto a premissa de não subordiná-lo à maneira como, usualmente, opera a psicanálise da arte.

Segunda parte
COMPLEMENTO ANTROPOLÓGICO

1. Uma nova força

O século XIX conheceu o surgimento de uma nova potência entre as nações. Em vez de imediata, sua afirmação foi provocada pela participação na Primeira Grande Guerra. Menos de 150 anos da declaração de independência das treze colônias inglesas, estavam elas unificadas em um dos países que penatravam na liderança mundial. Os Estados Unidos se fizeram nomeáveis por sua força econômica, tendo de início por base o trabalho escravo. Este provocará a guerra civil resultante da disparidade entre dois condicionamentos socioeconômicos: o agrícola-escravocrata e o fundado na venda da mão de obra "livre": a guerra da Secessão (1861-1865). Suas consequências se prolongam a nossos dias, seja pelo racismo acentuado em estados do sul, seja no próprio resultado das eleições presidenciais, com Trump, presidente de orientação "confederada".

A contraface intelectual, contida na história intelectual, dependia de uns poucos nomes: Melville, Mark Twain, Poe, William James, favorecidos por escreverem em uma língua já internacionalizada. Embora efetiva — recorde-se o destaque de Edgar Allan Poe por Baudelaire —, ela se diluía perante o poder econômico, que se tornará progressivamente avassalador; durante o século XIX, ele se notava apenas nas Filipinas e nos arredores latino-americanos. A parte mais extensa do mundo era preservada pela tradição isolacionista da nova potência.

Depois da guerra de 1914-1918, a intervenção norte-americana era solicitada pela comunidade dos países ameaçados pelo nazifascismo. A partir da Segunda Grande Guerra, a presença norte-americana mundial torna-se incontestável. Ressalte-se aqui sua ausência no século XIX, porquanto a influência de Schopenhauer e Nietzsche, para não falar da anterior de Hegel,[81] indicava a permanência do legado europeu.

Com o século XX, também a história intelectual passa a contar com o outro protagonista. Iremos acompanhá-la pela abordagem do que então se destaca: o aspecto sociológico e psicossocial.

Quando, entre as décadas de 1960 e 1970, convivi com uns poucos intelectuais europeus, percebia que era de bom-tom manifestarem seu desconhecimento, se não mesmo desprezo, por seus pares norte-americanos. É provável que ainda não houvesse chegado a seus ouvidos o impacto da *action painting* norte-americana. Não previa que, ao tratar um pouco mais amplamente de Freud, teria de me voltar para a elaboração efetuada no outro continente. Tampouco que esse complemento seria indispensável para tornar mais nítida a questão do ficcional.

A conclusão do capítulo sobre Simmel nos fez ver que certas coordenadas exigiam seu desdobramento. Elas não só nos conduziram à primeira parte deste Capítulo III, como a seu complemento. Para não atropelarmos o leitor, observe-se que as aludidas

---

81 Não deveria ter sido incluída uma análise da obra hegeliana? Assim não se fez pela extensão de seus textos principais.

coordenadas derivavam de um pensador que, entre as décadas finais do século XIX e primeiras do XX, levara ao máximo o autocentramento do sujeito, isto é, aquele que, sob a designação de *self* ou *Ich*, atua como um bloco uno, firme e indecomponível. Se, em Simmel, o sujeito autocentrado era a concretização de uma teoria do conhecimento, do modo que a desenvolvemos ela permite ser entendida como decorrência de uma concepção do sujeito individual, cujo ápice metafísico fora alcançado, na abertura da modernidade, por Hegel. Simmel portanto se nos apresentava como um pensador que, conhecedor do sistema hegeliano, o desdobrava no campo da sociologia nascente, assim como no que chamava de vitalismo. Nele, então, a consciência era ressaltada como o núcleo firme de que partia a ação do sujeito. Daí a necessidade de contrapô-lo à indagação freudiana — o sujeito que, sem abandonar a intervenção da consciência, não é mais concebido à maneira de um prato condimentado por ela; sujeito assim complexificado e, por sua vez, a ser complementado pela investigação sociopsicológica norte-americana.

Procuramos tornar fluente uma travessia por certo complicada, porquanto falar na indagação norte-americana parece sugerir que tratamos de uma única via. Sem entrarmos em sua correspondência europeia nem nos aprofundarmos em sua divergência interna, com a aliança entre George Herbert Mead e Gregory Bateson diferenciando-se da linha desenvolvida por Erving Goffman, atente-se apenas que não é assim. Porquanto nosso foco se concentra na dimensão autocentrada do sujeito, que se desinteressa pela questão do ficcional, podemos deixar entre parênteses a referida discrepância.

2. *Mind, Self & Society*

O livro que Georg Herbert Mead publicava em 1934 tem os traços da obra inaugural de uma corrente ou mesmo de uma disciplina. Não é por acaso que o autor é considerado o mestre da sociologia norte-americana. A obra que destacamos deve haver condensado a matéria de dezenas de ensaios anteriores publicados em revistas especializadas, e se caracteriza pela concretização pontual de pontos de partida para abordagens sociológicas e psicossociais. Isso não significa que o desdobramento então efetuado fosse linear.

Tomaremos como princípio de orientação o conhecimento evidente da postulação freudiana. O eu não se explica biologicamente:

> O eu (*self*) tem seu desenvolvimento [...] no nascimento não está ali, mas surge no processo da experiência social e da atividade, ou seja, desenvolve-se em certo indivíduo como resultado de suas relações com aquele processo como um todo e com os outros indivíduos dentro daquele processo.[82]

Sem que se explique como algo "espiritualizado", diferencia-se desde logo do corpo: "O corpo pode estar ali e pode operar de maneira bastante inteligente, sem que o eu esteja envolvido na experiência".[83] Isso é tão evidente que seria grosseiro supor que especificasse a posição sociológica. É suficiente contudo para considerar-se a maneira como o eu se torna aberto e maleável para si próprio: "(O eu) torna-se um objeto para si somente por considerar as atitudes dos outros quanto a si, dentro de um ambiente social ou contexto de experiência e conduta, em que ele e os outros estão envolvidos".[84]

O eu, como aquele que pode ser um objeto para si mesmo, é essencialmente uma estrutura social e surge na experiência social.[85]

Poderá parecer que permanecemos no plano do óbvio. É provável que a impressão do leitor de agora resulte da própria eficácia das postulações do autor. A evidência é que Mead partia do

---

82 Mead, *Mind, Self & Society*, p.135.
83 Ibid., p.136.
84 Ibid., p.138.
85 Ibid., p.140.

suposto, frequente antes da plena difusão do pensamento freudiano, de que o eu, mesmo já não se confundindo com a consciência, seria sua contraface, ou seja, o motor que precipita a ação. A afirmação do ego como parte distinta da geografia mental obriga à distinção entre consciência e autoconsciência: "A consciência responde a certas experiências como as de dor ou prazer, a autoconsciência se refere ao reconhecimento ou aparição do eu como um objeto".[86]

A autoconsciência é [...] definitivamente organizada em torno do indivíduo social [...] não simplesmente porque cada um está em um grupo social é afetado por outros e os afeta, mas porque [...] sua própria experiência como eu é resultante da ação que assume diante dos demais.[87]

Abstraindo-se da redução, que já seria injustificada, à consciência, Mead não recai na armadilha de confundir o eu com a imagem projetada pela comunidade a que pertence. O eu concentra em si o contraditório: responde aos valores da comunidade e a eles comunica os estímulos diversificados que advêm de sua própria identidade. Daí a própria característica da autoconsciência: "Em vez de experiência afetiva com suas sequências motoras, a autoconsciência provê o fundamento e a estrutura primária do eu, que é assim, essencialmente, um fenômeno cognitivo antes que emocional".[88]

Isso implica que a definição do eu equivale a uma espécie de acordo de cavalheiros, no caso, entre a sociedade e o agente individual.

Antes da última passagem citada, Mead já havia enfatizado que a atitude assumida por cada eu "é dependente de um conjunto de reações sociais".[89] O que vale dizer: a tonalidade do

---

86 Ibid., p.169.
87 Ibid., p.171.
88 Ibid., p.173.
89 Ibid., p.143.

quadro composto por cada um é pessoal, mas a paisagem deriva de sua comunidade. (O autocentramento parecia ter seu limite bem delimitado.) Por isso se há de acrescentar que a variedade de faces do eu está longe de se confundir com a incidência de um aspecto patológico. O que ainda equivale: preliminarmente, é fundamental distinguir-se a variação de eus tanto da agora costumeira concentração egoica quanto da dissociação patológica.

A anotação feita a propósito de Mead precisará ser mais trabalhada. Por ora, apenas se acrescente: a homologia estabelecida entre as unidades grupal e individual dava vazão, como de fato sucederá, a que Mead não advertisse para a formação já então iniciada do eu autocentrado. (Dito de maneira apenas hipotética: é bastante provável que, nos anos 1930, o advento do eu autocentrado não estivesse tão presente como estará desde o princípio de nosso século).

As formulações destacadas são preliminares ao complemento sociológico, convertendo-se agora em mais incisivas. É o que se verifica ao tematizar-se a relação do eu com o jogo.

Considere-se de antemão que, em inglês, as palavras *play* e *game* admitem uma variedade de sentidos sem exata correspondência em português. O termo comum a ambas, "jogo", na acepção destacada por Mead, implica que o ato de qualquer um dos participantes de um grupo é motivado pela suposição de qual será a ação dos demais jogadores.[90] Sendo essa suposição válida para cada jogador, cada "unidade do eu" (*unity of self*) "pode ser chamada de 'o outro generalizado'".[91] No caso, *play* ou *game*, conforme o sentido assumido pela frase – *game*, se a referência for a uma atividade esportiva, *play*, se se tratar de uma peça dramática (no teatro, por extensão, no cinema ou na TV) ou de "brincadeira infantil" (*child's play*), com a ressalva de que, em português, "brincadeira" ganha outros ares. Ao falar-se, no entanto, em "peça dramática", estabelece-se uma restrição que não cabe em inglês.

---

90 Cf. ibid., p.154.
91 Ibid.

É nessa margem de imprecisão que temos de trabalhar. Ou seja, o inapropriado (em português) "jogo" é o termo que temos provisoriamente de usar a propósito do discurso ficcional. (Note-se de passagem: a não correspondência vocabular dos dois idiomas é correlata ao fato de que nenhum idioma é por si apropriado a um enunciado filosófico — no caso, serem os *discursos* dotados ou não de uma finalidade precisa). Voltando ao ponto em discussão, "jogo" significa *o exercício de um discurso sem uma finalidade específica.* Vale ainda nos determos na não correspondência dos dois vocabulários.

Falar-se nas modalidades de discurso dotadas de uma finalidade precisa, na verdade, vai por certo bastante além do âmbito esportivo. O caráter de discurso subordinado a uma finalidade é de extensão quase absoluta, e não restrita à atividade pragmática que visa a certo fim. E por mais distintas que sejam as atividades filosófica, científica e religiosa, quem desacreditará que também estejam voltadas a uma meta? A generalidade finalística é tamanha que antes vale a pena designar o discurso que não se lhe subordina. É o que sucede com o ficcional. Por mais que seu uso comum consista em servir de distração, ele não tem um fim determinado. Por isso mesmo ele não se confunde com a peça didática, propagandística ou documental. Mas que fizemos, ao destacar a indagação freudiana, senão mostrar sua utilidade? A resposta é bastante simples: o sonho em si não visa a um fim senão o que a abordagem psicanalítica lhe concede.

Haver uma manifestação expressiva sem fim não significa que ela seja ociosa. Porque assim se lhe considera, facilmente a desvirtuamos, ao lhe emprestarmos o papel de divertimento. O que não tem fim determinado se abre para um leque diversificado de propósitos. É o que Kant chamara de "finalidade sem fim". Mas a expressão tem uma significação mais precisa: próprio do ficcional é sua interpretação não exaurir seu significado. Como Freud dizia do sonho, ter um "umbigo". Acrescente-se: a pluralidade de reações que a ficção é passível de provocar — demonstrada pela história das recepções sincrônica e diacrônica — constitui tanto sua riqueza quanto seu limite. Todas as atividades finalísticas podem por certo ser submetidas à censura social, mas não intrinsecamente impedidas. A que, em vez disso, não estampa seu propósito precisa ser aceita em sua aparente inutilidade. Daí seu limite: mesmo quando reconhecida, sua admissão não ocorrerá senão pela parcela da sociedade em que circula.

O desenvolvimento que oferecemos não poderia estar no *Mind, Self & Society*. Em Mead, o viés mais próximo da tematização do ficcional está no reconhecimento do papel da imagem na condução dos estímulos individuais. Enquanto tal, a ficção mantinha-se distante de seu próprio horizonte. Seu enunciado, ao contrário, parece advir de um ferrenho behaviorista:

> O organismo seleciona o estímulo apropriado em que onde um impulso procura se exprimir. Isso se encontra na relação com a imagem (*imagery*). Com frequência é a imagem que habilita o indivíduo a escolher o estímulo apropriado para o impulso em busca de expressão.[92]

Em vez de curvar-se à rota do behaviorismo, vale lembrar que a imagem, em vez de banalizada, aguça, provoca um número infindamente maior de associações e estas, em vez de provocar tranquilidade, aumentam o desassossego. Até por isso, em vez de contentar-se com o que fez, o criador costuma retornar ao contato com o claro-escuro da nova criação.

Mais apreciável é a observação imediata: "O conjunto imagético (*imagery*) é dependente da experiência passada".[93] Ora, em menor discordância, a própria riqueza do ficcional depende de o trabalho sobre a linguagem estabelecer-se sobre experiências efetivamente vividas. (Embora a verossimilhança não se confunda com o vivido, estabelece-se sobre o que o receptor compreende haver sido passível de suceder). Em defesa de Mead, estaria correto quem objetasse que, antes de 1970, o termo

---

92 Ibid., p.338.
93 Ibid.

"ficção" praticamente não conhecia uma acepção positiva. Com efeito, a palavra nem sequer aparece nas quase quinhentas páginas de seu tratado. Esse é o sumário que nos faz ver como o autor compreendia, na esteira da abertura freudiana, a figura do eu, e depreendemos no que se aproximava da noção do ficcional. Dê-se um salto no tempo. A abordagem sociológica já está firmada ao longo da imensa obra de Erving Goffman, assim como na de Gregory Bateson. De um e de outro, destacaremos umas poucas obras. De Goffman, consideraremos os momentos expostos por *A representação do eu na vida cotidiana* (1959), *Manicômios, prisões e conventos* (1961) e *Frame Analysis* [Análise de estrutura] (1974).

3. Algumas obras de Erving Goffman

Desde Durkheim, a sociologia tem procurado sua marca própria no incremento da pesquisa empírica. Isso não a leva a se confundir com a indagação empirista. É certo que, no caso norte-americano, a questão se complica porque o esteio empirista, advindo da tradição inglesa e escocesa, constituíra sua base. Veja-se como o problema se punha nas obras iniciais de Goffman.

A representação do eu na vida cotidiana parte da afirmação: "Venho usando o termo 'performance' para referir toda atividade de um indivíduo que ocorre durante um período marcado por sua presença contínua, diante de um conjunto particular de observadores, e que tem alguma influência sobre eles".[94]

Reiterava assim o que, em 1922, havia dito George Santayana: "Quem esteja seguro de sua mente ou orgulhoso de seu ofício ou ansioso a propósito de sua obrigação assume uma máscara trágica. A ela atribui ser ele próprio e a ela transfere quase toda a sua vaidade".

---

94 Goffman, *The Presentation of Self in Everyday Life*, p.22.

A admissão de que parte Goffman torna a *performance* mais aceitável, porém, por isso mesmo, problemática. Para assinalá--lo, note-se a diferença com a trajetória de Freud. Não procurando construir um sistema filosófico, Freud se baseava em sua experiência clínica, portanto de uma situação constantemente empírica, para aos poucos construir uma teoria inédita. O fato de sua ambiência vienense não ser superponível à norte-americana não explica a diversidade da trilha que Goffman praticava. A postulação feita nas primeiras páginas de *A representação do eu* parte do suposto de um conjunto de atos verbais e gestuais compreendido como *natural*, na ambiência em que se efetiva. Alegue-se em sua defesa que tal naturalidade decorria (e continua a decorrer) de sua longa aceitação por gerações. Introduzamos pois a expressão que *contrasta* com tal naturalidade: a *performance* não é só uma resposta razoavelmente automatizada, mas um meio pelo qual aquele que assim age chama a atenção sobre si mesmo, isto é, manifesta o autocentramento em que vive. Ora, o autocentramento já tende por si à deformação; seu praticante está menos alerta para sua participação no jogo de certo agrupamento do que, propriamente, para sua exclusiva singularidade.

O incremento do fenômeno não pode ser separado do caráter atual de sociedade de mercado. Esta supõe seu participante vivenciar uma contradição básica: impõe o anonimato e, ao mesmo tempo, requer que o indivíduo se diferencie. O paradoxo se intensifica com a extensão alcançada nas últimas décadas pela mídia televisiva, com sua linguagem redundante e massificada. Como então seu receptor se diferenciará se seu ouvido lhe ensina a repetir os chavões mais banalizados? O chamar a atenção sobre si torna-se um atrativo quase imbatível.

A influência secular desempenhada pelo idealismo de Fichte, Schelling e Hegel implicava a ênfase desmedida da consciência, que, por sua vez, provocara o vitalismo de Simmel. Essa influência era demasiado intelectual para ser suficiente em um mundo massificado. Mais decisiva é por isso a socialização progressiva da cena visual, na data em que *A representação do eu* aparece, manifestada pelo cinema de Hollywood. Enquanto a relevância da imagem esteve restrita ao teatro, era insuficiente a "naturalidade" que Santayana e Goffman emprestavam ao fenômeno performático. Com o cinema, seu alcance se propaga pelo culto das *vamps*. O efeito da imagem visual alcança uma propagação inusitada. Ainda assim, reconhece-se a importância de Greta Garbo, Rita Hayworth, Ingrid Bergman, Gina Lollobrigida, Brigitte Bardot, satélites que, pela produção dos *thrillers* hollywoodianos, ainda serão pequenos diante da força da TV.

No final da década de 1950, o que ainda faltava em ressonância da imagem mediática era compensado, na produção de Goffman, pela qualidade de suas pesquisas concretas.

Pois não se pode descurar a propriedade factual de sua obra. Essa é a razão por que afinal consideramos problemática sua qualificação da *performance*.

O performático é recebido pelo público e por seu pesquisador como algo encenado. Para tanto, o próprio "ator" há de ter o cuidado, enquanto sua "peça" se cumpre, de impedir que o receptor perceba que alguma coisa em sua ação fora preestabelecido. Daí Goffman acertar em chamar de "relação conivente" a que se estabelece com os que estão em "comunicação secreta" com a *performance*. Ou seja, a encenação é "natural" porque prevista para todo o grupo. Quando poucas décadas depois a mídia se apossa por completo da cena visual, será possível diferençar entre o performático exibitório, realizado a partir do modelo das *vamps*, e o mais comum, que se funda em alguma extrema habilidade física ou até mental. Fazê-lo, no entanto, já conteria alguma visada crítica, que não estava no propósito do autor.

A posição de Goffman antes se definiria como levemente irônica ou até sarcástica; a anotação é válida desde que a mordacidade não interferisse em sua condição de observador. Daí que, por meio do subespaço que criavam, os "atores", quer o ativo, o que efetivamente age, quer os passivos, os que o acolhem, afirmassem uma conivência ou mesmo solidariedade de bastidor, mantida até diante de afirmações que fossem inaceitáveis, para uns e outros. A observação era assim sintetizada:

A despeito da expectativa de que tudo que é dito pelo que executa a ação (o *performer*) esteja de acordo com a definição da situação que ele fomenta, grande parte do que deve transmitir durante a interação está em desacordo com sua personalidade e ser comunicado de tal modo que impeça o público, como um todo, de pensar que algo não se ajusta ao propósito da situação que se comunica.[95]

A passagem é de uma notável *finesse*. Como se, para se conservar na tradição empirista, Goffman preferisse conciliar o tom de observador com a agudeza em que ancorou sua pretensa neutralidade. Mas do ponto de vista em que nos pomos, isto é, de destacar a propriedade do ficcional, não se pode deixar de notar que o equilíbrio então conseguido entre agudeza e tom de observador comprometia a própria possibilidade de penetrar na ficcionalidade exercida pelo *performer*.

Para torná-la bem clara, glosemos a formulação de maneira menos sintética. O *performer* se obriga a pressupostos antagônicos: (a) o que diga precisa estar de acordo com a situação que ele próprio comunica, conquanto (b) possa estar em desacordo consigo mesmo, (c) de tal modo que seus ouvintes sejam impedidos de pensar que algo que se lhes comunica estivera preestabelecido. (É o que em *Frestas*, de 2013, caracterizamos como "ficção externa").[96]

Venhamos a duas outras obras. Seremos bem rápidos quanto ao *Relations in Public* [Relações em público] (1971), mas não quanto ao *Manicômios*. A obra de 1961 envolvia o que o autor designava por "institucionais totais", ou seja, aquelas que ocupam toda a vida daqueles que são aí recolhidos, sendo assim excluídos da sociedade civil – os internados (nas prisões e manicômios) e os internos (nos conventos).

Goffman pesquisa os manicômios, as prisões e os conventos. O prisma pelo qual a observação agora é feita diferencia radicalmente o *Manicômios* da obra de que antes tratamos. Ao passo

---

95 Ibid., p.177.
96 Cf. Costa Lima, *Frestas: a teorização em um país periférico*, cap.III.

que, em *A representação do eu*, a atuação performática era de início destacada e, como vimos, o tratamento da matéria estadeava uma ironia cáustica, entre os internados de uma "instituição total", sua situação é tão drástica que o tom irônico seria incabível. Entendamo-nos um pouco mais sobre a vida dos internados e internos.

A primeira anotação já alerta o leitor: entre os obrigatoriamente internados e os eletivamente internos e a equipe dirigente "desenvolvem-se dois mundos sociais e culturais diferentes, que caminham juntos com pontos de contato oficial, mas com pouca interpenetração".[97] O contato não evita o isolamento, em princípio por toda a vida, dos recolhidos. Ao isolamento, acrescente-se sua ociosidade:

> Hoje, muito ou pouco trabalho, o indivíduo que no momento externo estava orientado para o trabalho tende a tornar-se desmoralizado pelo sistema de trabalho da instituição total. Um exemplo dessa desmoralização é a prática, em hospitais estaduais para doentes mentais, de "tapear" ou "usar o trabalho de outro" [...].[98]

A escalada continua. Ao isolamento e à ociosidade acrescentam-se a degradação e a perda de componentes da identidade:

> O seu eu é sistematicamente, embora muitas vezes não intencionalmente, mortificado. Começa a passar por algumas mudanças radicais em sua *carreira* moral, uma carreira composta pelas progressivas mudanças que ocorrem nas crenças que têm a seu respeito e a respeito dos outros [...];[99] Ao ser admitido em uma instituição total, é muito provável que o indivíduo seja despido de sua aparência usual, bem como dos equipamentos e serviços com os quais a mantêm, o que provoca desfiguração pessoal".[100]

---

97 Goffman, *Manicômios, prisões e conventos*, p.20.
98 Ibid., p.22.
99 Ibid., p.24.
100 Ibid., p.28.

Esses poucos destaques são bastantes para especificar a peculiaridade da abordagem do *Manicômios*. A visão despersonalizada provoca um eu fantasmal; é legítimo pensar que configura a própria encarnação de como a sociedade encara os ali incluídos. É tamanha a antítese quanto ao que *A representação do eu* expunha que pareceria válido pensar-se em uma drástica mudança do ponto de vista do observador? Vista com mais cuidado, a procedência é outra: a antítese das perspectivas respectivas resulta de seus próprios objetos. No livro anterior, tematizava-se a relação entre sujeitos "livres", que desempenhavam seus papéis sem interferência externa significativa, ao passo que o contrário agora sucede. A utilização da ironia mordaz seria desastrosa diante da indignidade com que, em certos asilos, os internados são tratados: "[...] As instituições totais perturbam ou profanam exatamente as ações que na sociedade civil têm o papel de atestar, ao ator e aos que estão em sua presença, que têm certa autonomia em seu mundo [...]".[101]

Seu ingresso equivale à iminência de um status desqualificante:

> Uma vez que o paciente comece a "aceitar sua nova posição", as linhas básicas de seu destino começam a seguir as de toda uma classe de estabelecimentos segregados – cadeias, campos de concentração, mosteiros, campos de trabalho forçado, e assim por diante – nos quais o internado passa toda a vida, e vive disciplinadamente a rotina diária [...].[102]

Provocada pela condição do objeto que estuda, a visão de Goffman não podia se contentar com o tom de íntimo desacordo. Sua criticidade assume um tom maior. Como bem anota uma analista sua: "Ele é tanto íntimo como distante das pessoas sob estudo".[103] Quando seus analistas comentam que ele é um crítico severo da

---

101 Ibid., p.46.
102 Ibid., p.126.
103 Posner, Erving Goffman: His Presentation of Self, in: Fine e Smith (Orgs.), *Erving Goffman*, p.108.

sociedade norte-americana, deveriam acrescentar que a restrição a seu país deve-se a que seja este seu único campo de observação. O que equivale a dizer: implicitamente, o desagrado ou mesmo a desaprovação cobre as práticas usuais da sociedade humana. Do ponto de vista que temos destacado, a observação de como o eu atua no mundo analisado consiste em que ele se concretiza em uma de duas situações: a da extravagância performática, seja de maneira evidente ou sinuosa, mas sempre exibitória, ou a da degradação provocada pela instituição total. Posso supor que poucas vezes a sociedade humana recebeu uma crítica mais acerba.

Detenhamo-nos um mínimo no que se destaca desde o capítulo anterior. A visão sociológica de Goffman é a face contrária do vitalismo de Simmel. Em comum, contudo, ambos criam obstáculos a uma indagação mais profunda da *mímesis* e, em consequência, da propriedade do ficcional. Manter aquela como uma variante da *imitatio* e esta como uma lâmpada, na expressão de Abrams, que esclarece os meandros da realidade, implica neutralizá-las, ou seja, disponibilizá-las em prol de uma realidade que não ambiciona ser vista em sua face efetiva. (A observação não impedirá que, como faremos logo depois, desembaraçada de entraves empíricos, a abordagem de Goffman possa ser estendida ao ficcional).

Voltemos a Goffman. Pensar-se na extensão dos dois efeitos que concretiza pela influência televisiva não esteve no cálculo do autor. A variação que realizou foi no sentido de conceder algum sentido propriamente teórico às suas pesquisas. Isso será evidente no *Relations in Public* (1971), em que se destaca o exame dos rituais que, ao perderem sua inserção em uma conduta religiosa, se tornam simplesmente "*interpersonal rituals*".[104] Pelo ângulo teórico, preferimos nos concentrar em *Frame Analysis* (1975).

Com *Frame Analysis*, a já longa travessia de Goffman atingia outro pico. Seu empenho havia sido a dissecação de certas formas da vida social. Sem se distanciar de seu esteio empírico, posteriormente muda um passo para continuar a encará-las. Para melhor compreendê-lo, faço um resumo do que tenho apresentado.

---

104 Goffman, *Relations in Public: Microstudies of the Public Order*, p.63.

Depois da descrição minuciosa da atuação performática assumida pelo eu na vida cotidiana, seguida pelas *performances* grupais (os *teams*), pelo exame da vida miserável nos asilos e, mais amplamente social, de sua função "como unidade veicular ou como unidade de participação", em *Frame Analysis* ele desdobra sua perspectiva, embora a mantenha subordinada à estrita vida cotidiana. A carreira de Goffman lhe granjeara as apreciações opostas de conservador ou de crítico da sociedade analisada. Conforme sua defensora, Judith Posner, seus colegas de profissão dele se mantinham distantes porque Goffman, em vez de acobertar os pretensos valores da sociedade liberal, concebia o homem "como criador da realidade social, em vez de ser sua vítima".[105] Essa própria caracterização explicaria que se concentrasse nas formas concretas assumidas pela sociedade, convertendo em ociosa a indagação teórica. Deparava-se entretanto com uma pedra em seu sapato: a alta criatividade estabeleceria tal autonomia que impediria a comparação de uma forma social com aquela? Mas o fato de a indagação de uma só forma já expor uma dupla explicação não a tornaria problemática? Penso precisamente no caso do *Manicômios*. Por um lado, "a nova posição" imposta ao internado força-o por si a assumir outra homogeneidade;[106] por outro, o mesmo resultado decorre da inclinação das equipes dirigentes dos centros psiquiátricos "de fazer que (o internado) coopere nos vários tratamentos psiquiátricos, pode(ndo) ser útil desmentir a interpretação que o paciente tem de suas intenções [...]".[107] Para que as duas propostas se entrosassem, precisariam de um suplemento. Mesmo sem admitir o dilema, Goffman era levado a ceder algum espaço ao plano teórico. Ressaltemos, pois, que este é, ao mesmo tempo, uma solução de compromisso e um avanço.

Entendendo *frame* como "armação" ou "moldura", a *frame analysis* supõe a percepção relativa a seus participantes:

---

105 Posner, op. cit., p.101.
106 Cf. ibid., p.126.
107 Ibid., p.132.

Expectadores europeus de peças chinesas sempre acham surpreendente e tedioso que criados entrem e saiam do palco com roupas de todos os dias; mas para a plateia iniciada a roupa não teatral dos criados parece suficiente para tornar sua presença tão irrelevante quanto para nós a intromissão de um vaga-lume (*usher*) que conduz as pessoas a seus lugares, impedindo por um momento nossa visão.[108]

Ou seja, o *frame* se impõe e se diversifica de acordo com cada sociedade porque a realidade não se afirma por si mesma. Daí que, nas primeiras páginas da introdução, ressaltasse com William James a "necessidade de distinguir entre o conteúdo de uma percepção usual e o status de realidade que concedemos ao que assim é incluído ou posto entre parênteses na percepção".[109] Como logo a seguir destaca, a posição de James será desenvolvida, na tradição sociológica, por Alfred Schutz, Peter Berger e Thomas Luckmann.[110] Estas são as "províncias finitas" das "múltiplas realidades" de que Schutz viria a falar — as províncias do sonho, do teatro, a mudança radical que a pintura exige de seu receptor, a aceitação do mundo fictício do chiste.[111] Para o posicionamento assumido por Goffman é importante acentuar sua dupla ressalva: tal variedade de "províncias" não impede que, para Schutz, haja um princípio regulador, constituído pelo "status preferencial" do "mundo do trabalho". Ele continuava a se impor, embora Schutz "fosse aparentemente mais reservado que William James quanto a seu caráter objetivo".[112]

Considerados esses pressupostos, a análise de molduras (*frames*) implica a cristalização de um conjunto de expectativas criadas, em certa situação, em certo sujeito, no interior de certa sociedade. Tais expectativas são regulares e explicam tanto

---

108 Goffman, *Frame Analysis*, p.207.
109 Ibid., p.3.
110 Cf. ibid., p.6.
111 Cf. ibid., p.4.
112 Ibid.

a atuação do agente quanto sua conduta diante das dos demais. Essa regularidade não decorre simplesmente do caráter pragmático das ações, porque sobre ela continua a pesar a diferença, socialmente feita, entre as "províncias".[113] A inclusão nelas do mundo do *make believe* levava Goffman a endossar aqui a posição de Gregory Bateson, a seguir destacada.

O realce dado à incursão teórica de Goffman é passível de ser relacionado à tematização do ficcional. Mesmo por isso não eliminamos uma ressalva a ser feita: arraigada à sua formação, a aceitação da atividade "não séria" pela pesquisa sociológica teria de conter seus resquícios. Por isso há pouco falávamos na solução de compromisso que sua teorização contém. Ela se expõe na ênfase concedida à circunstância social; não porque o "não sério" seja menos social, mas porque sua constituição implica o foco maior da subjetividade autoral.

Suponho que a explicação precise ser estendida. Para isso acrescento que se mantém intacto o componente do conjunto de expectativas. Mas como admiti-lo se não o completarmos em relação ao agente da ação? O problema não está em acusar a presença de alguém, ou seja, em considerar a diversidade dos indivíduos, mas sim em relacioná-la a uma situação determinada. A objeção ainda parecerá especiosa? Procuro uma explicação mais ampla.

No enunciado da seção 11 da Terceira Crítica, Kant escrevia que "o julgamento de gosto só tem por fundamento a forma da finalidade de um objeto (ou de seu modo de representação)" [*"Das Geschmackurteil hat nichts als die Form der Zweckmässigkeit eines Gegenstandes (oder der Vorstellungsart desselben) zum Grunde"*].[114] Que significa precisamente "a forma da finalidade" da representação de um objeto? Do ponto de vista da compreensão deste leitor, a virulência do enunciado kantiano ia além de sua capacidade de explicitá-lo. Trazê-lo, portanto, na tentativa de melhor explicar o conceito de *frame*, poderá parecer um nonsense. Tento desarmá-lo.

---

113 Cf. ibid., p.6.
114 Kant, *Crítica da faculdade de julgar*, p.544.

O primeiro e talvez decisivo passo era dado na seção precedente da *Crítica*. O conhecimento de um objeto é apreensível por seu conceito e este se legitima quando apreende sua efetiva finalidade. Nas palavras de sua correta tradução: "[...] A causalidade de um *conceito* em relação ao seu *objeto* é a finalidade (*forma finalis*)".[115]

Para melhor enfrentar a frase, concentremo-nos no núcleo do vespeiro: "Onde se pensa [...] não o mero conhecimento de um objeto, mas o próprio objeto (sua forma ou existência), enquanto efeito (*als Wirkung*), como só sendo possível por meio de um conceito deste último, aí se concebe um fim".[116]

Preliminarmente, a diferença entre o conhecimento do objeto e ele próprio implica a reiteração doutro enunciado kantiano: o não acesso à "coisa-em-si". Essa inferência será usada ao longo da demonstração.

Entendo que o efeito do objeto permite vislumbrar sua forma (ou existência) – objeto cujo fim se declara por seu conceito. Mas o próprio objeto, em sua "forma ou existência", não se confunde com sua finalidade (esteja claro que o 'ou' do parêntese não significa que a "existência" seja sinonímica da "forma", mas sim que uma e outra remetem ao *mesmo ponto de partida*). Isso equivale a dizer: *penetrar no objeto em si seria uma operação impossível*. Ela, no entanto, se torna reparável pela captação de seu fim (*Zweck*). Por conseguinte, se a postulação da *forma* configura uma via bastante estreita, ela é, contudo, passível de nos assegurar onde *está* o objeto, *antes* que seu conceito se estabeleça em ligação com seu fim. Observe-se ainda: a obscuridade da "forma da finalidade" é paralela ao que Kant dizia sobre os juízos sintéticos *a priori*, caracterizados por não se justificar por uma explicação causalista. Podemos ousar dizer que a "forma", sem ser um juízo, tem a propriedade do *a priori*: atua e se impõe sem a figura completa da finalidade, que age, nos termos da mesma seção 10, como "objeto de um conceito".

---

115 Ibid., p.116.
116 Ibid.

Esperando que a dificuldade da formulação original não se tenha feito ainda mais tortuosa, demos o segundo passo. Parece indiscutível que o fim de algo se relaciona com o *conteúdo* que nele se comprova. Quando digo, em um exemplo corriqueiro, que, entre as finalidades da água, está a de satisfazer o sedento, aponto na direção de seu conteúdo. Não ser tal finalidade bastante é suficiente para sabermos que ali não estava seu conceito.

Para aproximarmos o esclarecimento de como entendemos a *frame analysis*, é agora decisivo reiterar-se que o "ou" do parêntese apresenta a "existência" como outro ponto de partida quanto à forma. A distância quanto à formulação de Goffman, portanto a dificuldade que procuramos vencer, está precisamente em que *ele privilegia a situação em que se encontra o tipo de sujeito que estuda*. Ou seja, que realça a "existência". A "forma", a que não aponta, é o que se mostra ao se retirar o conteúdo, porquanto é este que provê certo objeto da aptidão para certa causalidade. Em poucas palavras, a forma equivale ao que é irredutível à causalidade, que, de sua parte, permite a afirmação de certo fim.

Ao dizê-lo, não temos a definição da forma, pois dela apenas afirmamos o que ela não é. Nos termos da mesma seção 11, a forma não concerne, nos termos de sua tradução, a "um conceito de constituição", mas sim "à relação das faculdades de representação entre si, na medida em que são determinadas por uma representação".[117]

O novo enunciado correrá o risco de ser novamente opaco se não entendermos que a forma é uma afirmação *a priori* à experiência, ou seja, algo que se lhe impõe, e não derivado de uma cadeia causal. Vejo a dedução confirmada pelo que declara o princípio da seção 14:

> Um juízo de gosto só é puro [...] na medida em que nenhuma satisfação meramente empírica esteja misturada a seu fundamento

---

117 Kant, *Crítica da faculdade de julgar*, p.117.

de determinação. Mas isso sempre acontece quando atrativos ou emoções fazem parte do juízo pelo qual algo é declarado belo.[118]

Toda a volta empreendida visa a eliminar os escolhos empíricos e a estender a eficácia da *frame analysis* ao exame do ficcional. Se estivermos certos, para isso há de se entender que a ficção não se explica simplesmente pela análise de uma relação social, ou seja, a partir da "existência". Esse seria o próprio limite da análise sociológica – preciosa, ela não é suficiente. A estrita abordagem sociológica é insuficiente para explicar o objeto ficcional que enfatiza a *forma*, sobretudo como contemporaneamente se torna frequente, quando se englobam conceito e representação na ação do determinismo.

Enquanto relacionado a um *frame*, o ficcional é pensável em combinação com as outras formas discursivas, igualmente orientadas pelos *frames* que atuam em seu lugar de origem. O *frame* próprio da ficção é a cláusula do *como se*. Enquanto tal, o ficcional se estabelece mais próximo do inconsciente, de que Freud destacara que ignora a negação. Parece óbvio que não se diz que a obra ficcional desconhece a negação e os demais recursos interditados ao inconsciente, mas que seu apoio predominante está na linguagem metafórica, constitutiva da *forma*, não centralmente na linguagem conceitual.

Deveremos nos dar por satisfeitos se a curvatura aberta pela reflexão kantiana houver conseguido desembaraçar a análise de Goffman das restrições pragmáticas que nela se mantinham.

4. Um pouco de Gregory Bateson

Embora *Steps to an Ecology of Mind* [Passos para uma ecologia da mente] (1972) seja um pouco anterior a *Frame Analysis*, por questão de ordenação expositiva o apresentamos depois.

---

118 Ibid., p.120.

O desdobramento sociológico da teoria freudiana faz-se patente em *Steps*. É certo que já em George Herbert Mead se comprovava a circulação das ideias de Freud. Nada, entretanto, que se comparasse à penetração que agora alcança. Em acréscimo ao que sucede no sonho, em que o sonhador tem "a curiosa inabilidade de alcançar metaenunciados", o autor observa que a discriminação entre jogo e não jogo, fantasia e não fantasia "é certamente uma função do processo secundário ou ego".[119] Porém, não é especificamente a atenção a Freud que nos prende a *Steps*, mas consequências bem imediatas:

> [...] O conteúdo da consciência é, no melhor dos casos, uma parte pequena da verdade sobre o eu. Mas, se essa parte for selecionada de qualquer maneira sistemática, é certo que as verdades parciais da consciência serão, no conjunto, uma distorção da verdade em um todo mais amplo.[120] [...] Em fenômenos como a arte, a religião, o sonho e semelhantes, a mera racionalidade finalística e não conectada é necessariamente patogênica e destrutiva da vida.[121]

Prendamo-nos ao ponto mais saliente: a ligação entre o papel do jogo e a evolução da espécie. Dele se diz "que deve haver sido um passo", na evolução da comunicação.[122] A hipótese é relevante porque "a comunicação denotativa, como ocorre no nível humano, só é possível *depois* da evolução de um conjunto complexo de regras metalinguísticas (mas não verbalizadas), que governam como palavras e sentenças serão relacionadas a objetos e eventos".[123]

São significativas tanto a aproximação com a abordagem de Mead quanto a diferença com Goffman. Independentemente do maior alcance da obra do segundo, destaque-se que, enquanto

---

119 Bateson, op. cit., p.185.
120 Ibid., p.144.
121 Ibid., p.146.
122 Ibid., p.181.
123 Ibid., p.180.

Goffman concentra-se nas relações sociais observáveis, Bateson acentua a dimensão diacrônica. Ele o faz não à semelhança do que é costumeiro, pela historicização da temporalidade, mas pela provocação à abertura de uma hipótese. A menor fecundidade de uma hipótese quanto a um campo passível de observação não impede que a alternativa de Bateson seja mais adequada para a abordagem das variedades discursivas. No caso do tratamento do ficcional, a maior compatibilidade de *Steps* para nosso propósito resulta de sua ênfase no jogo. Não que Bateson acrescente algo decisivo à diferença já estabelecida por Mead entre *play* e *game*. Como já anotado, a atividade esportiva supõe o destaque do eu coletivo quanto a cada participante no jogo,[124] enquanto no estrito *jogo* da ficção, sem que Mead explicitamente o declare, a ênfase passa para as operações subjetivas do *self*, por efeito de ter por ponto de partida e orientação a cláusula do *como se*.

A formulação que Bateson transcreve sem declarar seu autor pode ser de decodificação complicada: "Essas ações em que agora nos empenhamos não denotam o que aquelas ações visariam denotar" [*These actions in which we now engage do not denote what those actions for which they stand would denote*].[125]

A expressão "*this is play*" supõe uma denotação metalinguística, pois nela se assevera algo que, na denotação pragmática usual, não teria sido afirmado. (A tradução frequente em português, "isso é brincadeira", traz o risco de comprometer a seriedade da afirmação).

Sem o propósito de propriamente analisar *Steps*, basta acentuar que sua abordagem sociológica escapa dos limites impostos pelo empirismo. Isso é bastante para justificar o espaço, conquanto mínimo, que lhe concedemos, desde que entendamos sua função no entendimento do ficcional.

Em síntese, procuramos mostrar que a trilha aberta pela dimensão do inconsciente, em vez de se restringir ao científico-filosófico, ainda alcançou o ficcional como seriedade. Se se

---

124 Cf. Mead, op. cit., p.154.
125 Bateson, op. cit., p.180.

considerar a imensidão dos séculos que transcorreram na equivalência estabelecida entre mímesis e *imitatio, maneira pela qual se remetia à centralidade da razão e da consciência*, seremos levados a reiterar que o longo desconhecimento da seriedade do jogo ficcional trouxe uma grave perda para o conhecimento. Apenas reafirmemos: para seu ultrapasse, é decisivo remetermo-nos à questão da finalidade e da forma da finalidade em Kant. Não se descura que a Terceira Crítica falava em finalidade e finalidade sem fim. Apenas acrescentemos ao que dissemos sobre a questão da forma: sua ausência de conteúdo não significa que a forma seja desprovida de qualquer fim. Ela apenas o guarda sem o explicitar. Nos termos de Gregory Bateson: a forma supõe uma denotação metalinguística. Sem ela, não haveria a possibilidade do jogo. Antes dela, qualquer ato humano seria gratuito. Com ela, no entanto, cumpre-se a finalidade sem fim. Compreender esses três aspectos da realidade explica a dificuldade de penetrar-se na forma.

Seja ressaltado um detalhe: o que se apresentou dos sociólogos como sua exposição teve o propósito de explicitar o que neles assim não estava: a motivação que neles se encontrou para desenvolver a problemática do ficcional. Assim, paradoxalmente, nos servimos da contribuição de sociólogos para ir além da abordagem sociológica do ficcional.

IV

A OSSATURA DA FICÇÃO

*A MODERNIDADE FAVORECE A FICÇÃO
PORQUE ENCORAJA O CETICISMO E A
CONJECTURA.*

CATHERINE GALLAGHER, 2001

1. MÍMESIS E CONTORNOS

Nos complementares *O insistente inacabado* (2018) e *O limite* (2019), insisti em oferecer um resumo do questionamento que tenho feito da *mímesis*. Assim se mostrou necessário porque, sendo ele cumprido em vários livros, não é de esperar que o leitor tenha em mente todo o seu trajeto. Mas a reiteração não foi bastante, até porque entrelaçada a novos argumentos que provocaram outros.

A inter-relação do recapitulativo com indagações continua a ser cultivada. Espero não ser cansativo repetir que a ênfase na teorização da *mímesis* opõe-se a uma dupla tendência difundida entre nós: (a) ela acompanha o descaso pela teorização que se impôs no Ocidente desde que a vitória da ciência se acompanhara da entronização do fato; fato, factualização, positivismo, expansão econômica e domínio político de certos Estados-nações sobre outros são correlatos; (b) a teorização era reservada às disciplinas filosóficas minoritárias, ademais dependentes da prévia afirmação da subárea da reflexão filosófica. Tais fatores não se superpõem automaticamente. Sem nunca termos deixado de ser periféricos, nos mantivemos presos ao factualismo, fosse por seguir o perfil do poderoso do dia, fosse, sobretudo, porque nunca usufruímos de uma formação intelectual que permitisse outro resultado. A explicação seria demasiado supérflua caso não se acrescente outro elemento. Em *As palavras e as coisas*, Foucault demonstrara que, no fim do século XVI, o pensamento ocidental sobre a linguagem era dominado pelo privilégio de formas de semelhança (*convenientia, analogia*, as simpatias),[1] subordinadas à assinatura (*signature*), que declarava a estrita correspondência da palavra com seu referente. Logo o século XVII estabeleceria uma diferença radical:

> [...] Só há signo a partir do momento em que se encontra *conhecida* a possibilidade de uma relação de substituição entre dois elementos já *conhecidos*. O signo não espera que se possa conhecê-lo silenciosamente: ele só se constitui por um ato de conhecimento.[2]

Já não caberá ao pensador francês a dedução seguinte: o domínio da ciência, em consequência o positivismo, não era compatível com a prévia concepção de linguagem; o privilégio do fato demonstrável tornava desnecessário ao cientista comum preocupar-se com questões de ordem cognoscitiva. Daí se impor a distinção entre duas áreas históricas: nos países hegemônicos europeus e, com menor força, naquele que se incorporará a seu bloco, os Estados Unidos, a ambiência científica contava a seu lado com a subesfera conhecida e reconhecida, isto é, com legitimidade sociocultural assegurada, do campo filosófico. Nos países à margem,

---

[1] Cf. Foucault, *Les Mots et les choses*, 33 ss.
[2] Ibid., p.73.

essa subesfera apenas pretendia ou jamais alcançou tal reconhecimento. Daí que o factualismo imperial pudesse ser contemporâneo da indagação filosófica, que, na quase absoluta frequência dos casos, se mantinha transigente com o cientificismo. O segundo fator mencionado — confundir-se a indagação teórica com o âmbito da filosofia — tem sido simultâneo à função confiada, a partir da segunda metade do século XIX, à sociologia. Esta mesma, entretanto, assume duas direções antagônicas. Minoritariamente, como é exemplar em Max Weber, seu destaque da análise empírica da sociedade historicamente modelada se acompanha, quando necessário, de uma reflexão também teórica. Em contraparte, *grosso modo*, a direção dominante é o esquema determinista.

Sem que as duas direções se confundam com os dois polos há pouco diferenciados, a sociologia praticada no bloco periférico apresenta forte inclinação para a explicação determinista. É ocioso acrescentar que o determinismo sociológico, quando trata da literatura e das artes visuais, assume a direção reprodutora: julga-se que o perfil da sociedade explica o caráter de sua literatura e pintura. Uma e outra são condições para conhecer sua sociedade.

A melhor demonstração de que esse rumo não é exclusivo ao bloco periférico é dada pela interpretação marxista, que se tornou corrente desde a existência da União Soviética. Sistematizada pela *História social da arte* (1953), de Arnold Hauser, seu praticante mais conhecido foi o segundo György Lukács. Considerando a profunda diferença entre *A alma e' as formas* (1911) e *Teoria do romance'* (1916) e o autor que, depois do entrevero do *História e' consciência de' classe'* (1923), foi assimilado pelo stalinismo, é correto dizer-se que a interpretação proposta da literatura tornou-se o exemplo mais notório do causalismo determinista. A arte é um produto da sociedade. Confundida com formalismo, sua teorização era considerada ociosa porquanto sua disposição já era estabelecida pela sociedade que a engendrara — sem contar que era um risco ao núcleo dirigente do pensamento. E o marxismo se converteu na linhagem corroboradora por excelência da *Nachahmung* (imitação).

A concepção de *mímesis* como estrito reflexo é afirmada na abertura da *Estética* de Lukács. Na seção intitulada "Problemas gerais da *mímesis*", o autor ia à fonte mais explícita de sua opção teórica ao relacionar a imitação na arte com a presença pavloviana dos reflexos condicionados.[3] Era assim fundamentado o princípio do realismo, com frequência tomado como propriedade do marxismo.

Sem pretender acrescentar algo que já não esteja em *Mímesis e' arredores*,[4] tão só se anote: o fato de nos separarmos radicalmente do reducionismo a que o marxismo foi submetido não significa que nos neguemos a reconhecer o papel do marxismo no pensamento contemporâneo. É todo o contrário. Sem a "colaboração" stalinista, devemos ao pensamento de Marx a afirmação indubitável do fator econômico na configuração do pensamento moderno. Seu limite esteve precisamente em considerar todos os demais fatores adjetivos e secundários. Essa direção assume outra função: todo o reducionismo determinista, e não só o marxista, conduz à reafirmação da *imitatio*. Como o condicionamento socioeconômico tem impedido que as áreas periféricas desenvolvam o potencial de indagação teórica, por estarmos nelas incluídos convivemos com a prática da *imitatio*.

Cabe então que se pergunte: não é patente que o questionamento da *mímesis* conduz a uma visão da sociedade a que o *mímema* se relaciona? Por que isso se limitaria à versão stalinista? A restrição é indevida. Muito menos correta é a sinonímia estabelecida entre democracia e capitalismo; ela serviu de pretexto para que a revolução soviética não ultrapassasse o regime ditatorial, que se impusera mesmo pela derrubada violenta do czarismo e terminou por ser corresponsável pela ruína do socialismo real. Em consequência, mais amplamente pela crise decorrente de não haver alternativa para o regime capitalista. Pois não é endosso da versão stalinista declarar que a crise contemporânea é paralela à subsunção de todos os demais valores à mais-valia.

---

3 Cf. Lukács, *Estetica*, p.8.
4 Costa Lima, *Mímesis e' arredores*, p.v.

É bastante provável que o não reconhecimento pelos trópicos da função da subesfera intelectual tenha ajudado a tornar essa crise mais palpável. Em uma velocidade pasmosa, a cada dia, multiplicam-se, entre nós, crimes, desvios de dinheiro público e desabamentos. Isso chega ao ponto de que a própria rede televisiva não consegue manter-se calada. Não se chega ao nó da questão pela acusação das autoridades públicas. Em um círculo vicioso sempre mais complicado, a exclusividade da mais-valia já fora responsável pela escolha "livre" de nossas atuais autoridades. As forças legislativa, judiciária, religiosa e mediática já tinham favorecido a escolha dos candidatos ultraconservadores. Se o resultado saiu pior do que pretendiam, isso se deveu a que não conseguiram controlar o aleatório.

De todo modo, o questionamento da obra de Marx ultrapassa o campo do político. Quando um eminente pensador declara que "visto a partir de Hegel, o marxismo aparece, certamente, como uma teoria naturalista que se enreda nas aporias da filosofia de Kant",[5] compromete-se tanto quanto o último Lukács com a reflexologia.

Vejo que a recapitulação enveredou por uma volta imprevista. Porque ela é válida, não a retiro, mas apenas retorno a seu propósito primeiro: o questionamento da *mímesis*. É o que faço ao dizer: negar o reducionismo determinista supõe afirmar o leque constituído pelos discursos. Ou seja, estabelecer-se a diferença entre leque discursivo e determinantes sociais. Os determinantes sociais têm uma incidência direta sobre a maneira como os discursos são encarados. Desde que tal incidência não se confunda com o determinismo, sua compreensão tem um papel decisivo no estudo da sociedade.

Feita a ressalva, há de estar claro que o materialismo histórico foi um avanço decisivo sobre o "espiritualismo" hegeliano. Seu corolário é a afirmação sumária: entender-se, com os antigos, que a *mímesis* é um derivado da natureza, a *mimesis physeos*, ou,

---

5 Henrich, *Hegel en su contexto*, p.233.

com os modernos, como decorrência da sociedade ou da peculiaridade autoral, é reiterar sua natureza recapitulativa.

Em lugar dessa subsunção e pressupondo que a chamada realidade não é a mera concretização da *physis*, se impõe a efetividade da variedade dos discursos. A evidente tendência histórica tem sido destacar um certo discurso como o dominante e os demais como dependentes. Antes dos tempos modernos, o lugar imperial era reservado ao teológico, desde então às ciências. Tal hierarquização era e é coerente com o modelo reproducionista. Recusá-lo implica aceitar que o leque discursivo é constituído por um conjunto de igual dignidade interna, que não se confunde com a legitimação social maior ou menor deste ou daquele. Observe-se, pois: um discurso não se constitui pela reiteração de certos termos ou torneios sintáticos, mas sim por determinada meta, pela qual se privilegia certo objeto (físico, químico, botânico etc.) ou certa matéria (religiosa, científica, pragmática etc.). Entre as espécies hoje conhecidas (o científico, o filosófico, o artístico, o religioso, o pragmático da fala cotidiana), o desconhecimento mais embaraçoso é do último. Lamenta-se por isso o não prosseguimento da pesquisa que Wolf-Dieter Stempel propunha em "Fiktion in konversationellen Erzählungen" [A ficção nos relatos conversacionais]. Não caberá aqui mais que sua breve consideração.

Stempel partia de textos em que a máxima da verdade não era propriamente suspensa, mas cumprida de uma maneira particularizada: os relatos que lhe serviam de objeto não eram verdadeiros do ponto de vista referencial, mas intencionalmente, e isso a partir da perspectiva de um dos personagens. A observação leva o autor a, em vez de manter a oposição drástica entre fala cotidiana e ficcionalidade, assinalar sua relativa interação. "São relatos", diz ele, "que se realizam em conexão com falas que se supõe fundadas, digamos com prudência, em fatos reais. Mas não há dúvida de que seus autores ressaltam o requisito de verdade e, desse modo, convidam seu ouvinte a crer no que contam".[6]

---

6 Stempel, Fiktion in konversationellen Erzählungen, in: Henrich e Iser (Orgs.), *Poetik und Hermeneutik, V.X: Funktionen des Fiktiven*, p.333.

A especial dificuldade com que se deparam tais relatos está em que, como o autor declara, as ficções se apresentam apenas para um dos falantes.⁷ A análise empreendida não permitiria a generalização: tal mistura não seria inerente às conversas cotidianas? (Stempel exemplifica com a chacota. Como no caso geral da agudeza [*Witz*], para ser eficaz, a chacota não reproduz o factual, mas o estiliza de modo mordaz. Sua característica não se modifica ao ser empregada ou no cotidiano ou na obra ficcional). Ou, em um passo mais ousado, quando a conversa cotidiana dispensaria suposições ficcionais? O atrevimento das formulações anteriores motiva uma correlata: o que chamamos de ficção interna não contém a mesma mistura, apenas em proporções invertidas, porquanto a base verossímil é postulada para ser excedida pelo núcleo transgressor da diferença?

Não sendo legítimo extrair conclusões de uma pesquisa que então principiava, apenas reiteremos que tal modalidade de relato é constituída por um duplo procedimento: parte de "uma trama de semantização coletiva, formada por diversos códigos socioculturais" a que se acrescentam "determinados pressupostos individuais do falante".⁸ (A presença do ficcional está no próprio entrelaçamento entre o coletivo e o individual).

Livrando Stempel das generalizações insinuadas, ressalto que a presença de um lastro ficcional é inerente à forma discursiva, dele se isentando apenas na modalidade matemática. Como voltaremos a dizer, a excepcionalidade da matemática não resulta de que a linguagem dos algarismos capte uma suposta "essência" do que se fala, formulando numericamente o sentido próprio de certa coisa. A afirmação é indevida porque o sentido só se inaugura com seu próprio uso. Certo algarismo poderá expressar a representação de certa coisa em certa ciência ou uma função particular sua, mas não conter seu sentido. Daí a univocidade dos algarismos, a impossibilidade de conterem alguma sombra metafórica a não ser em alguma possível alegoria. Em seu lugar, ao uso

---

7 Ibid.
8 Ibid.

verbal é inevitável a imotivação do signo, ou seja, a não coincidência entre ele e seu referente, com o que se impõe a margem do metafórico fraco ou forte, ao passo que algarismo declara a correspondência convencionalmente estabelecida entre o número e uma coisa ou fenômeno. Pela distinção inevitável, o grau metafórico que acompanha o signo é menos explorado ou mais; menos quando apenas atualiza um código sociocultural, mais quando enriquece a semântica já antes difundida.

O que acaba de ser dito é uma inferência do que Reinhart Koselleck desenvolve em "Vom Sinn und Unsinn der Geschichte":

> Toda história, que analisamos como completamente transcorrida, é uma *logificatio post festum* (logicização depois do fato). Mas isso pressupõe que toda história, em sua própria consumação, é sem sentido. Assim, a história real, declarada a ironia ou o paradoxo dessa reflexão, só se mostra em sua verdade quando tenha passado. Dito de outro modo, a verdade de uma história é sempre uma verdade *ex post*.[9]

Pela maneira como aceitamos a notável formulação, a história deixa de aparecer como a rainha das ciências sociais para se tornar nada menos que paradigma para a teoria do conhecimento. Acrescente-se: se o sentido não é alcançável com a pura incidência de algo (não só de um evento histórico), prova-se a insuficiência do critério de essência. Mas esta cria outra dificuldade: como o sentido é alcançável *post festum*? Penso que pela *coincidência aproximativa* a que obedece a regularidade dos fenômenos e o que é admissível pelos códigos discursivos vigentes em uma sociedade. Ser tal coincidência apenas aproximativa explica por que mesmo o código matemático tem uma validade histórica, ou seja, é uma quimera entendê-la como captação da essencialidade.

---

9 Koselleck, Vom Sinn und Unsinn der Geschichte, op. cit., p.19.

Embora não seja aficionado a leituras biográficas, parece-me que grande parte das vidas individuais é tocada pela combinação de imprevistos. A minha se inclui nesse traço. E, no final do trajeto que me impus, estabeleço a exceção de pensar em minha própria biografia. Foi nos últimos anos da década de 1970 que o acaso me fez conhecer o romanista Wolf-Dieter Stempel. Com sua ajuda, entrei em contato com as estéticas da recepção e do efeito (*Rezeptionsästhetik und Wirkungsästhetik*), importando-me sobretudo a segunda.[10] É de ambas, no entanto, que devo ter me desviado da concentração na figura do autor, dominante, sob modelos diversos, desde o romantismo.

Na sequência do imprevisto, ainda foi decisiva a ajuda provocada pelo conhecimento de Sepp Gumbrecht, ainda na Universität Konstanz, que me possibilitou estar durante a década de 1980 nos simpósios que patrocinava em Dubrovnik. Em um deles, tive a oportunidade de conhecer Wlad Godzich, já então sediado nos Estados Unidos, que me informou de um concurso aberto na University of Minnesota. Tendo ganhado a vaga, logo pude verificar que não era o mais desejado. Dissipar-se o sonho de livrar-me da ditadura que atormentava o país mostrava que a noite havia de ser mais longa. Recusei a *tenure*, voltei ao lugar de onde partira e, depois de outras idas e vindas, nele permaneço.

Embora em seção adiante deva estender-me sobre o papel a ser desempenhado pela obra de Wolfgang Iser, desde já reitero que a ênfase a ser dada à questão da *mímesis* não se coaduna com o pensamento do teórico e amigo alemão. Para Iser, o fenômeno da *mímesis* tem um caráter performativo. Isso não é conciliável com o modo como penso, pois considero que o performativo é pontual, modificável a cada apresentação, porquanto preso ao chamar a atenção sobre seu ator, ao passo que o fato de a *mímesis* não admitir um conceito, sendo portanto variável a cada

---

10 Creio ter sido ainda em Konstanz que organizei um conjunto de ensaios de responsáveis e associados às duas direções e, com a ajuda de Peter Nauman e Hans Ulrich Gumbrecht, os traduzi. Cf. Costa Lima, *A literatura e o leitor*.

mímema, não a impede de estar investida de longa duração. Em palavras mais gerais, considerando-se que a contradição contrapõe a incidência de um caso à configuração de outro, é possível dizer-se que a contradição também se articula pela *poiesis*. Dá-se aqui por encerrada a primeira reiteração do que entendo como peculiar à *mímesis*, reiteração a que se incorporaram novos argumentos. Parto para outra particularidade.

2. A LINGUAGEM E A COISA

Recordou-se atrás a função desempenhada pela semelhança na concepção de linguagem vigente no final do século XVI. Foucault então destacara como, dessa maneira, a linguagem deixava de ser tomada como superponível à coisa a que a palavra se referia. Sua observação ainda deve ser esmiuçada. O que equivale a ser diferenciada e/ou aproximada de outros posicionamentos relativos à concepção de linguagem.

Temporalmente próximo era "Die Frage nach dem Ding" [A pergunta pela coisa], curso que Heidegger havia proferido no inverno de 1935-1936, e só publicado em 1962. Seu posicionamento era de uma clareza surpreendente:

> Que é uma coisa? Participa-se de imediato uma dúvida. Servir-se e usufruir das coisas disponíveis, afastar as coisas embaraçantes, ocupar-se das necessárias, isso tem sentido; mas com a pergunta "que é uma coisa?" não se pode nada começar propriamente. É assim. Não, não se pode nada começar. A afirmação sobre nossa pergunta é tão verdadeira que haveria um grande mal-entendido a seu respeito se procurássemos uma determinação quanto à sua essência. [...] *Sobre* a questão propriamente não é preciso acrescentar nada.[11]

---

11 Heidegger, *Die Frage nach dem Ding*, p.2.

Afirmar e reiterar a desnecessidade da pergunta, o que suporia que a resposta estaria imediatamente esclarecida, implicava a própria especificidade da filosofia: "Essa determinação conceitual da filosofia não é nenhuma brincadeira (*Spass*), servindo, na verdade, para ser meditada".[12]

A clareza a que nos referíamos era uma armadilha verbal. A inquestionabilidade da pergunta queria dizer que ela era extremamente séria e não objeto de diversão (ou brincadeira). O que vale dizer: leremos errado se não se perceber que ela exige uma reflexão infinda. A retificação supunha repetir para seu ouvinte e leitor a diferença radical entre a filosofia e as ciências. O que equivalia a reiterar de modo bastante esquivo que a função destas tem alguma correspondência com um *Spass*.

Aqui, não importam as consequências em si da antítese. Em meio aos inúmeros comentários provocados pela obra do pensador, seria ocioso insistir nas propriedades antagônicas dos discursos científico e filosófico. Importa apenas atentar para o paradoxo proposital: nenhuma resposta à pergunta sobre a coisa será pertinente porque ela não atingirá seu *Wesen* (sua essência, seu modo de ser). Ora, a inexauribilidade da pergunta resulta de que a coisa é algo imediatamente declarável: "Coisa, no sentido estreito, significa o que é apreensível, visível etc., o que está ao alcance da mão (*Vorhandene*)".[13]

Dito de maneira mais explícita, ao passo que o interesse do cientista concerne à coisa em sua generalidade, ao filósofo importa seu alcance particularizado, além da aparência. Não lhe bastaria saber que o lagarto e o tigre são espécies de animais ou por que chamamos o cão de uma potência de afeto etc. Tal realce de particularidades dessa ou daquela coisa faz que as indagações levadas a cabo pelo filósofo suponham uma "pretensão do tipo daquela que comporta uma decisão essencial" ("*eine Anmassung von der Art, wie sie jedesmal in jeder wesentliche*

---

12 Ibid., p.3.
13 Ibid., p.4.

Entscheidung liegt");[14] "as coisas agem entre si e se opõem umas às outras; a tais relações entre as coisas correspondem as propriedades posteriores que as coisas também 'têm'".[15]

Das últimas atestações decorre que, embora Heidegger registre *relações* entre as coisas, estas se dão a partir de propriedades singulares e essenciais: "Talvez não possamos experimentar algo das coisas nem decidir algo a seu respeito senão nos mantendo no domínio no interior do qual elas se encontram".[16]

Concentremo-nos na afirmação de sua essencial singularidade: enquanto algo, a coisa "é o suporte de várias propriedades" ("*Das Etwas ist der Träger der Eigenschaften*").[17] E contrastemos esse posicionamento com o que se explicitava no ensaio "Sinn und Bedeutung" [Sentido e referência], de Gottlob Frege.

Comece-se por um enunciado que se encontra em seu princípio: "A referência é [...] um objeto determinado [...], mas não um conceito nem uma relação".[18] A ele se acrescente o comentário escrito entre 1892 e 1895: "Os lugares, instantes, períodos de tempo são, logicamente falando, objetos; portanto, a designação linguística de um determinado lugar, um determinado momento ou um período de tempo há de se conceber como nome próprio".[19] "A toda palavra para conceito ou nome próprio correspondem, regularmente, um sentido e uma referência. [...] A referência de um nome próprio é o objeto que designa ou nomeia."[20]

Bem como a extensão diversa entre sentido e referência: "[...] Que se haja captado um sentido não assegura que se tenha uma referência"[21] e "[...] na extensão, o essencial é uma referência que, certamente, não é o próprio conceito, mas que tem uma conexão

---

14 Ibid., p.7.
15 Ibid., p.25.
16 Ibid., p.24.
17 Ibid., p.25.
18 Frege, Über Sinn und Bedeutung, in: *Ensayos de semántica y filosofia de la lógica*, p.86.
19 Ibid., p.102.
20 Ibid.
21 Ibid., p.87.

muito estreita com ele".²² Por fim: "O nome próprio tem de ter pelo menos um sentido [...] do contrário, seria uma sequência vazia de sons [...]. Mas para o uso científico há de se exigir que também tenha uma referência; que designe ou um nome ou um objeto".²³

A repetição das referências acima seria ociosa se não encaminhasse para: o signo visa à representação de um objeto com frequência sensorialmente perceptível, representação originada de lembranças de impressões sensoriais.²⁴ Daí decorre o realce da poesia e da retórica, em comum caracterizadas por serem formadas por orações com "nomes próprios sem referência" – exemplificadas por "Ulisses, profundamente adormecido, foi desembarcado em Ítaca".²⁵

Estabelecida a distinção entre nome, sentido e representação, está dada a chave da relação: se dois deles representam o mesmo, cada um terá sua representação porquanto *si duo idem faciunt, non est idem*.²⁶ Portanto, a variedade de relações entre palavra, sentido e representação, provocando, em foro íntimo, sua multiplicidade, caracteriza o que Frege chama de "as colorações e as iluminações a que a poesia e a eloquência buscam dar sentido".²⁷

A observação era bastante marginal; nem por isso a passagem de seus "Comentários" deixa de ser, retrospectivamente, relevante:

> Nas obras de ficção, as palavras, como é natural, têm somente sentido, mas na ciência e onde quer que nos ocupemos com a busca da verdade, não nos contentamos com o sentido senão que também associamos uma referência aos nomes próprios e um conceito para as palavras.²⁸

---

22 Ibid., p.120.
23 Ibid., p.121.
24 Ibid., p.87-8.
25 Ibid., p.91.
26 Ibid., p.88.
27 Ibid., p.90.
28 Ibid., p.112-3.

Em que essa série de noções nos é relevante? De imediato, a ênfase na relação entre nome, sentido e referência destaca *a instabilidade* das propriedades oriundas da designação verbal. Isso tem por consequência *a insuficiência que resultaria de uma conceituação da mímesis*. Vale acrescentar, o trajeto que não tem aqui como consequência obrigatória a conceituação já não mais força a adoção de um impressionismo opinativo. Para que tal impressionismo não emerja há de se procurar penetrar na interioridade da *poiesis*. Essa é, em mínimas palavras, a justificação do que tentamos fazer: estabelecer o esboço de uma teorização da *mímesis*, sem a pressionar na univocidade que o conceito busca oferecer.

Sem que ele próprio se desse conta da relevância de suas considerações para a questão do ficcional, Frege, ao assinalar o caso de orações que têm só sentido e não referência, aponta que, no ficcional, o sentido é apenas gramaticalmente estabelecido.[29] Diante da inexistência de sua referência efetiva, o leitor concede a si realizá-la. Seu condicionamento subjetivo abala a exigência habitual de verdade: ele provoca o embaraço que acompanha a reflexão sobre o ficcional. Fácil é tão só reconhecê-lo.

A "solução" moderna tem sido explicar sociologicamente o ficcional. O que vale dizer: planta-se sua verificação no quadro social que o condiciona. Excluindo-se esse recurso, resta o habitual de considerá-lo um divertimento.

Antes de estendermos o aludido embaraço a Aristóteles, compare-se o ensaio de Frege com *A pergunta pela coisa*, de Heidegger. Quando se fala na *Destruktion* da tradição filosófica empreendida pelo filósofo, costuma-se esquecer que ela se isenta diante do princípio de essência. É provável que este fosse mantido porque é a base da enunciação do ser. Heidegger procura emprestar dinamicidade ao *Dasein* por considerar que a concepção de ser varia com a temporalidade do *Dasein*. Sem levar a indagação a fundo, baste-nos estar atentos que era inerente ao pensamento heideggeriano a estabilidade de seu núcleo de

---

29 Cf. ibid., p.91-2.

indagação. Dela resultava que seu existente não se desligava da essencialidade. Eis o respaldo indicativo de sua historicidade e de seu limite. Tal traço o contrapunha ao papel que a relação cumpria em Frege. Nele, como vimos, é contrastante a instabilidade das propriedades ligadas ao nome. De tal maneira a coisa é menos o que se nomeia que o modo como assim se faz; o que vale dizer: não cabe em um conceito mas se relaciona com o que o afeta, isto é, como afeta seu receptor. Abre-se, conseguinte, o campo para o discurso fundado na metáfora, ou seja, para o ficcional, e, então, para seu fundamento, a *mímesis*.

Dada a relevância que demos a *As palavras e as coisas*, ainda será válido perguntar-se como Foucault se punha entre as duas diversas direções. Não será suficiente considerar a força desempenhada pelo conhecimento na diferença, tal como se introduz no século XVII:

> [...] (A linguagem) não é mais a natureza em sua visibilidade de origem, tampouco um instrumento misterioso de que só alguns privilegiados conheceriam os poderes. É antes a figura de um mundo em vias de resgatar-se e pondo-se enfim à escuta da palavra verdadeira.[30]

Se a temática de *As palavras e as coisas* era dada pela concepção da linguagem estabelecida entre finais do século XVI e princípios do XVII, a maneira como o autor a compreendia era antes entendida por seu prefácio.

Pelo destaque da "enciclopédia chinesa" de Jorge Luís Borges, Foucault acentuava seu afastamento teórico da essencialidade. A partir da irônica classificação dos animais – eles se dividem em (a) pertencentes ao imperador, (b) embalsamados, (c) aprisionados" etc. –, Foucault observa "[...] que não se trata de ligar consequências, mas de aproximar e de isolar, de analisar, de ajustar e de encaixar conteúdos concretos; nada mais tateante, nada de

---

30 Foucault, *Les Mots et les choses*, p.51-2.

mais empírico".³¹ Daí resulta a anotação básica para toda a análise ali empreendida:

> Os códigos fundamentais de uma cultura – os que regem sua linguagem, seus esquemas perceptivos, suas trocas, suas técnicas, seus valores, a hierarquia de suas práticas – fixam desde o princípio, para cada homem, as ordens empíricas que estarão em questão e nas quais ele se reencontrará.³²

Sua decisão interpretativa é incontestável. Não se cogita de algum compromisso empirista, mas de um ponto de partida que ressalta a desordem latente na organização empírica. Torna-se então bastante nítido por que a decisão assumida contrastava com a tradição assumida pelo pensamento antigo e mantida, apesar da ênfase no *Dasein*, por Heidegger.

Procuremos precisá-lo pela consideração da metáfora por Aristóteles. Destaquemos a passagem da *Poética* referente ao papel da analogia:

> [...] Há relação de analogia quando o segundo termo está para o primeiro na igual relação em que o quarto está para o terceiro, porque, nesse caso, o quarto termo poderá substituir o segundo, e o segundo, o quarto. E algumas vezes os poetas ajuntam o termo ao qual se refere a palavra substituída pela metáfora. Por exemplo [...], a velhice está para a vida (o que) a tarde está para o dia; por isso a tarde será denominada "velhice do dia". [...] Por vezes, falta algum dos quatro nomes na relação analógica, mas ainda assim se fará a metáfora. Por exemplo, "lançar a semente" diz-se "semear"; mas não há palavra que designe "lançar a luz do sol", todavia essa ação tem a mesma relação com o sol que o semear com a semente; por isso se dirá "semeando uma chama criada pelo deus".³³

---

31 Id., *As palavras e as coisas*, p.11.
32 Ibid.
33 Aristóteles, *Poética*, 1458b, 20 ss.

Seria exagero dizer-se que a passagem contém uma dupla concepção da metáfora, mas é também insuficiente não apontar para a contradição ali presente. Como já se notou em *Os eixos da linguagem* (2015), a primeira parte da citação supõe uma metáfora dependente de uma analogia completa, portanto a metáfora implicaria um perfeito jogo de reiteração; nada de novo nela se cumpre: o termo metafórico apenas reafirma o que o termo substituído já declarava. A parcela que principia "por vezes falta algum dos quatro nomes na relação analógica" implica o contrário: a excelência metafórica está precisamente em suprir a ausência do que antes não estivera nomeado. Reiterando com mínima mudança de formulação o que já se disse em *Os eixos*: a configuração metafórica plena mostra então uma constituição equivalente à da *mímesis*.

Que a *mímesis* seja constituída por uma ponta de semelhança com seu referente é indispensável para que a metáfora, em vez de enigmática, encontre sua decodificação no léxico atuado. Por isso ainda é indispensável que sua maior parte seja realizada pela diferença, isto é, pelo suprimento de um vazio presente no léxico em pauta.

É impossível hoje saber-se como se explica que a contradição latente na passagem tenha escapado à argúcia aristotélica. É apenas plausível que ela resultasse do choque entre o que o filósofo notava na *Retórica* – "Não é o objeto em si que provoca deleite; o espectador faz inferências ('isso é assim e assim')"[34] – e o comentário agudo de Blumenberg: "Para Aristóteles, todos os processos de geração na natureza estão regulados por um *estado eidético* permanente. A natureza sempre se repete".[35]

Um pouco antes, a propósito da afinidade entre o platonismo e o cristianismo primitivo, o pensador contemporâneo ainda dizia: "O que é verdadeiro o é por força de uma relação de

---

34 Id., *Retórica*, 1371b, 1, 7-8.
35 Blumenberg, Nachahmung der Natur: Zur Vorgeschichte der Idee des schöpferischen Menchens, in: *Ästhetische und metaphorologische Schriften*, p.26.

derivação como reprodução (𝒩achbild) de uma imagem original da verdade, identificada com Deus".³⁶

Ora, mesmo sabedor de que o pensamento aristotélico não reproduzia o de seu mestre, a afinidade anotada não separava radicalmente o estagirita do leito platônico. Acatá-la ajuda a compreender a direção tomada por séculos pela concepção grega da *mímesis*. Embora se insista que a tradução latina não lhe era adequada, considerar que o espírito grego tinha a *mímesis* como reiteração de uma imagem original, tanto mais forte porque divina, é bastante pertinente. Em suma, a contradição latente que apontamos na *Poética* tanto se apresenta na base metafórica da *mímesis*, e a complica, quanto explica a insistência na necessidade de penetrar na interioridade da *poiesis*. Antes de começarmos a seção 3, ainda consideremos o tratamento de alguns contemporâneos.

Claramente fascinado pelo prestígio do romance, Nicholas D. Paige distingue três regimes na narrativa ficcional (subentende-se que exclui a lírica da ficcionalidade). No primeiro, inclui a maioria da tradição literária ocidental, que aos heróis renomados e aos eventos históricos o poeta acrescenta suas invenções. O segundo abrange desde cerca de 1670 até, *grosso modo*, a virada para o século XIX; para o romance que denomina de pseudofactual, Paige assinala dispor de "documentos reais apreendidos diretamente da história [...] em que os disfarces são seriamente enunciados".³⁷ No terceiro, o relato é "propriamente ficção": "O pacto pseudofactual requer que o leitor finja encarar o romance como verdadeiro, ao passo que os romancistas posteriores buscavam algo bem diferente – que os leitores aceitassem as invenções do escritor como uma espécie de modelo da realidade".³⁸

A distinção entre os segundo e terceiro tipos concerne à diferença de grau entre a realidade e o enredo. A presença do terceiro

---

36 Id., *Paradigmen zu einer Metaphorologie*, p.82.
37 Paige, *Before Fiction: the Ancien Régime of the Novel*, p.x
38 Ibid.

regime ficará mais nítida quando Paige declarar que, enquanto oposta tanto à poesia amoldada à teoria aristotélica quanto ao período do romance pseudofactual, "a ficção não é literalmente real, pois não sucedeu, mas é algo como realidade".³⁹

Até que ponto Paige convence? De acordo com ele, haveria de se entender que, no terceiro regime, se estabelecia uma diferença entre o verdadeiro fato histórico e o que o pretendia. Assim, por exemplo, quando recorda Balzac dizer, na abertura de *O pai Goriot*, "tudo é verdadeiro".⁴⁰

Ressaltando que o autor encarece sua intencionalidade, de cujo ponto de vista decorre o critério analítico, Paige transcreve importante passagem de carta de Richardson a seu editor, que explicita a função da pseudoficcionalidade:

> Permita-me, ilustre senhor, conceder mencionar que possa querer que *o ar de coisa genuína* fosse mantido, embora não pretenda que as cartas [refere-se ao romance por cartas, *Clarissa*] sejam consideradas genuínas, mas apenas que se mantenha; quero dizer que preliminarmente não se declare *não* serem genuínas: e isso por temer enfraquecer sua influência, em que algumas delas podem ter um propósito exemplar, assim como possam ferir alguma espécie de fé histórica, com a qual geralmente a própria ficção é lida, conquanto saibamos ser ela ficção.⁴¹

A duplicidade a que a ficção era submetida mostrava o jogo de compromisso em que Richardson (1689-1761) se enleava. O romance se afirmava na mesma medida que desdobrava sobre si o mecanismo do controle estabelecido pela censura social, fundada na exemplaridade ética das ações do fato, que se afirmavam históricas. Ou seja, dar o caráter de pseudofactualidade ao romance era o desejável para manter o controle da rede social. Dizê-lo seria isentar o realismo do mesmo controle? Não, era

---

39 Ibid., p.17.
40 Ibid., p.13.
41 Apud Paige, op. cit., p.10-1.

torná-lo mais requintado, porquanto os requisitos da exemplaridade ética e da veracidade factual não precisavam se justificar por si mesmos. Isso equivale a dizer — sem que possamos falar da Grécia antiga, por não termos um contexto suficiente — que a ficcionalidade, para ser acatada e admitir-se sua circulação, sempre esteve tocada por um instrumento, o *controle*, que os historiadores insistem em desconsiderar. Sua presença, entretanto, não se dissipa com a combinação do que pareceria o fruto híbrido de um fator ético e um condicionamento de classe social. Muito ao contrário, ajuda à recusa da tripartição de Paige. Para tanto, faz-se indispensável uma passagem de Paul de Man, citada pelo próprio Paige. De personagem da *Nova Heloísa*, escrevia o crítico emigrado: "(Sua disposição) não podia ser comprometida nem pela substituição de memórias pela presença, nem pela contemplação da própria alma, convertida em 'bela' pelo sacrifício da paixão que criara".[42]

Explicando meu argumento: o texto preciso que Paige destacava em tradução — "*the aesthetic contemplation of a [soul] made 'beautiful' by the sacrifice of the passion that created it*"[43] — valia como uma lição por Rousseau da captação de *poiesis*. É evidente que o romancista não pretendia capturar alguma verdade histórica mas sim conceder ao personagem um cunho de veracidade do que lhe concedia. Dizer de tal achado "*this is true fiction!*" seria um óbvio lamentável. Em vez de praticá-lo, o crítico belga estabelecia a equivalência entre o sacrifício da paixão e o resultado da contemplação estética. Sua eficácia era tanto maior porque seria ridículo supor que houvesse assim intuído e, portanto, antecipado o conceito de contemplação estética.

Creio que as considerações anteriores são suficientes para não acatarmos os tipos de ficção propostos por Paige. Não se nega que seus modos são distintos, mas sim insuficientes para estarmos *diante* da ficção. Discutimos o argumento de Paige menos para

---

42 De Man, Allegory. In: _____, *Allegories of Reading*: Figural language in Rousseau, Nietzsche, Rilke, and Proust, p.215.

43 Paige, op. cit., p.133.

recusar seu diagnóstico quanto para observar que a manutenção de um modo historicista independe da erudição de que o autor se arma; é sim algo tão arraigado que suspeito que a oposição aqui estabelecida de pouco servirá. A eficácia do argumento de Catherine Gallagher permitirá que lhe dediquemos menos palavras. Converter-se o romance em ficção explícita não impede que traga consigo uma parcela de verossimilhança. Daí decorria a possibilidade de um jogo duplo: censurado como responsável por uma difamação, o autor pode alegar haver escrito uma obra de imaginação ou, ao contrário, declarar como Defoe, acusado de haver fantasiado seu *Robinson Crusoe*, que todo episódio de seu "relato imaginário aludia a um evento real".[44] Ou seja, o controle exercido pelo critério de verdade encontrava um contrapeso por se entender o imaginário como irmão gêmeo do evento real. De todo modo, para sair da balança de Paige, Gallagher assinala o que faltava ao romance prover:

> Nos primeiros decênios do século XVIII, era raro que narrações verossímeis fossem acolhidas como estórias de indivíduos de todo imaginárias, como se tornaria normal para os leitores do século seguinte. Para que isso sucedesse ainda faltavam duas coisas: uma categoria conceitual de ficção e estórias críveis que não pretendessem ser tomadas como verdadeiras. Ambas as coisas foram fornecidas pela *novel*. [...] Se o novo gênero se distingue graças à invenção, de sua parte, esta última se diferencia das formas precedentes do inverossímil.[45]

A ambiguidade entre ficção e realidade provoca a legalização da verossimilhança, que já não se confunde com o realismo porquanto é apenas a plataforma para que a diferença se expanda. Nos termos de Gallagher: "Fundamento da nova forma

---

44 Apud Gallagher, Fiction. In: Moretti, *Il romanzo*, p.514.
45 Ibid., p.515.

era, portanto, uma não referencialidade entendida como *a mais ampla referencialidade*".⁴⁶

À autora cabe o mérito subsidiário de observar a função então desempenhada pela sociedade inglesa, na qual "emerge pela primeira vez, entre as outras nações, uma classe de leitores burgueses, e a burguesia queria ler a si mesma, reencontrar o próprio mundo descrito de modo minucioso e circunstanciado".⁴⁷ A formação do leitor era portanto decisiva para a liberação da ficcionalidade do mero aspecto verossímil. Nas palavras precisas da autora: "Para os leitores competentes a revelação da intimidade dos personagens coincide com a revelação de sua natureza textual".⁴⁸

Valerá acrescentar: depender da competência de seu leitor explica a fragilidade da ficção quanto à narrativa histórica. Em termos que não se acham na autora: o relato histórico dispõe de um conceito, ao passo que a ficção, modo verbal da *poiesis*, não conta com o respaldo de uma conceitualidade. Isso tanto lhe dá maior liberdade de ação como pode provocar prejuízos.

A referência, por fim, à famosa formulação de Coleridge, "*The wishful suspension of disbelief*" ("a voluntária suspensão da descrença"), válida como síntese da experiência da arte, permitirá entender-se que "a vontade, que deveria provocar a coincidência entre ilusão e realidade, encontra-se em um estado de suspensão".⁴⁹

É decisivo acentuar-se que tal suspensão, conquanto vigente na ficção interna, abrange toda e qualquer ficção. Avançando o que se dirá sobre a ficção externa, ela receberá a caracterização que Gallagher definia por "irônico assentimento". Tenha-se em conta a distinção: na interna, e não só no romance, a vontade, por assim dizer, se contrai e deixa-se levar; na externa, embora se crispe, não contradita o que se lhe apresenta. Tenha-se como

---

46 Ibid., p.517.
47 Ibid., p.520.
48 Ibid., p.531.
49 Gallagher, op. cit., p.523.

exemplo a aceitação geral de uma população nacional de que o Tesouro tem lastro suficiente para a emissão da moeda. Se nos perguntarmos de onde ele tiraria tal suficiência quando já não conta com o que se chamava de lastro ouro, não encontraremos melhor resposta senão a de lidarmos com uma ficção externa. Esta aceita como verdadeiro mesmo o que não fora demonstrado.

Consideremos a contribuição de um terceiro autor. Como antropólogo e africanista, é singular o interesse da pesquisa do britânico Jack Goody. Acentue-se de imediato que ele não destaca o Ocidente como a cultura escrita a que se contrapõem as orais. Atente-se para a marginalidade que a ficção estrita ocupa nas culturas africanas que Goody conhecera: nelas, a acepção de narração é a mais restrita possível. É constituída de uma forma padrão, com uma trama bem definida, desenvolvida de acordo com estágios bem precisos, a formar "um monólogo, pois a narrativa é por sua natureza monológica, (que) só será possível se houver um personagem ou um contexto sobrenatural";[50] passível, contudo, de tratar de questões terrenas, desde que "operadas por deuses".[51] Quando essa atualização se processa, "além do fulcro da composição", a narrativa conterá "o ritual e a cerimônia".[52]

Restrita em seu uso, quase tão só reservada à função religiosa, mesmo a difusão da literatura escrita, na África, "não cancela a desconfiança quanto à ficção":

> A narrativa podia ser legitimada, como no caso do mito, sob a forma de relato de eventos sobrenaturais, o que eliminava automaticamente as objeções sobre a realidade do representado. As primeiras obras narrativas da Europa cristã eram legitimadas pelo fato de serem relatos de milagres celestes (o *Novo testamento*) ou vidas de santos, do mesmo modo que no alto medievo pinturas e

---

50 Goody, Dall'oralità ala scrittura. In: Moretti, *Il romanzo*, p.31.
51 Ibid.
52 Ibid.

desenhos só eram legitimados se os sujeitos escolhidos fossem de natureza religiosa.⁵³

Não estranha ao autor assinalar que "grande parte das fábulas [...] ocupa a posição marginal reservada aos discursos para a infância", enquanto "os adultos tratam de coisas mais sérias [...]".⁵⁴ As observações de Goody permitem aprofundar o que temos escrito sobre o controle do imaginário. Desde logo, que sua presença é acusada em outras culturas. O antropólogo remete à história recente da China, ao islã e ao judaísmo. "*As mil e' uma noites*, por exemplo, podia servir para distrair, mas se tratava de distração de atividade mais séria".⁵⁵

É legítimo supor que a dificuldade do Ocidente em aceitar teoricamente a ficção tenha duas motivações, e que elas incidem além do Ocidente: a preocupação da sociedade com a mentira, por extensão com o falso, e o fato de a narrativa sempre ter sido "uma atividade ambígua, que comportava 'contar estórias', no sentido de propagar coisas não verdadeiras".⁵⁶ Mas a crença religiosa, como entre os puritanos que recusavam "o ócio, o teatro, a literatura licenciosa",⁵⁷ excedia aquela motivação. Apesar de eu mesmo só conhecer uma pequena parcela da cultura ocidental, parece-me legítimo supor que o controle tem uma incidência bem mais larga. De todo modo, é mais seguro ressaltar a mudança sucedida no século XIX, quando o romance rompeu as restrições que o tolhiam, fosse por meio da secularização da vida dos santos, fosse pela expansão do público burguês. Mas não se deve deixar de notar que sua difusão tem servido de pretexto para que o próprio romance se erija em autocontrolador, pela ênfase no enredo e pelo fato de a preocupação com a própria linguagem ser condenada como "formalismo".

---

53 Ibid., p.34.
54 Ibid., p.29.
55 Ibid., p.41.
56 Ibid., p.34.
57 Cf. ibid., p.36.

Falar-se em autocontrole muito menos é bastante, pois a restrição vai além do gênero e vale tanto para a ficção em prosa quanto para a poesia e a pintura. No caso da última, não parece correta que a censura de Goody se restrinja ao abstracionismo francês:

> Na esfera das artes visuais, a hostilidade à representação [...] dava origem, por exemplo, nas obras dos abstratos franceses, à representação do objeto que não era senão a manifestação superficial de uma verdade mais profunda: uma essência, uma pureza que só podia ser expressa na ausência de objetos, de representação figurativa, de iconicidade.[58]

Pelo cuidado em não extravasarmos o caminho traçado, aqui encerro a referência ao ensaio capital de Jack Goody.

Em síntese, *poiesis* (criação) é o termo central que tem sido dedilhado desde que entendemos a *mímesis* como a combinação de semelhança e diferença. *A tensão nela presente supõe que o aspecto não necessário ao conhecimento de alguma coisa é convertido pelo mímema em algo sério e estritamente indispensável, sem que seu empenho o transforme em útil.* Daí o cuidado que nesta seção se dedicou à linguagem da ficção. Ela constitui uma espécie discursiva, não confundível com a pragmática, a religiosa, a filosófica, a científica. Cada uma serve a uma meta e, por isso, satisfaz a uma necessidade. Só a ficção implica a *"suspension of disbelief"*, sem outra aparente vantagem senão a de confiar integralmente em sua experiência.

Terminamos a seção com o breve retorno à questão do sujeito. Considere-se que seu autocentramento na face egoica, extremada em décadas recentes, é desastrosa porque privilegia o caráter performativo do eu. Renuncia-se assim à consideração das várias faces que cada eu assume diacrônica e/ou sincronicamente. Alegue-se que a perda não seria considerável porque, socialmente, sempre se privilegia uma face sobre as demais. Mas

---

58 Ibid., p.42.

o esquecimento das demais potencializa o que se costuma chamar de "culto do eu", cuja negatividade não se restringe ao aspecto político. Ainda se acrescente: tal exclusividade egoica não se confunde com o privilégio do eu, estabelecido desde o século XVIII, porque a razão de sua presença é provocada por condicionantes temporalmente mais próximos; para ela, é decisiva a ascendência mediático-televisiva e as redes eletrônicas com que passamos a viver. Com elas, o "esquecimento" do ficcional se reforça e se torna uma incômoda contemporaneidade. Se a imprensa possibilitou o domínio da cultura escrita, nos setores das sociedades em que a escrita não firmou seu domínio, a produção e a difusão culturais passam a se enfrentar com a *oralidade* eletrônica.

Entre a escrita e a "oralidade" eletrônica, as diferenças são abissais. A cultura escrita tem por base a efetivação da potencialidade do leitor individual, já a "oralidade" eletrônica, em vez de explorar aquele potencial, afaga sua recepção superficial e, por seu baixo nível de produção, afeta negativamente a feitura do produto escrito. O padrão instituído e difundido do best-seller o comprova. Daí produtos estapafúrdios como a conversão de *Grande sertão: veredas* em história em quadrinhos e a multiplicação da chamada literatura infantil.

É evidente que o problema da mídia televisiva e das redes sociais não é de ordem técnica, mas sim decorrente da dedicação da primeira ao consumo de massa e, no caso das últimas, da propagação do opinativo. É a massa dos ouvintes e praticantes das redes que opta pela banalidade ou é a boçalidade que lhes é imposta por suas condições de educação? Qualquer das respostas nos deixa diante de um infernal círculo vicioso. Suas consequências parecem incalculáveis.

Passemos à derradeira seção.

3. ENCONTRO COM WOLFGANG ISER

Antes de reservarmos a parte seminal da seção à apreciação de um capítulo de *O fictício e o imaginário*, de Wolfgang Iser, façamos duas observações prévias e voltemos a considerar um certo triângulo. (a) No espaço da não coincidência, a ficção estabelece-se entre o visível e o dizível. Ao contrário do que se costuma afirmar, o dizível excede o visível, porque pela metáfora dele transborda. Tal regime não é exclusivo à ficção, mas é nela acentuado por sua indeterminabilidade; (b) no capítulo III, tocou-se na distinção entre *play* e game; a partir dela, é legítimo falar-se em uma filosofia do jogo, conforme a uma prática há décadas firmada. Daí entretanto não se afirma, como o faz Sloterdijk, que a filosofia do jogo se aproximaria da tematização teológica.[59] As duas abordagens se distinguem pela distância das hipóteses de que se originam. A teologia parte de uma certeza apodítica e indemonstrável, ao passo que o jogo se fundamenta na aleatoriedade de seu resultado.

O triângulo a seguir comentado foi usado no capítulo II de *Frestas*.[60]

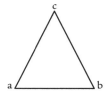

Ele assim se explicava: (a) a ponta da esquerda corresponde à indagação sócio-histórica; (b) a da direita, à consideração da intencionalidade do artista e à percepção de seus limites quanto ao próprio entendimento do que fez; (c) à compreensão particularizada do texto ficcional. Em outras palavras, a ponta (a) assinala a inevitabilidade da indagação sócio-histórica; a ponta (b), o papel, embora restrito, da intencionalidade do artista; e (c), a indeterminabilidade do *mímema*, decorrência de sua finalidade sem fim.

---

59 Cf. Sloterdijk, Der ästhetische Imperativ: Schriften zur Kunst, in: *The Äesthetic Imperative: Writings on Art*, p.105.
60 Costa Lima, *Frestas*, op. cit., p.115.

Ainda antes de virmos ao texto de Iser, recorde-se que, em *Frestas*, já dedicamos uma pequena seção ao que chamamos de ficção externa. Seu propósito não era, nem muito menos se tornou, explorá-la por si mesma, mas acentuar que a derivação *mímesis* – ficção não se esgota no que se costuma entender por literatura. Por um lado, a literatura abrange os gêneros ficcionais; por outro, contém uma disposição que se estende indiscriminadamente pelos discursos das ciências sociais e da filosofia, disposição genericamente compreendida como ensaística e caracterizada por sua qualidade formal.[61] Freud e Bergson, com independência de suas qualidades de cientista e de filósofo, são

---

61 Para evitar um longo desvio no argumento principal, converto em nota dois esclarecimentos indispensáveis. Ao longo da segunda entrevista concedida a Carsten Dutt, Koselleck faz uma observação preciosa sobre obras que, sem ser estritamente literárias, são recebidas como próximas destas. A propósito da intervenção de Tucídides, na *História da guerra do Peloponeso*, sobre os discursos pronunciados por autoridades atenienses e transpostos como sendo palavras suas, diz o historiador contemporâneo que "[...] a fala inventada por Tucídides tem a grande vantagem de poder afirmar quase poeticamente, porém em menos páginas do que cada fala realmente observada, na situação política de confronto. [...] Essa é uma realização estética que, nesse sentido, leva vantagem sobre uma fala reconstruída ou redatada [...]" (Koselleck; Dutt, *Erfahrene Geschichte*, p.59). Sem negar que o recurso provoca uma "realização estética", que não estava/está no propósito do historiador grego, Koselleck admite a permeabilidade que cerca o literário e o não literário. Isso não significa que Koselleck pensasse que o discurso historiográfico fosse indistinto do literário. Isso é incabível porque a ciência da história, e só ela, "constrói para si mesma uma instância de controle das fontes" (ibid., p.61). Para entendermos o alcance da observação, recorde-se a posição platônica acerca da *mímesis*. Como assinala Anne Melberg, em Platão, a narrativa da *mímesis* era definida pelas perguntas "quem está falando? para quem? quem está vendo? [...]" (Melberg, *Theories of Mimesis*, p.26). Ou seja, o ficcional primariamente se define pelo fato de o autor dar voz ao outro, em vez de a si mesmo. Ora, os textos atuais passíveis de provocar uma reação estética, por exemplo certos textos freudianos, sem que sejam propriamente literários, não são ficcionais, pois neles é a própria voz do autor que é referida. Não serem literários implica, portanto, que têm uma propriedade formal que os aproxima da ficcionalidade sem que pretendam (nem devem pretender) sê-lo. Ou seja, no lado inverso ao que Koselleck encontrava em Tucídides, tais textos demonstram tanto a permeabilidade que o ficcional mantém com o não ficcional quanto a urgência de diferenciá-los.

exemplos de ensaístas. Isso não significa que sejam alguma espécie de ficcionistas. Em mínimas palavras, a ficção externa se diferencia da interna porque, por sua intencionalidade, é paralela a seu resultado pretendido. O que vale dizer: não poderia ser definida por alguma

---

O segundo esclarecimento vem em lugar de um capítulo. É evidente que a questão da *mímesis* principia com os Diálogos platônicos. Mas sua compreensão não é unânime. Vernant representa a posição majoritária. A posição é desenvolvida no excelente "Naissance d'image". Recurso específico da *mímesis* consiste em ter a imagem como propriedade sua; "definida como semelhança, a imagem tem um caráter distintivo tanto mais marcado porquanto a aparência não é mais considerada a partir de então como um aspecto, um modo, um nível de realidade, uma espécie de dimensão do real, mas como uma categoria específica posta em face do ser em uma relação ambígua de 'falso semelhante'" (Vernant, *Religions, histoires, raisons*, p.131). Assim entendida, a imagem (*eidolon*) mantém-se próxima da *mímesis*, como do verbo a que corresponde, *mimeisthai*, e a *phainomenon*. Sua determinação se faz opositivamente à positividade da verdade, do permanente, do campo das Ideias. Melberg, ao contrário, assinala a variedade de significados conferidos à *mímesis* nos diálogos *As leis*, *Sofista*, *Crátilo*, *Banquete*, além da referência mais comum, ao livro X da *República*. Por essa variedade, sua identificação com a *imitatio* pareceria arbitrária. Na impossibilidade de acompanharmos cada passagem, tão só se assinala que, em ambos os casos, a *mímesis* platônica é entendida no sentido de cópia ou reduplicação de um modelo – portanto, ela é completa ou relativamente negativa, no segundo caso porque apenas assemelhada ao verdadeiro. É apenas relativamente negativa porque a *mímesis* é aceita quando reproduz as dimensões de seu modelo. Admiti-lo tem um efeito profundo em Deleuze. Com base em 236 c, do *Sofista*, em que a "cópia-ícone" é diferenciada do "simulacro-fantasma", Deleuze reserva a acepção negativa da imagem e, em consequência, da *mímesis*, ao segundo caso. Fazê-lo afeta a própria qualificação da Ideia: "[...] É a identidade superior da Ideia que funda a boa pretensão das cópias, e a funda em uma semelhança interna ou derivada" (Deleuze, Platon et le simulacre, in: *Logique du sens*, p.296). Ao sentido que então reserva à Ideia corresponde a concepção a que se contrapõe o *"renversement du platonisme"* a que Deleuze se incorpora. Por aí bem se vê como o questionamento da *mímesis* supõe uma dimensão epistemológica de que mal falei. Enfatize-se apenas: desde a incorporação da doutrina platônica ao pensamento europeu, manter a correspondência entre *mímesis* e *imitatio* é decisivo para manter-se constante a visão de mundo e de verdade como firmes e estáveis; dito com mais precisão: a pressuposta convergência da ordem do conhecimento com a ordem prévia da realidade.

"finalidade sem fim", pois sua meta pragmática é tão imediata e evidente quanto sua manifestação. Apesar disso, cabe-lhe o nome de ficcional porque, de fato, não se ampara em um lastro de verdade, embora no fundo de si seu agente pretenda falar a verdade.

O exemplo mais banal, o de uma saudação, tem a vantagem de romper com o mistério. Ao passar na rua por um conhecido, o cumprimento, de maneira mais formal ou mais efusiva conforme nosso prévio envolvimento, será obrigatório. Em nenhum instante, pensarei que meu "bom-dia" implique qualquer voto efetivo. Mas a prova de que algo desse propósito estava implícito em minhas palavras logo se mostra se não receber algo semelhante em troca. Por mais banais que sejam, as saudações fazem parte indispensável da mecânica do dia a dia. Portanto a ficção externa fica entre a ficção estrita e o pragmático estrito, constituindo uma margem que se estende desde a banalidade até a fala empolada de juízes e autoridades constituídas. Aceitá-la como essa figura embrulhada de ficção que, no entanto, supõe um núcleo de verdade explica que, em um Estado leigo, afirmações sobre Deus sejam admitidas em enunciados públicos e até aceitas como indispensáveis.

A ficção externa tem como limites a crença em uma divindade onipotente e o plano do direito. Nenhum desses limites se reconhece como ficção. A religião baseia-se no fundamento da fé porque não pode confirmar a verdade de seu postulado. A fé para o crente é uma necessidade por isso convertida em verdade incontestável. Algo de equivalente sucede com o direito, por ser ele formado pelo entrançado de normas que se habilitam temporalmente para que rejam o conjunto de certa sociedade.

Dizê-las constitutivas das fronteiras extremas da ficção externa não significa algum menosprezo, pois que respondem a necessidades humanas. Fora da filosofia e das ocupações pragmáticas, a religião oferece uma justificativa para o próprio fato da vida. Para aquele que crê, a vida além é capaz de ultrapassar a experiência do nada. O crente, ademais, não precisa ser um religioso, pois é possível que a religião seja substituída por algo mais palpável – por uma crença apenas terrena. Para fora do âmbito da fé, a questão consiste em que uma e outra modalidade religiosa tendem a ser intolerantes. Embora o direito também corra esse risco, sua justificativa torna-se aceitável ao se verificar que, em princípio, é o meio para dobrar ou ao menos compensar o desajuste e a arbitrariedade das condutas privadas e grupais. Aprofundar as relações da ficção externa com a religião e o direito exige uma especialidade que não é minha. Cabe-me por isso apenas acrescentar que, em oposição à ficção interna, a externa não explicita nenhuma "voluntária suspensão da descrença", mas sim a afirmação, tendencialmente automática, que, pelo cumprimento da crença ou da norma, crê-se estar sendo justo. As últimas considerações são uma homenagem ao que devemos à reflexão de Wolfgang Iser.

Não parece ocasional que o termo "ficção" se encontre no léxico das línguas mais divulgadas. Mas, se se pergunta se sua acepção seria igualmente longa no tempo, a resposta será negativa. Nos séculos anteriores ao XVIII, o termo *fictio* tinha uma acepção fundamentalmente jurídica. Bastante antes, no apogeu romano, como esclarece o filólogo Manfred Fuhrmann, "*fictio*" não era estabelecido por lei, ou seja, não era promulgada pela assembleia do povo, mas sim casuisticamente, por um magistrado romano, com o propósito preciso de que o crime de furto pudesse ser atribuído a um estrangeiro.[62]

Suponho que fora do direito romano sua vigência se restringia à oratória. Como esclarecia Quintiliano, nas *Institutio oratória*:

> Quando com tanta frequência se fala em justiça, na força da alma, na moderação e em outras virtudes semelhantes, [...] seria de duvidar que, onde quer que a força do talento e a abundância da palavra são indispensáveis, o papel do orador é o principal?[63]

---

62 Cf. Fuhrmann, Die Fiktion im römischen Recht, in: Henrich e Isxer (Orgs.), *Funktionen des Fiktiven, Poetik und Hermaneutik*, p.413.
63 Quintiliano, *Institutio oratoria*, p.12.

Sem que tenhamos condições de ir além na questão de sua temporalidade, consideremos que sua tematização específica se efetuará a partir do século XVIII, assim como seu aprofundamento teórico se dá bem mais recentemente. Não obstante, ela já era objeto de indagação entre os gregos.

É com base em anotação de Aristóteles que Iser iniciará sua investigação. Segundo o estagirita, Alcmaion, um médico grego, declarava que a vida conhece a morte porque não enlaça seu começo a seu fim. A ficção deriva desse desenlace e consiste em estabelecer uma ligação entre aqueles extremos. O que equivale a dizer: a ficção é movida pela descontinuidade de seus extremos. A ficção é, simultaneamente, um conector e um transgressor. Parece simples ainda acrescentar: ela tem a aparência de algo ilusório, superficial e se indispõe com o princípio de realidade. Bem poderíamos chamá-la portanto de a realidade do irreal; preferimos entender que a expressão contraditória se torna compreensível ao optarmos em entendê-la presente pela cláusula do "como se".

Como os esclarecimentos são sumários, venhamos a um pouco de sua reflexão. É apenas entre 1813 e 1815 que Jeremy Bentham se dedicou a pensá-la. Seu cuidado não remetia a alguma concepção de literatura ou à sua relação com a retórica, mas sim às irregularidades que prejudicavam a eficácia da jurisprudência inglesa. É curioso que não tenha concluído sequer um artigo a respeito, limitando-se a anotações que seriam reunidas, no século seguinte, pelo linguista e filósofo Charles K. Ogden, em *Bentham's Theory of Fictions* [A teoria das ficções de Bentham] (1932). A passagem seguinte mostra inclusive seu descaso ou mesmo desprezo pelo uso literário do termo:

> As ficções do poeta, em seu caráter de fabulador histórico ou fabulador dramático, dispondo ou não as palavras de seu discurso em forma métrica, são puros de insinceridade [...] e só visam agradar, a menos que, em certos casos, visem excitar para a ação [...].[64]

---

64 Ogden, *Bentham's Theory of Fictions*, p.18.

Considere-se ainda que, se em data recente Blumenberg englobava a ficção na reconsideração da retórica, 55 anos antes Bentham já o fazia com certa particularidade: a retórica sacerdotal ou jurídica era uma forma de enganar, ou seja, de parcializar o uso da ficção.

Antes de se declarar que as duas referências mostravam a dificuldade de precisar o estatuto da ficção, aponte-se para a cláusula de efeito oposto: Bentham retira a ficção do lixo em que era abandonada pelo uso negativo que lhe era reservado. Assim o fazia pelo propósito de, conhecendo seu mecanismo, corrigir seu defeito frequente. Interrompamos sua menção para tratar de um segundo antecessor, Hans Vaihinger.

Tantos séculos se passaram sem a urgência de conhecê-la que não é surpreendente que a segunda investida em penetrar na ficcionalidade, a se dar quase um século depois, em 1911, expusesse o mesmo descaso pela ficção na arte verbal. Os dois precursores hão de ser lembrados pela função que concediam a um objeto que não participava de uma teoria do conhecimento.

Assim como Bentham tornara o ficcional superponível à extensão da retórica jurídica e sacerdotal, em Vaihinger o reconhecível como expressão do real se confundia com a indagação do ficcional. Nem por isso Bentham e Vaihinger coincidiam: o que em Bentham tinha o peso do material, um século depois se converte na ênfase do subjetivo. Demonstra-o a leitura que faz o segundo da "coisa-em-si kantiana". O conceito kantiano é por ele considerado uma ficção, mero instrumento pelo qual a realidade se tornava calculável. Depois de cumprida sua função e tendo tido êxito, "a coisa-em-si" seria abolida: "[...] De acordo com nosso ponto de vista, a sucessão e a coexistência das sensações formam o real último, e a este são acrescentados dois polos, o objeto e o sujeito".[65]

Entendido como instrumento de cálculo, o conceito kantiano será então desmontado. Dessa maneira, o ficcional é apenas uma ferramenta útil para a elaboração dos conceitos. Mantendo o

---

[65] Vaihinger, *A filosofia do como se*, p.218.

confronto com a argumentação kantiana, Vaihinger acrescentava que a interpretação ética se apoia em um fundamento da mesma espécie, Deus, a imortalidade, a punição etc. E, em uma visão mais geral, divergia da visão kantiana da ética por compreender que ela impunha uma base ideal, não integrável à realidade. Em suma, as ficções seriam duradouras enquanto instrumentos, portanto, enquanto contingências úteis.

O desencanto com o argumento de Vaihinger principia por sua reiteração da utilidade a que subordina as ficções. Para maior certeza de entendimento, vejamos o que compreende por realidade e o que concede ao ficcional. Para tanto não basta o que já dissera sobre "a coisa-em-si". A elaboração mental realizada pela sucessão do movimento e as sensações dela decorrentes reduzem o mundo à elaboração subjetiva. O que Vaihinger chama de "ficção originária" se confunde com a elaboração mental. Isso equivale a dizer que a ficção não constitui uma forma discursiva própria, porque se restringe a ser uma armação útil e provisória, presente em qualquer construção discursiva. Em outras palavras, o positivismo do autor deixa de considerar a ficção como ornamento, algo passível de ser integrado à retórica, para torná-la peça de uma engrenagem, que, a partir de certo momento, se torna dispensável. Dito de modo mais concreto, a ficção é submetida ao império do conceito, é um criado serviçal e cordato. Instrumento de uso do conhecimento, a hipótese de Vaihinger considera a ficção um instrumento que favorece o domínio. Por isso não estranha que o autor nada tenha a dizer sobre a ficção poética. Se a ficção tem a propriedade de ser útil, a ficção poética ocuparia um lugar à parte, literalmente é uma marginal, posta entre o dogma e os instrumentos de cálculo.

Nada disso impediu que, no fim do século XX, Wolfgang Iser convertesse em valiosa a contribuição de Vaihinger para pensar todo o processo da ficção. Concentremo-nos na parte que nos parece decisiva. O autor sintetiza o que Vaihinger chamara de "lei do deslocamento das ideias". As ideias se desenvolvem segundo três estágios, o da ficção, o da hipótese e o do dogma, por sua vez passíveis de reversão:

A história da ideia é a das condições psicológicas: no dogma, a realidade é identificada com a ideia; na hipótese, a ideia se torna uma pressuposição a ser verificada; na ficção, por fim, opera a consciência de que a ideia é o outro radical daquilo a que se refere.[66]

Ainda é de considerar a formulação isolada: "Na ideia, enquanto ficção, está inscrita a inconcebilidade daquilo que deve ser processado".[67] Por meio dos estádios referidos, o conhecimento não é mais tido como correspondência entre sensação e mundo externo, mas como "adequabilidade com que a sensação age sobre o que a 'confronta'".[68]

Por conseguinte, a ficção deixa de ser tomada como um momento marginal, que a teoria do conhecimento podia ignorar. Pelo contrário, é "pela ficção que a consciência atribui as sensações à realidade".[69] Se, contudo, aí se encerrasse o argumento, era possível pensar que Vaihinger abandonava o ponto de partida empirista para manter o ponto de vista teleológico, agora concedendo à ficção o que antes terminantemente lhe negara. Mas a restrição é falsa porque os estádios indicados são passíveis de reversão. A ficção supõe o momento de maior abertura, mas ao mesmo tempo de incerteza, que fere a necessidade de equilíbrio que o ser humano sente. Ela ocupa a posição oposta ao dogma. Neste, "a psique alcança uma situação bastante satisfatória ao se tomar a ideia pela realidade", com a restrição de que "essa dominância psicológica objetiva a sensação e conduz à imobilidade".[70]

Entre ficção e dogma, na hipótese, a ideia se confunde com uma suposição a ser verificada. Se parece evidente que não poderíamos confundir a vida com o levantamento de hipóteses, por que o estádio da ficção não seria o preferível? Por que, ao contrário, a reversão haveria de se dar precisamente entre a ficção e o

---

66 Iser, op. cit., p.189.
67 Ibid.
68 Ibid., p.190.
69 Ibid.
70 Ibid.

dogma? A "intuição antropológica" a que Iser se refere é pouco simpática à condição humana, pois reitera a estabilidade de resultado:

> Enquanto a necessidade de esclarecimento procura impedir a psique de se encerrar em suas ideias, pois com isso ela se veria privada da capacidade de ação, a reversão busca salvaguardar o que foi alcançado, de modo a neutralizar os traços perturbadores dos fenômenos.[71]

Creio que o breve resumo servirá de esteio para o desenvolvimento dado pelo próprio texto de Iser. Este enfatiza o papel da cláusula "como se". Nela se fundando, a ficção transgride e amplia a história real. Por essas duas ações, ela é inconfundível quanto às demais formas discursivas. Se estas, de um ou outro modo, têm por fundamento o conceito, a ficção, por excelência aquela que chamamos de interna, tem por base a metáfora.

Esbocemos a extensão a que a ficcionalidade remete. Os séculos que consideraram prescindível precisar o que, na Antiguidade, o direito romano entendia por *fictio* (cf. passagem referente a Manfred Fuhrmann) são também aqueles que, de acordo com Heidegger, julgaram dispensável pensar na concepção de ser, cuja indagação tomavam por ociosa porque de antemão já se saberia o que é o ser.

Em troca, ao se aprofundar a indagação sobre o ficcional, constata-se que, de certo modo, ela é passível de incluir a linguagem matemática. Como assim? Que significaria as próprias teorias matemáticas variarem e serem modificadas senão que contêm uma parcela mutável, portanto não integrável no que se entende como a essência de algo? Se pessoalmente não estou de acordo em incluir a matemática no campo do ficcional, nem por isso deixo de estar de acordo em que a formulação matemática não se confunde com a verdade em si, ou seja, que também a matemática é uma linguagem, e não a extração de uma propriedade inerente.

---

71 Ibid., p.191.

Na tentativa de maior precisão, recorro à reflexão derivada de *O ser e o tempo*. A partir dele, é plausível dizer que os enunciados remetem aos estados de ser e existir. Por estados de ser, compreendemos aqueles em que prepondera a apreensão de propriedades do objeto indagado, em contraste com propriedades existentivas, aquelas em que dominam traços temporais do objeto indagado, tendo-se em conta que a temporalidade se cumpre pela inter-relação de características do objeto com traços do sujeito da indagação. Dada a diferenciação, será aceitável declarar que nas ciências por excelência, as ciências naturais, o estado de ser supera a fusão do objeto com o sujeito.

Já distinguimos a ficção interna da externa. Também já se disse que a interna, embora não se confunda com a literatura, abarca seus gêneros. Isso nos obriga a acrescentar que o termo "literatura" é inadequado, porque por si não identifica uma modalidade discursiva. No sentido amplo da palavra, "literatura" abrange textos, pertencentes a discursos diversos, que se caracterizam pela exploração exemplar da linguagem. (É nesse sentido que se costumou considerar *Os sertões*, de Euclides da Cunha, como literatura). No sentido restrito, a literatura se cumpre na ficção interna, que tematiza imaginativamente o caminho incerto da vida. Fundada no eixo metafórico, sua excelência dependerá da capacidade inovadora no uso do imagético.

Ainda cabe lembrar que, na ficção interna, a verossimilhança prolonga o aspecto da realidade para que, sobre ele, a imaginação se desenvolva. Na ficção externa, ao contrário, o verossímil (também chamado de fictício) estrangula o imaginário porque seu propósito não é transgredir o real mas sim prolongá-lo, para que o texto se aproxime do retrato. A distinção não esgota o que se há de dizer porque, como já se viu, a ênfase na qualidade da forma aproxima do ficcional textos que, em si, pertencem a outros discursos que não o ficcional. Tenhamos como exemplo um caso analisado na *Psicopatologia da vida cotidiana*. (Diga-se com veemência: a força de sua forma não diminui sua qualidade psicanalítica, isto é, sua inscrição científica).

Em uma viagem de trem, Freud relatava a seu companheiro de cabine a história de um paciente, sucedida em uma região próxima de onde se encontravam. No meio da narrativa, procura lembrar-se do nome de um certo pintor e, em seu lugar, aparece o nome de outro. É esse o enigma que Freud, ao refletir sobre o fato, procura decifrar.

Os dados capitais para a interpretação do esquecimento do pintor verdadeiro eram: (a) lembrar-se Freud da informação que lhe transmitira um médico amigo, que durante anos vivera na Bósnia e Herzegovina – os turcos aí residentes a tal ponto estimavam a potência sexual que identificavam seu enfraquecimento com a proximidade da morte; (b) um pouco antes da viagem em que se encontrava, Freud fora informado de um paciente seu que se matara em virtude de um distúrbio sexual. Em ambos os casos, portanto, era concretizada a articulação entre "morte e sexualidade" (*Tod und Sexualität*).[72]

É a partir dos dados anteriores, e só a genialidade do intérprete foi capaz de conjugá-los, que derivará o entendimento freudiano para a estranha substituição de Signorelli por Boticelli e Boltraffio. Quanto aos termos substitutos, Freud assinala desde logo a duplicação de sua sílaba inicial. A seguir, que a continuação do segundo termo reitera o nome do lugar em que recebera a notícia da morte de seu paciente, Trafoi. A reiteração do "bo" não é menos motivada pelo nome da região da Bósnia, de onde proviera a informação engendradora do realce entre "morte e sexualidade".

Em suma, o esquecimento de Signorelli nada tivera de arbitrário e ocasional. Tampouco a articulação dos nomes que poderíamos denominar de tampões. De que tampões senão do recalque – mas passível de ser vencido pela formulação sensível, ou seja, acústica, das palavras – para não acatar a estreita ligação entre morte e sexualidade? Recalque que não teria tamanha incidência caso fosse verdadeira apenas como crença de certa população, de certa região ou tendo ocorrido com um infeliz paciente.

---

72 Freud, *Zur Psychopatologie der Altagsleben*, p.8.

Seria de todo injustificado que alguém que se dedicava a penetrar nas artimanhas que cada ser humano prepara a si mesmo não percebesse que seu próprio esquecimento dele reclamava ser esclarecido. Embora o próprio Freud não chamasse a atenção para o detalhe, a situação provocadora de todo o enigma não se dava, como se poderia supor, em um sonho. Muito ao contrário, era à luz do cotidiano desperto que o recalque mostrava sua força. Como que o intérprete terçava armas com o consciente, no próprio terreno em que a percepção e a memória têm as condições mais favoráveis.

O que acaba de ser dito tem consequências para uma teoria do conhecimento. Qual sua base tradicional senão o caráter irrestrito da verdade? Secularmente, a filosofia pressupôs que a verdade não se afirma só no sentido perceptual pois seria uma propriedade transcendentalmente inerente ao ser humano. A verificação, ao contrário, de que a ficcionalidade está presente nos outros discursos abala a crença arraigada na tradição do pensamento ocidental. É no espaço de tempo que a dúvida deita raízes e que a *mímesis*, e com ela a ficção, tem condições de sair das sombras. Como parece mostrar a indagação a que temos nos dedicado, seu esclarecimento exige a perquirição de outros campos, como essência, verdade e sentido, seja a de outras províncias, como a do sujeito individual, seja ainda mais frontalmente de uma teoria do conhecimento. Todas essas questões foram desenvolvidas, salvo a última, a que apenas acenamos.

V

Ramificações do controle[1]

1. A IMAGINAÇÃO NA ANTIGUIDADE E NA MODERNIDADE

Como e quando o pensamento ocidental começou a refletir sobre a imaginação? Tudo parece ter se iniciado a partir de um *tópos* secundário em um capítulo de *De Anima*, de Aristóteles. Aristóteles necessitava definir a imaginação para assinalar "que o conteúdo dos estados mentais pode eventualmente *divergir* do

---

[1] O presente capítulo foi originalmente escrito para ser editado em italiano, na obra coletiva organizada por Franco Moretti, intitulada *Il romanzo*, havendo sido lançado em 2003, em seu volume IV. Durante anos o considerei um resumo dos três livros que publicara no Brasil, *O controle do imaginário: razão e imaginação nos tempos modernos* (1984), *Sociedade e discurso ficcional* (1986) e *O fingidor e o censor: no Ancien régime, no iluminismo e hoje* (1988), republicados em *Trilogia do imaginário* (2006). Registro que a versão americana de meu ensaio foi estragada pela infame tradução da última frase do primeiro parágrafo (cf. Costa Lima, The Control of the Imagination and the Novel, in: Moretti (Org.), *The Novel*, v.I., p.37). O texto em português, com mínimas mudanças e acréscimos, foi refeito da versão em italiano, em abril de 2019.
A passagem do tempo me fez compreender meu engano. O problema do controle está articulado à questão da *mímesis*, distinguindo-se por seu caráter concreto, ao passo que a *mímesis* está sempre sujeita a novos aportes.

que efetivamente se encontra no mundo".² A *phantasia* servia para pôr à prova uma teoria que procurava demonstrar a existência do erro psicológico. Reduzida à sua expressão mais simples, a afirmação de que a *sensação* e a *aprendizagem conceitual* eram as operações de base, respectivamente, da percepção e da maior parte dos estados intencionais. Para prová-la era necessário um instrumento: a *phantasia*. Com efeito, "não era possível identificar esse outro estado mental com a sensação e com o aprendizado intelectual, nem reconduzi-lo a seu modelo, porque, ao contrário do que sucede com esses últimos, a *phantasia* e todos os outros estados mencionados (imaginação,³ associação, memória, antecipação, raciocínio, deliberação, desejo, ação, paixões e sonhos) podem divergir da realidade".⁴

Nas palavras de *De Anima*:

> Pois a *phantasia* é distinta da sensação e da reflexão, embora não seja encontrada sem a sensação ou o julgamento sem ela. É então evidente que a *phantasia* não é a própria intelecção e julgamento, pois a condição a que responde depende de nós, de nossa vontade (é possível formar uma imagem diante dos olhos, pelo uso de imagens mentais; mas formar opiniões não depende de nós: inevitavelmente dizemos o falso ou o verdadeiro).⁵

Daí decorria a meta imediata do pensador: demonstrar a diferença de realização da *phantasia* quanto à sensação e à cognição. Recordemos certas passagens fundamentais do *De Anima*: (a) o sentido ou é uma faculdade ou uma atividade, enquanto a imaginação intervém na ausência de ambas, como sucede nos sonhos (cf. 428a 5-8); (b) enquanto todos os outros animais possuem

---

2 Caston, Pourquoi Aristote a besoin de l'imagination, *Les Études philosophiques* 42, p.4.
3 Para Caston, *fantasia* é um termo geral que inclui a imaginação, e não um seu sinônimo.
4 Caston, op. cit., p.30.
5 Aristóteles, *De Anima*, 427b, 14-21.

sensações, sua maioria não conhece a imaginação; (c) se as sensações são sempre verdadeiras, na maior parte dos casos a imaginação é falsa (428a 11-12); (c) no que respeita ao ato cognitivo, a imaginação, podendo ser falsa, não pode se confundir com o conhecimento ou a inteligência, que tampouco pode estar em erro (428a 17-18); muito menos se confunde com a opinião, pois que esta supõe a convicção e, mesmo se os animais possuam imaginação, neles não poderemos encontrar convicção. Aristóteles portanto conclui: "É então evidente que a *phantasia* não pode ser nem opinião *mais* sensação, nem opinião mediada pela sensação, nem uma mistura de opinião e sensação (428a 25-26)".

Eis por que

> a *phantasia* está na metade do caminho entre essas diversas faculdades. É mais fundamental que as faculdades intelectuais, estendendo-se até o reino animal, mas é também suscetível de erro. Convém idealmente partir desse ponto de vista para explicar os erros que se manifestam no comportamento, mesmo no dos animais não racionais.[6]

Mesmo expondo esquematicamente a concepção aristotélica da *phantasia*, não se evite destacar uma passagem que Caston assim não considerou: a relação entre imaginação e sensação. Enquanto a última provoca uma perturbação em quem a prova, o *phantasma*, produto da *phantasia*, tem o caráter de eco porquanto diverge do estímulo que o gerou.[7] Isso tem uma consequência que mereceria uma reflexão mais ampla:

> *A cadeia causal que a reconduz a seu objeto* não é de modo algum essencial, pois o que determina o conteúdo de um *phantasma* não são seus antecedentes causais, mas seus poderes causais; e pode

---

6 Caston, op. cit., p.30.
7 Cf. ibid., p.31 e 33.

suceder que esse "eco" seja modificado no caminho que o leva ao órgão central, de uma maneira que *altere* seus poderes causais.[8]

Ainda se acrescente: tal propriedade de distanciar-se da cadeia causal a que as sensações estão submetidas dá ao produto da *phantasia* um caráter peculiar que será amplamente desfrutado quando a imaginação se desvincular do papel secundário a que o pensamento antigo o relegava.

A passagem do *De Anima* que Caston não destaca é a que encerra o capítulo:

> Dado que as imagens perduram e são semelhantes às sensações, os animais em suas ações são amplamente guiados por elas, alguns, como os brutos, porque não têm intelecto, outros, como os homens, pelo eclipse temporário neles do pensamento pela paixão, pela doença ou pelo sono.[9]

Ora, se não sabemos aproveitar que Aristóteles atribua capacidade imaginativa aos animais, não se deve descurar que subordine a ação da *phantasia* ao "eclipse temporário do pensamento". Como dirá René Lefebvre, passarão ainda muitos séculos para que se reconheça capacidade criadora à *phantasia*.[10] No pensamento da Antiguidade, a imaginação só é ativa por falta, isto é, quando a cognição é ofuscada. Por essa razão a *mímesis* aristotélica, se bem que não coincidisse com a *imitatio*, conforme a hipoteca dos teóricos renascentistas que redescobriram a *Poética*, estava dela próxima, porque era sempre guiada pelos parâmetros da *physis*.

O papel subsidiário e secundário da imaginação na cultura clássica é emblematicamente ilustrado pela obra do poeta que funde a tradição antiga com o cristianismo. Em Dante, escreve Bundy, a *vis imaginativa* "é uma faculdade de representação de fato material,

---

8 Ibid., p.33.
9 Aristóteles, *De Anima*, III, 3, 429a, 5-8.
10 Cf. Lefebvre, La "phantasia" chez Aristote, *Les Études philosophiques*, esp. p.42.

que permite ao poeta e ao amante ter constantemente diante de si a imagem de Beatriz".[11] "Teoria da visão" ou "teoria da imaginação" são para Bundy o mesmo, porque para Dante a imaginação é algo de material. Demonstra-o o fim do *Paraíso*, quando ao viajante é dado contemplar o mistério da Trindade:

> *Nella profonda e chiara sussistenza*
> *dell'Alto lume parvermi ter giri*
> *di tre colori e d'uma contenenza;*
> *e l'un dall'altro come iri da iri*
> *parea reflesso,*
> *e 'l terzo parea foco spiri.*
> *Oh quanto è corto il dire e come fioco*
> *al mio concetto!*[12]

Para que *il dire* não fosse *corto*, Dante não teria tido de falar só da materialidade dos três círculos, de suas cores, de sua circunferência idêntica ou de seus recíprocos fulgores; para que a Trindade cessasse de ser um mistério, a imaginação teria tido de deixar de confundir-se com uma visão não causada e converter-se em criadora. Mas assim não é, e a passagem dantesca pressagia aquilo que será o máximo obstáculo para o desenvolvimento da ideia dinâmica da imaginação: a visão cristã do mundo.

Consideremos duas afirmações de James Engell:

> De 1710 à metade do Setecentos, a imaginação aumentaria consideravelmente de importância, adquirindo um valor moral, estético e também religioso, que era quase de todo positivo. [...] A partir de por volta de 1740, a confiança crescente na imaginação criativa induziu os poetas e críticos a crer nessa faculdade. Sentiam ter a

---

11 Bundy, *The Theory of Imagination in Classical and Mediaeval Thought*, p.226.
12 "Na profunda e dilúcida aparência/ da luz vi três anéis, tendo três cores,/ Um refletia no outro os seus fulgores,/ como dois Íris, e o terceiro, à frente/ de ambos colhia a um tempo os esplendores,/ Ah! Como é vã a voz, e incompetente,/ por demonstrá-lo! [...]" (Paraíso, XXXIII, vv. 115-22).

meta não só de construir uma nova visão do mundo, uma reavaliação do homem e da natureza, como de transmitir esse pensamento ao sentimento, servindo-se das formas, das cores e dos sons da natureza redescoberta.[13]

As duas passagens sublinham a importância que a imaginação então assume. E o fato que dela se ocupem não só poetas como Coleridge, mas também filósofos, além daqueles dos quais falaremos adiante, indica que a redescoberta da imaginação não é uma atividade de autopromoção dos artistas, mas de reação contra uma atitude nascida no âmbito filosófico. É a gnoseologia do *cogito*, com seu "obsessionante e quase sinistro dualismo"[14] entre a *res cogitans* do homem e a *res cogitata* da natureza, indiretamente responsável pela importância que o racionalismo continental e o empirismo inglês atribuem à imaginação.

Não é ainda tudo: ao Descartes do dualismo entre homem e mundo se acrescentava o antagonismo interno ao próprio homem entre a razão, que alimentava o *cogito*, e as paixões, das quais, em sua última obra, *As paixões da alma* (1649), só se esperavam tumulto e confusão. A lição de Descartes será aprofundada por Malebranche, que dedicará o segundo livro de *A busca da verdade* (1674), intitulado *Da imaginação*, a demonstrar "as causas físicas da desordem e dos erros da imaginação",[15] bem como em uma obra mais complexa e atual, realizada pelos filósofos de Port-Royal, Arnaud e Nicole, em *Lógica de Port-Royal* (1662-1683), e por Arnauld e Lancelot, na *Gramática de Port-Royal* (1660). Esses filósofos são induzidos a estudar a linguagem pela incerteza cognoscitiva provocada pela mobilidade das paixões. O elogio da razão mecânica do *Discurso sobre o método* (1637), portanto, contribuiu de maneira decisiva para romper a unidade da visão do mundo que o cristianismo havia até então preservado.

---

13 Engell, *The Creative Imagination: Enlightenment to Romanticism*, p.47-8.
14 Ibid., p.7.
15 Malebranche, De la recherche de la vèrité, in: Rodis-Lewis (Org.), *Oeuvres*, v.I, p.142.

Estabelecida a dualidade e a progressiva fragmentação do mundo, ademais favorecida pelo surgimento das diversas ciências, punha-se o problema de restabelecer a unidade de visão de mundo, com base no primado da imaginação. Para Engell, "o conceito iluminista de imaginação tinha uma imensa vantagem que o Oitocentos não soube colher: concentrava-se na fonte do poder criador, sobre o que permite a ação unitária de todas as faculdades em seu grau mais alto, e que funda o gênio e a criatividade na arte".[16] Mas falar de insucesso do Oitocentos não é bastante apropriado porque os defensores da imaginação estavam em desacordo entre si e às vezes as diferenças internas se manifestavam no mesmo sistema, a exemplo do que sucede na obra de Kant. Enquanto, de fato, o sublime põe em xeque a força imaginativa que atualiza – e seu insucesso como capacidade sintética reinsere dentro do sistema a figura do divino –, Kant não cessa de afirmar a natureza problemática da *causa última*. Converter a imaginação na "fonte do poder criador" dificultava a justificação do religioso, porque sua negação corroborava a ação do divino. Com semelhante fonte, a nova visão do mundo haveria de supor a exclusão da religião ou a fratura kantiana entre o exato e o problemático.

É também verdade que um espírito menos especulativo como Coleridge não teria chegado a formular tal dilema e, ao contrário, teria aproximado a "imaginação dinâmica" do divino. Mas a distância de Coleridge quanto a Kant mostra que uma "ação unificada de todas as faculdades" só poderia criar "segurança em si mesma e independência", por meio da aceitação *inequívoca* de uma entidade superior às faculdades humanas. Em suma, a discrepância entre Kant e Coleridge – entre a cautela com que um formula o que Zammito chamava de sua visão utópica[17] e a certeza com que o outro afirmava a unidade da imaginação criadora de Deus – é menos relevante que a constatação de que, para superar a fatura entre homem e mundo, não basta uma argumentação

---

16 Engell, op. cit., p.79.
17 Cf. Zammito, *The Genesis of Kant's Critique of Judgement*.

puramente intelectual. É nesse sentido que a imaginação criadora encontrou no cristianismo seu grande adversário.

Aproximemo-nos da *Biographia literaria* (1817), partindo do trecho inicial "Sobre poesia ou da arte":

> A arte, empregando o termo coletivamente para a pintura, a escultura, a arquitetura e a música, é a mediadora e a conciliadora na natureza com o homem. Ela é, portanto, o poder de humanizar a natureza, de infundir os pensamentos e as paixões do homem em toda coisa que seja objeto de sua contemplação; a cor, a forma, o movimento e o som são os elementos que ela combina e unifica dentro do molde de uma ideia moral.[18]

A concepção do artista é aqui modificada pela função concedida à imaginação. Esta supõe um processo dinâmico em virtude do qual se dissolve a separação entre sujeito e objeto. Como se lê no *Aids to Reflection* [Ajuda à reflexão] (1825), "pensar uma coisa é distinto de percebê-la, como 'caminhar' é distinto de 'sentir o chão sob os pés'".[19]

À primeira vista, em ambas as passagens o fim da separação entre sujeito e objeto apenas concerne ao homem: a arte tem o poder de

> humanizar a natureza, de expandir o criador *no* objeto. Uma leitura atenta, contudo, indica que a verdade está no contrário: cor, forma, movimento e som rompem a prisão da matéria-prima. É, no entanto, também verdade que a fusão provoca outra forma de identidade humana: a ideia moral. A "qualidade intermédia entre o pensamento e a coisa",

como Coleridge definia a propriedade da arte,[20] implica uma identidade expansiva, bem diversa da absorção do *Ichheit*, que

---

18 Coleridge, On Poesy or Art, in: *Biographia Literaria*, v.II, p.253.
19 Apud Engell, op. cit., p.336.
20 Cf. Coleridge, op. cit., p.254.

para Fichte resultava do contato do homem com o mundo. Enquanto o reino fichteano do eu pressupõe e recorda uma espécie de imperialismo, para Coleridge, "em todas as verdadeiras criações da arte deve haver uma união de dois elementos diversos" (a semelhança e a diferença).²¹ Tal combinação se realiza pela atividade do gênio, que estabelece "uma conciliação do que é exterior com o que é interior; o consciente é de tal modo impresso no inconsciente que nele aparece".²² Se para Diderot e Kant o gênio extrai da natureza uma *energeia* ainda desconhecida da razão humana, para Coleridge ele tem a capacidade de mediação entre sujeito e objeto, e ainda antes, entre consciente e inconsciente. Assim o sujeito criador reúne o que era dividido: "Há no próprio gênio uma atividade inconsciente".²³

A referência ao inconsciente, provavelmente por influência de Schelling, leva Coleridge a modificar, conquanto de maneira não sistemática, a teoria da imitação. Encontram-se assim frases deste teor: "Um bom retrato se abstrai do pessoal; a semelhança não visa a um confronto imediato, mas sim à lembrança. E isso explica por que a semelhança de um retrato bem-feito não seja sempre reconhecida".²⁴ Outro fragmento, de março de 1810, não desenvolvido e de formulação embrulhada, indica que o inconsciente servia ao autor para atenuar a atenção excessiva que os românticos concediam ao *self* e para a revisão da teoria da *mímesis*: "Vou querer inclusive estudar a conexão entre imaginação e *Bildungstrieb; imaginatio = imitatio vel repetitio Imaginis – per motum? Ergo, et motuum: le'Variole'* – geração. Não é talvez uma ligação entre imitação física e imaginação?".²⁵

Supor um elo entre imaginação e o impulso que se exprime por meio de imagens equivale à hipótese da existência de uma força (*Trieb*) anterior à consciência, mesmo se a frase intermédia

---

21 Ibid., p.256.
22 Ibid., p.258.
23 Ibid.
24 Ibid., p.259.
25 Ibid., v.III, frag.3744.

enfraqueça a intuição, estabelecendo uma correspondência entre imaginação e repetição da imagem (e provocando a interrogação sobre a ligação possível da imaginação com a repetição física). A geração (propagação) da varíola induz a pensar que o autor não via diferença entre movimento físico e psíquico, comprometendo sua intuição primeira. Não obstante as dificuldades, a hipótese de um *Bildungstrieb* ia na mesma direção do fragmento sobre a abstração pessoal do retrato, muito embora, no fim, continuasse a prevalecer a tradição da *imitatio*. (A frase, ainda que embrulhada, é decisiva para entender-se a extrema dificuldade de ultrapassar-se a concepção da *imitatio*).

Outro fragmento, datado de 27 de outubro de 1803, ajuda a compreender a resistência que a ideia da imaginação criadora encontrava:

[...] Ele haver criado esse infinito dos infinitos – há entretanto sempre espaço na imaginação para a Criação de Finitos –, mas em vez destes deixemos que ainda creia Infinitos. Permanece, contudo, o mesmo espaço – de modo algum completado. Sinto que tudo se apoia no miserável sofisma de aplicar a um Ser Onipotente palavras como *todo*. Por que não *todos* – Deuses? Mas não há algum *todo*, na criação – ela é composta de infinitos –, e a imaginação é desorientada pelo acúmulo de infinitos sobre infinitos.[26]

Duas questões se entrelaçavam: a relação entre os poderes do divino e da imaginação e a relação entre o infinito e o todo. Conceber Deus como criador do infinito dos infinitos não impede que se conceda à imaginação o poder de criar "finitos". O louvor da imaginação não se chocava portanto com a concepção do divino, pois a discórdia só dependia do "miserável sofisma" contido na palavra "todo". *Tudo* não está na criação, que, ao contrário, se articula com uma composição de infinitos. Eliminar o sofisma significa possibilitar a conexão entre o Criador e o artista. A meta da imaginação é compatível com a ideia de Deus, e caberia à arte

---

26 Ibid., v.I, fragm.1619.

promover a reconciliação da capacidade criadora humana com o criador de infinitos. No entanto, a harmonia parece comportar a exigência de uma homologia entre as duas criações. Compreendem-se assim o papel da *imitatio* e a resistência que ela opõe ao *Bildungstrieb*. Coleridge nos faz compreender o quanto a razão religiosa favorecia o princípio da *imitatio*.

A "imaginação dinâmica" de Coleridge é, em síntese, uma clara tentativa de harmonizar a religião com um impulso que estava sendo desvelado: em seus escritos, o juízo de reflexão kantiano deixa de ser *regulador*, e o suprassensível não é mais problemático para tornar-se indiscutível.

Concluo com a conhecida distinção entre imaginação primária e secundária. Aquela repete "na mente finita [...] o ato eterno da criação", esta revive os objetos "firmes e mortos", graças ao modo como os recria.[27] A primeira imaginação é associada ao ato de criação originário, enquanto a segunda se associa à fantasia (*fancy*), de estatuto inferior, porque supõe uma atividade que se desenvolve exclusivamente no interior da criatura. *Fancy*, de fato, só é "uma modalidade da memória emancipada da ordem do espaço e do tempo".[28] É, portanto, claro o propósito do autor de tornar a imaginação um princípio capaz de ultrapassar a divisão cartesiana e kantiana entre razão e intelecto.

2. O ROMANCE NA FILOSOFIA DA HISTÓRIA: SCHLEGEL E HEGEL

Entre os méritos do primeiro Friedrich Schlegel, anteriores à sua conversão ao cristianismo e ao aparato político de Metternich, está o de ter compreendido a importância do romance. É suficiente a leitura do fragmento 26 ("Lyceums-Fragmente"):

---

27 Ibid., v.II, p.202.
28 Ibid.

"Os romances são os diálogos socráticos de nosso tempo".²⁹ Como o diálogo socrático revolucionou a tradição pré-platônica, assim o romance transformou as formas fechadas, monológicas dos gêneros poéticos. Mas a equivalência não é completa: o reiterado louvor de Shakespeare demonstra que, para Schlegel, o romance não se contrapõe às demais formas artísticas. Para compreender sua posição, devemos subdividir sua análise em três fases:
   a) O romance usa uma matéria-prima derivada não da tradição, mas do relato individual: "Alguns dos melhores romances são um compêndio, uma enciclopédia de toda a vida espiritual de um indivíduo genial";³⁰
   b) conquanto o autor reconheça o cordão umbilical que liga o romance à vida de um indivíduo, recusa-se a respeitar o caráter "psicológico" de sua forma. Schlegel concebe o romance como um todo em que os detalhes, ao contrário do que sucede em uma "forma retórica", só interessam se contribuírem para a unidade: "Os ensinamentos que um romance quer transmitir devem ser tais que só se comuniquem no conjunto, e não se deixem demonstrar singularmente e exaurir por desdobramento. De outro modo, a forma retórica seria infinitamente mais vantajosa"³¹ (O fragmento indica para o crítico o caminho que o próprio autor percorrera a propósito do *Wilhelm Meister*);
   c) a atribuição de um caráter político à "poesia romântica" em geral, aí compreendendo o romance: "A poesia é um discurso republicano; um discurso que tem sua própria lei e seu próprio fim, em que todas as partes são cidadãos livres e têm direito ao voto".³² A autonomia da arte contribui para sua politização, define sua temporalidade e separa

---

29 Schlegel, Lyceums-Fragmente, in: *Kritische Ausgabe seiner Werke: Charakteristiken und Kritiken 1*, v.II, p.147.
30 Ibid., fragm.78, p.156.
31 Ibid., p.181.
32 Ibid., fragm.65, p.155.

os antigos dos modernos: "Vê-se nos antigos a letra completa de toda a poesia; nos novos, vislumbra-se o espírito em devir".[33] Sente-se nestes o sopro revolucionário que os percorre: "A Revolução Francesa, a *Doutrina da ciência*, de Fichte, e o *Meister*, de Goethe, são as maiores tendências da época".[34]

Se, por um lado, o juízo sobre Fichte, com ênfase para sua exasperação sobre o eu, contradiz os fragmentos relativos à composição da obra poética, por outro, o princípio revolucionário não está ligado a algum evento em particular: "As revoluções são movimentos universais não orgânicos, mas sim químicos".[35] De resto, nos ensaios "Gespräch über die Poesie" (1800) e "Über Goethes *Meister*" (1798b),[36] interrompe a relação do romance com a história. Ao contrário do que afirma a visão homogênea da história por Hegel, para Schlegel a relação com a história muda dos antigos para os românticos. Aqueles tinham o mitológico como fonte, ao passo que, em Boccaccio, já é "quase exclusivamente história verdadeira, assim como toda invenção romântica tem outras fontes".[37] No "Discurso sobre a mitologia", que faz parte do "Diálogo sobre a poesia", Schlegel declara que falta aos modernos o ponto central (*der Mittelpunkt*) que a mitologia constituía para os antigos, e que não basta constatá-lo, mas sim trabalhar seriamente para produzir uma "nova mitologia".[38]

Como conciliar essa exigência com a afirmação imediatamente precedente de "a beleza suprema e a ordem suprema são

---

33 Ibid., fragm.93, p.158.
34 Ibid., fragm.216, p.198.
35 Id., Athenäums-Fragmente, in: *Kritische Ausgabe seiner Werke*, op. cit., fragm.426, p.248.
36 Chama-se a atenção do leitor brasileiro para as traduções de Victor-Pierre Schurmann, *Conversa sobre a poesia e outros fragmentos*, e de Márcio Suzuki: *O dialeto dos fragmentos*.
37 Schlegel, Gespräch über die Poesie, in: *Kritische Ausgabe seiner Werke*, op. cit., p.335.
38 Ibid., p.313.

as do caos?".³⁹ Talvez a explicação estivesse que, para o autor, a mitologia seria de fato uma "obra de arte da natureza".⁴⁰ Em seu tecido, as coisas supremas têm forma real. Tudo aí é relação e metamorfose, tudo é assimilado e transformado. O centro ordenador, existente ou por constituir, não anula o caos, mas o esconde pela harmonia que faz transparecer. Daí deriva o elogio do *Tristram Shandy*, de *Jacques, o Fatalista*, e do que chama de os jogos espirituosos dos arabescos.⁴¹

As considerações de Schlegel sobre o romance pressupõem que, sendo a arte uma modalidade discursiva autônoma, o crítico deve confrontar a linguagem como princípio de construção, não simples agenciamento de conteúdos, agindo como intérprete e não como juiz. O comentário sobre a obra de Goethe evidencia um ou outro detalhe. À diferença da tradição realista, em que predomina a visão cotidiana e prosaica das coisas, em Goethe elas são como deverão ser e, ao mesmo tempo, ultrapassam o que teriam o direito de pretender. Isso não significa que o romancista se contrapusesse ao mundo, mas que escolheu uma composição verbal que intensifica os contrastes entre o universo dos personagens – Wilhelm, o sonhador do livro I, o percurso ignóbil de Marianne, a sensualidade frívola de Philine, a nostalgia de Mignon etc. – e a "prosa do mundo": algo como a montagem de um palco onde se representa um drama que tem por fim a aprendizagem da vida. Em vez da visão realista, Schlegel opta por uma visão endoscópica que explora as possíveis mudanças de todos os personagens. Assim se realiza a autonomia da arte, não mais a serviço de alguma instituição, mas fecunda enquanto "harmonia de dissonâncias",⁴² que não se confunde com um gênero. Mas a autonomia tampouco se exaure na endoscopia dos personagens:

---

39 Ibid.
40 Ibid., p.318.
41 Ibid., p.331.
42 Id., Über Goethes Meister, in: *Kritische Ausgabe seiner Werke*, op. cit., p.130.

se o processo endoscópico mostra a aprendizagem realizada do mundo, ele ainda se estende sobre o leitor.⁴³ Esses princípios são antitéticos à visão hegeliana do romance e da arte, em geral. Schlegel não podia competir com a extraordinária força especulativa de Hegel, nem, naquele primeiro momento, identificar-se com o conservadorismo a que o filósofo sempre se manteve fiel.

Quanto à arte romântica, ela é incapaz de satisfazer as necessidades mais altas do espírito porque o romantismo "só adquire consciência de sua verdade quando se retira do que é exterior para regressar a si mesmo, pois ali já não encontra os elementos de uma existência adequada".⁴⁴ Assim "é o sujeito individual, real, animado de vida interior, que adquire um valor infinito".⁴⁵ Em consequência, para Hegel isso equivaleria a afirmar a insuficiência da arte, pois "o verdadeiro conteúdo da arte romântica é constituído pela interioridade absoluta", que conduz todos os deuses "a uma pura e simples identidade com a subjetividade espiritual", tendo-se assim "um panteão de deuses destronados, destruídos pela chama da subjetividade e, em vez do politeísmo plástico, a arte agora só conhece um único espírito que goza de absoluta autonomia e que a si se desejando e conhecendo de maneira absoluta consiga mesmo se encontrar em uma perfeita e livre união [...]".⁴⁶

A arte romântica teria por conseguinte uma derivação religiosa: "Assim como Deus começa por afastar para longe de si a realidade finita, assim ao homem finito, que tem seu ponto de partida fora do reino de Deus, cumpre elevar-se até Deus, afastar-se do finito, do que não tem valor nem dever, o que consegue graças à destruição da realidade imediata pela verdadeira realidade que Deus objetivou ao manifestar-se como homem".⁴⁷

---

43 Ibid., p.134.
44 Hegel, *Curso de estética*, op. cit., p.571.
45 Ibid., p.573.
46 Ibid., p.571-2.
47 Ibid., p.575.

Distanciado o "livre conceito do belo", despojada a arte da exterioridade objetiva que contribuía para a qualidade da escultura grega, ela

[...] vê-se invadida de todas as acidentalidades e particularidades do mundo exterior de que conseguiu libertar-se a beleza do ideal clássico. Essa fatal imersão na subjetividade circundada por um mundo externo sujeito ao acidental, o que não tem relações com o ideal, é agora recebida como necessariamente pertencente ao conteúdo e como tal se torna perceptível. [...] Está-se, portanto, em face de um conteúdo essencialmente incompatível com o ideal clássico [...].[48]

A inegável capacidade especulativa de Hegel, posta, no caso da arte, a serviço do conservadorismo, reconhecia como verdadeira apenas a arte do passado. Mas o conservadorismo, em vez de casual, era necessário para a afirmação do sistema que devia "demonstrar" que a arte era coisa do passado. Quanto à posição do romanesco (*das Romanhafte*) na estética hegeliana, já as primeiras páginas da seção dedicada ao romantismo deixavam claro que a decadência da arte se manifestaria, de um lado, pela acidentalidade de sua forma, e, de outro, pelo devir livre da subjetividade.

Na arte moderna, perde-se a harmonia do ideal clássico.

[...] A arte, por um lado, passa a ocupar-se em representar a banal realidade, os objetos tais como são com suas particularidades acidentais e individuais, e a valorizar essa aparente realidade com a magia da arte; por outro lado, orienta-se, pelo contrário, para a concepção e a representação puramente subjetivas, submetidas às variações acidentais de disposições interiores [...].[49]

Hegel via uma exceção apenas na pintura flamenga, embora sublinhasse que seu destaque da aparência dos objetos não podia

---

48 Ibid., p.589-91.
49 Ibid., p.630.

"contentar as pessoas dotadas de um sentimento artístico profundo, que, na obra, procuram um conteúdo com transcendente verdade".[50] Apesar da restrição, Hegel concede que os pintores flamengos venciam o "humor subjetivo", o domínio da pessoa do artista, que reinava entre os românticos, por "uma espécie de humor objetivo", ou seja, pela "penetração no interior do objeto", que ultrapassa a mera objetividade acidental e só pode se exprimir "em formas como a de um *Lied* ou como parte de um conjunto maior".[51] É certo que, como observa com agudeza Kathrin Rosenfeld, sendo o *Lied* expressão da "compreensão subjetiva (*Auffassung*) da apropriação espiritual", poder-se-ia aproximá-lo do romance, "sobretudo quando se pensa no fragmento interminável e estruturalmente aberto do *Wilhelm Meister*".[52] Hegel, contudo, assim não considerava. A falha que Karen Rosenfield encontrava na *Estética* era coerente – se não for mais justo dizer decorrente – com sua necessidade de considerar a arte uma forma de expressão superada. Talvez a chave da questão se encontre na concepção hegeliana da linguagem como meio instrumental para conjugar o interior com o exterior – "como em toda obra humana, é o conteúdo que, na arte, desempenha o papel decisivo".[53] De todo modo, mais que limite de uma aguda intuição, encontramo-nos diante de uma incompreensão da arte como espécie diferenciada de expressão. Não surpreende, por isso, que o pensamento de Hegel seja uma das fontes preferidas para o controle da imaginação.

Terminarei a seção com a referência a dois estudiosos contemporâneos, Paul Zumthor e Mikhail Bakhtin. Como aqui não caberia o exame de suas contribuições a uma teoria do romance,

---

50 Ibid., p.652.
51 Ibid., p.663.
52 Rosenfield, Uma falha na *Estética* de Hegel, p.30.
53 Hegel, *Curso de estética*, op. cit., p.665.

estarei limitado a refletir sobre a contribuição que deram ao tema do controle do imaginário. Parta-se do medievalista Zumthor:

> Formalizado em língua vulgar, mas em virtude de altas exigências narrativas ou retóricas, o romance não recusa menos, de fato, a supremacia do latim, suporte e instrumento do poder dos clérigos. Contrariamente aos contos de que se nutre o povo comum, ele requer vastas dimensões: longas durações de leitura e audição, em que os encadeamentos do relato, por embrulhados que às vezes pareçam, são projetados em um futuro próximo nunca fechado, que exclui toda circularidade. O discurso assim encontra, em seu nível próprio, que garante conotações mais ricas, a característica de incompletude e de indefinição das palavras ordinárias. [...] Nisso, ele se opõe ao discurso redundante e fechado na poesia mais antiga.⁵⁴

Uma poesia cujo funcionamento implica a predominância da voz manifesta uma verdade indiscutível, daí possuindo uma plenitude que possibilita seu perpétuo recomeço. O discurso de uma poesia cuja parte vocal é reduzida se divide, joga contra si mesmo, engendra em si a contradição. O homem que o fala e aquele que o escuta começam a saber o que nunca saberão. A potência de abstração cresce, contudo, com o papel da escrita na gênese e na economia dos textos, mas nega toda a equivalência entre a linguagem e a verdade, equivalência que exalta, ao contrário, a performance teatralizada.⁵⁵

Nascido do encontro entre oralidade e escrita, o romance medieval, ao escolher a língua vulgar, garante um discurso aberto, que se opõe à estrutura fechada das formas poéticas consagradas, tanto mais fechada quanto a língua latina era conhecida apenas dos clérigos. Adotando a incompletude que a palavra falada tem em uma língua viva, o romance se prepara para o papel

---

54 Zumthor, Et la "littérature"? Le Cas du roman: L'illusion littéraire, in: *La Lettre et la voix: De la "littérature" mediévale*, p.300.
55 Ibid., p.302-3.

central que desenvolverá séculos depois. Enquanto a poesia oral "manifesta uma verdade indiscutível", a redução da parte oral leva a acentuar a contradição entre linguagem e verdade. Desde seus exemplos medievais, o romance tematiza indiretamente o papel da linguagem quanto à verdade, sua *incompletude constitutiva* e, em consequência, seu estatuto ficcional. Como veremos, essa será a peça fundamental no mecanismo do controle.

Passemos mais brevemente a Bakhtin. No ensaio "As formas do tempo e do cronótopo do romance", Bakhtin observa que, enquanto nos outros gêneros literários

> a imediata posição do autor, o ponto de vista necessário para organizar o material, é dada pelo próprio gênero literário [...], o gênero romanesco não tem uma posição imanente semelhante. Pode-se publicar o próprio diário íntimo e chamá-lo de romance; pode-se publicar sob a mesma denominação um feixe de documentos profissionais, cartas privadas (o romance epistolar), pode-se publicar um manuscrito "escrito não se sabe por quem, não se sabe por que e encontrado não se sabe onde e por quem".[56]

A ausência de autocaracterização do romance e o espaço incerto em que o autor se põe tornam necessário que este adote uma máscara, que, de sua parte, põe em questão o liame convencional entre ficção e mentira aceitável. Em outras palavras, o romance subverte a posição que tradicionalmente era concedida ao "literário".

Em outro ensaio incluído na mesma coletânea, "Da pré-história do discurso romanesco", Bakhtin intuíra a propósito de *Eugênio Onegin* que "a língua literária se apresenta não como língua unitária, absolutamente indiscutível, mas precisamente em sua viva pluridiscursividade, em seu renovar-se e devir".[57] Língua "literária" e ficção são postas em discussão simultânea e *a*

---

56 Bakhtin, Le Forme del tempo e del cronotopo del romanzo, in: *Estetica e romanzo*, p.308.
57 Ibid., p.415.

heteroglossia do romance assim se torna um problema formal, na medida em que se revela um problema para a definição da verdade. É por isso que o controle da imaginação – conceito de que Bakhtin não trata – é intimamente ligado à história do romance, no curso da qual se transforma de problema de natureza formal em questão epistemológica. O que vale dizer: em pergunta sobre os limites do conceito de verdade, em questão sobre que é o real e como os discursos se relacionam com ele.

3. O CONTROLE E O ROMANCE COMO CAMPO IDEAL PARA SUA COMPREENSÃO

Há culturas que, ao menos, durante certo tempo longo, proíbem a reprodução da imagem divina e também da humana. Diante de tal interdição de uma forma ou de um conteúdo artístico específico, a questão do controle parece algo de pequena importância – talvez a indagação do controle não tenha alcançado relevância no Ocidente porque a interdição da imagem esteve basicamente restrita ao período de dominância do religioso.

A formulação correta não será justamente a contrária? E o fato de a arte ter sua autonomia reconhecida desde fins do Setecentos, com os *Frühromantiker*, e a imaginação, com a influência da terceira Crítica kantiana, haver deixado de estar subordinada à cognição, não serão decisivos para a formulação correta? Não me cabe estabelecer a escolha. Apenas relaciono as duas hipóteses à formulação recente da ideia do controle. Visto que, desde a edição de *O controle do imaginário: razão e imaginação nos tempos modernos* (1984), pouco mudou, procurarei aprofundar as coordenadas gerais da suposição e oferecer sua articulação empírica quanto ao romance.

Comece-se pelo enquadramento da questão.[58] Observe-se desde logo que o controle mencionado não se confunde com a

---

[58] Ver, a propósito, Sérgio Alcides, The Itinerary of a Problem: LCL and the "Control of the Imaginary", *Portuguese & Cultural Studies*, n.4, p.595-605.

censura. A censura é uma interdição precisa, sancionável por uma norma e que vincula a circulação de um certo objeto artístico ao respeito de certos princípios. O controle, ao contrário, alude a uma proibição mais esfumada. Certa obra é malvista, é considerada imprópria ou "baixa", mas não estritamente proibida. Na falta da estrita interdição, o controle pode, inclusive, estimular outras formas de expressão artística, como também pode, em qualquer momento, transformar-se em explícita censura. Não cabe, portanto, falar propriamente de um *controle* da arte de vanguarda sob o nazismo ou o stalinismo, ou de autores como Baudelaire e Flaubert; seus objetos em comum eram censurados.

Um problema muito mais complicado está na passagem da *mímesis* aristotélica para a *imitatio*, de cunhagem romana e redescoberta pela poética renascentista. Embora as concepções aristotélica e a grega, em geral, acenassem para o caráter de reiteração do já dado pela obra pictórica e verbal, não teria sentido falar, a seu propósito, em controle. Ele seria um conceito embrionário, que não cobria a concepção de *mímesis*. De todo modo, as reservas da mesma *Poética* contra o mais crítico dos trágicos gregos, Eurípedes, provocam alguma hesitação. Não levantamos mais que perguntas: o estatuto secundário da *phantasia* e sua falta de articulação com a concepção de *mímesis* são suficientes para a hipótese de um controle? E o fato de que não houvesse uma noção precisa da imaginação significa que ela era desconhecida na produção da arte? A passagem de Plínio, o Velho, parece indicar que a visualidade enquanto tal era preterida por meios que indiretamente exaltavam a imaginação do receptor:

> [...] A pintura de retratos, que permitia transmitir as idades da representação perfeitamente semelhantes, caiu de todo em desuso. Oferecem-se agora escudos de bronze, efígies de prata, em que a distinção entre os traços individuais é ignorada. Trocam-se entre si as cabeças das estátuas e sobre elas correm há muito tempo versos satíricos. A tal ponto que todo mundo prefere

atrair os olhares sobre a matéria utilizada em vez de oferecer uma imagem de si reconhecível.⁵⁹

Plínio fala de retratos públicos de almas imortais cujos semblantes desconhecidos são necessariamente produtos da imaginação e cuja boa recepção funciona como álibi para a forma. Só que se há de acrescentar: a imaginação louvada não é de cunho mimético, ou pelo menos não é assim na espécie mais diluída da expectativa coletiva. Seria tal reconhecimento uma modalidade velada de controle? O suposto se torna evidente para os poetólogos renascentistas, em que o ideal da *imitatio* se aproxima do explícito controle. Era assim valorizado o dado perceptual, ainda que se admitisse que a obra verbal ou pictórica não devesse segui-lo literalmente. Pode-se mesmo acrescentar que o mecanismo do controle faz seu explícito ingresso na arte clássica quando Robortello, ao traduzir a passagem 51 a 52 da *Poética*, substitui *eikòs o anaikainon* (verossímil ou necessário) por *quo verum est et necessarium*.⁶⁰ Com a substituição da função disjuntiva pelo *et* inclusivo, Robortello afirmava que o discurso deve satisfazer, por força do *necessarium*, aquilo que, no tratado aristotélico, continha a alternativa da verossimilhança. Como uma espada de Dâmocles, o controle pende sobre a cabeça do poeta. Pode-se então levantar a hipótese de que a *imitatio* foi a fonte com que o controle foi legitimado, na forma clássica. A dúvida há pouco levantada dá, por conseguinte, lugar à afirmação: antes, o controle apenas se insinuava; sua força dependerá da admissão plena da *imitatio*.

O romance é particularmente adaptado ao estudo do controle porque seu autor não ocupa uma posição fixa e há de recorrer a

---

59 Plínio, o Velho, *Histoire naturelle*, XXXV.
60 Robortello, *In librum Aristotelis de arte poetica explicationes*: "Orationis maximè proprium múnus es, profere id, quod verum est, quia aliter sese habere non potest, necessarium" (p.1). ["É absolutamente próprio da oração proferir o que é verdadeiro, porque outra coisa necessária ela não poderia ter em si", trad. de João Adolfo Hansen. Junto com dezenas de poetólogos renascentistas, Robortello foi reeditado, em 1968, pela Wilhelm Fink Verlag].

máscaras. Estas, de sua parte, fazem que o público não saiba, a princípio, como reagir às palavras do "mascarado" (o bufão, o exibicionista, o trapalhão). Esse estado de coisas justifica seja uma intervenção explicativa e autoritária, seja o proliferar da palavra anárquica, bem como a ausência de uma posição fixa que permita identificar e controlar o autor agrega-se a questão da heteroglossia do gênero. Nas palavras de Bakhtin: "A língua do romance é o *sistema* das linguagens que dialogicamente se iluminam reciprocamente. Não se pode descrevê-la e analisá-la como língua única e unitária".[61] Mas a disciplina a que o controle o submete afasta o romance de tipo ideal bakhtiano, pois o separa da multiplicidade de linguagens e de seu incômodo politeísmo. Um pensador que não apreciava particularmente o romance compreendera que o "autenticamente poético na arte, [...] o ideal", não podia se cumprir em um gênero que exaltava "o que há de infinitamente mutável, variável e instável no mundo subjetivo".[62] Mas, segundo a indagação temporalmente mais ampla de Bakhtin, o juízo não estava de acordo com o fundamento do gênero romanesco, que, em vez de adaptar-se à forma idealizada, como, conforme Hegel, sucede com a épica e tragédia clássica, explora as aventuras e desventuras do indivíduo. Como a cultura clássica ignora a psicologia subjetiva, o romance antigo possui "uma extensividade espacial *abstrata*", adaptada à "série biográfica temporal".[63] À diferença do romance antigo, a invenção do sujeito psicológico durante o Renascimento frustrado do século XII – como tem mostrado a medievística recente – foi acompanhada pela ideia de que a ficção era a matéria própria da literatura e do romance: "O momento em que a literatura reconheceu que sua matéria era fictícia é também [...] aquele em que entra em cena o autor. É por excelência o momento do romance".[64]

---

61 Bakhtin, op. cit., p.413.
62 Hegel, *Curso de estética*, op. cit., p.650.
63 Bakhtin, op. cit., p.246.
64 Zink, *La Subjectivité littéraire*, p.30.

Tal acúmulo de novidades – o sujeito psicológico, a matéria narrativa ficcional em lugar da matéria mítica, a forma romanesca – era o sinal de uma mudança drástica da cultura medieval, a passar da oralidade para a escrita. Zumthor reconheceu a ligação entre o momento de máxima crise e o surgimento do controle:

> [...] A partir de uma época que, conforme o lugar, se estende de 1150 às proximidades do fim do século XIII, eis que são postos em escrito os textos de relatos, de canções, de peças litúrgicas em língua vulgar. Talvez mesmo alguns desses textos tenham sido compostos com o estilete ou o cálamo na mão. Por meio dessa tecnologia, introduzia-se discretamente o que L. Costa Lima chama de um "controle do imaginário", cuja eficácia só aparece plenamente depois de 1500, adiante de uma época de tensões crescentes, comum (sob diversos aspectos) a todas as nações ocidentais: tensões entre as energias poéticas tradicionais e forças que procuravam impor ao verbo uma racionalidade própria, em detrimento da palavra viva.[65]

Sem dúvida, a possibilidade de combinar sistematicamente as palavras em proposições e de ver as proposições como argumentos válidos, cuja verdade podia pertencer à realidade, permanecendo ontologicamente distintas *da* realidade, teve um valor inestimável para o surgimento da poética da narrativa escrita em língua vulgar. Pois também a ficção era um discurso cujos enunciados podiam refletir coisas realmente existentes, mas cuja verdade é autônoma do existente, porquanto tal verdade reside na coerência interna do próprio relato.[66]

A passagem torna mais concreta a ideia da "subjetividade literária" de Zink. A melhor articulação dos nexos lógicos permite aos escritores melhor desfrutarem as sutilezas do discurso

---

65 Zumthor, op. cit., p.315.
66 Vance, Dialectics and Fictive Truth, in: *From Topic to Tale: Logic and Narrativity in the Middle Ages*, p.19.

racional – e ainda, acrescenta Vance, a transgressão das regras lógicas quanto ao maravilhoso. De todo modo, Vance vai ainda além quando nota que a relação entre lógica e ficção não era necessariamente harmônica:

[...] Se a retórica do século XII é forte em usar todas as fontes figurais da linguagem que acentuam a ambiguidade dos signos, a lógica do século XII tem metas opostas: ensina a superar a ambiguidade dos signos e a pronunciar verdades unívocas, distintas, necessárias e duradouras. Uma ciência do discurso é centrífuga, irônica, relativista, mutável e subversiva; a outra é centrípeta, séria, totalizante, estável e conservadora. [...] A tensão entre elas é um componente importante da poética vulgar do século XII.[67]

A tensão referida é decisiva para definir o fundo sobre o qual, a partir do renascimento, se confere o controle, seja para compreender como nunca sua existência, seja para não impedir a presença de obras queridamente ficcionais. A discordância, ademais, não

concerne apenas às práticas discursivas da lógica e do romance. Já em *Tristram et Iseut*, em autores como Chrétien de Troyes, Robert de Boron e no anônimo autor do *Lancelot du lac*, é evidente o esforço de conciliar narrativa e veracidade, harmonizando o relato com um princípio extrínseco de verdade. Isso significa que os autores das primeiras obras narrativas em língua vulgar tiravam vantagem dos progressos da lógica e procuravam tornar as próprias sequências narrativas congruentes com ela, em um desenvolvimento que confirma as contradições observadas por Vance. Sua manutenção será decisiva para a tradição do discurso literário. O discurso centrífugo da nascente "literatura" procurava, ainda quando seu argumento fosse o maravilhoso, conciliar as sequências narrativas com um relato verdadeiro ou que pretendesse fundar-se em um testemunho verdadeiro. Eis então a insistência do narrador em declarar a própria fidelidade a um relato originário que retranscreveria ou seria

---

67 Ibid., p.23.

conforme a um suposto testemunho ocular. Em *Merlin*, o mago de mesmo nome diz a Bleise, o narrador das aventuras do Graal, que, para recompensar seu trabalho, seus livros seriam recitados, ou seja, guardados com respeito, ainda que "não seriam como autoridade porque não sei se poderão estar entre os apóstolos".[68]

A frase imediatamente seguinte explicita a hierarquia dos textos quanto à verdade: "Os apóstolos jamais puseram por escrito sobre Nosso Senhor senão que o viram e escutaram, nem tu tampouco do que hás visto ou escutado senão o que disseste".[69] Não sendo testemunha do relato que narra, Bleise não tem a autoridade dos apóstolos, mas seu texto é verdadeiro porque só contém aquilo que refere Merlin, testemunho dos eventos. O mesmo controle em nome da veracidade reaparece em *Yvain le Chevalier au lion*, que jura não falar nem de sonhos nem de fábulas ou mentiras: "Por minha consciência, não há mentira no que digo. [...] Não tomem por fábula o que digo".[70]

Os exemplos precedentes, facilmente duplicáveis, mostram que a passagem da oralidade para a escrita, o surgimento do romance de cavalaria e a exploração (domada) da ficção tinham de levar em conta a hegemonia do discurso religioso; daí a cautela e as concessões a que os autores se obrigavam. Só um estudo especializado poderá explicar que a Igreja permitisse a circulação de tais obras. De todo modo, a importância que Rabelais assumirá na cultura popular indica que, malgrado sua força política, a Igreja não detinha o monopólio da verdade e que, a respeito, seu êxito estava em simplesmente diminuir o foco nos autores e movimentos com que entrava em conflito. O controle, por conseguinte, pressupõe uma espécie de álibi: por ele, consente-se na circulação de um produto que diverge da "verdade", desde que se domestique a discrepância, tornando-a assimilável. Como já notado, tal álibi a qualquer momento podia ser suspenso em favor da censura.

---

68 Boron, *Le Roman du graal*, p.105.
69 Ibid.
70 Troyes, *Yvain, le Chevalier au lion, in romans de la table ronde*, p.257, 329.

Faremos agora um salto por séculos e, pelo exame de obras críticas editadas entre 1691 e 1778, avaliaremos a situação do romance às vésperas de sua plena afirmação.⁷¹

4. O CONTROLE EM ATO: A LAMINAÇÃO DO ROMANCE INGLÊS NO SETECENTOS

Lê-se no prefácio do *Robinson Crusoe*: "O editor crê que este é um relato veraz de fatos, em que não há qualquer aparência de ficção (*any appearance of fiction*)".⁷² A afirmação era reiterada no prefácio a *The Further Adventures of Robinson Crusoe* [As novas aventuras de Robinson Crusoé]: "A justa aplicação de cada episódio e as úteis conclusões religiosas tiradas de cada parte são prova da intenção com que foi publicado e devem legitimar toda parte do relato que pode se dizer invenção ou parábola".⁷³

Sejam ressaltados três elementos: (a) o autor assume a máscara do editor; (b) o propósito da simulação é negar que a obra seja ficcional; (c) conquanto a "invenção ou parábola", introduzida na ampliação do relato, contradiga tal negação, admitia-se que um relato deixasse de ser veraz desde que contivesse "úteis conclusões religiosas". Tais conclusões domesticavam e, ao mesmo tempo, justificavam a ficção.

Em 1724, no prefácio a *Lady Roxana*, o mesmo Defoe sublinhava que o romance difere da "maior parte das obras modernas deste tipo" porque "se funda em uma verdade de fato", não sendo

---

71 Por economia de referências, privilegiaremos os textos selecionados na primeira seção da antologia bilíngue feita por Bellman, *Alle origini della letteratura moderna: testi di poetica del Settecento inglese – il romanzo e la poesia* (1997). Anos depois de o texto que agora se verte ser publicado na Itália (2003), saiu no Brasil *A formação do romance inglês: ensaios teóricos* (2007), por Sandra Guardini Vasconcelos, com uma excelente antologia de prefácios e resenhas de escritores ingleses do período. Pelo desacordo temporal com a versão original deste ensaio, o trabalho da colega paulista não pôde ser aqui aproveitado.
72 Cf. Defoe, The Preface, in: *Robinson Crusoe*, p.3.
73 Ibid., p.239.

pois confundida com uma narrativa.⁷⁴ A insistência na negação ultrapassa os motivos religiosos e biográficos, como se evidencia trinta anos mais tarde. No quarto número de *Adventurer*, John Hawkesworth procura explicar o interesse dos leitores pelo relato, e seus limites: "A estória é a narrativa dos eventos mais importantes e naturais, pelos quais a curiosidade é satisfeita, sem suscitar terror nem piedade. A mente não é sensível à queda de um Estado como o é por uma beleza ultrajada".⁷⁵ O relato seria por si suficiente se o leitor não tivesse necessidade de manifestar a própria emoção e encontrar no texto uma modalidade de liberação catártica.

A infração ao veto reservada à ficção vai aqui mais fundo que a justificação pela "invenção ou parábola" e se compreende melhor porque o controle implica não censura, mas domesticação. Ou seja, que se trata de adaptar o ficcional ao horizonte de crenças e valores sociais, com o respeito aos critérios de utilidade e virtude. Hawkesworth observa que na épica e no antigo romance (*romance*) "a verdade é claramente violada", mas que "nem por isso se reduz ao prazer que deles deriva". O prazer provocado é, portanto, o álibi da legitimação. É menos indulgente a propósito da *novel*. Com respeito à forma passada, a *novel* tem a vantagem de permanecer próxima do relato, mas "tem menos capacidade de divertir", porque "nos surpreende menos".⁷⁶ Na realidade, Hawkesworth é o que menos aprova a direção da narrativa setecentista inglesa. Conquanto ela seja incontestável, não lhe parece bastante para satisfazer a imaginação do leitor: "a fantasia pede novas gratificações e a curiosidade permanece insatisfeita".⁷⁷

A essa dificuldade, acrescenta-se outra: "O poema épico satisfaz ao mesmo tempo a curiosidade e induz as paixões; os eventos são vários e relevantes, mas não é no destino de uma nação que

---

74 Apud Bellman, op. cit., p.97. Quando não houver uma referência particularizada, estarei aludindo à coletânea organizada por Nerozzi Bellman.
75 Ibid., p.67.
76 Ibid., p.71.
77 Ibid., p.69.

confluem tanto quanto no do herói".⁷⁸ Como, por conseguinte, modelar um gênero que, aderindo o máximo ao relato, consiga também liberar a imaginação do leitor e estimular o sentimento de pertença a uma nação? A *novel* só será plenamente legítima com a resolução do problema. Mas seria arbitrário supor que os críticos e autores sempre tivessem posições coerentes — o elogio do *old romance* por Hawkesworth, em meados do Setecentos, é um exemplo tardio. Já em 1705, Mary Delavivier Manley notava que "a extensão extraordinária do antigo *romance*, a fusão de tantas aventuras extraordinárias, o grande número de atores em cena e a verossimilhança pouco alcançada contribuíram em conjunto para criar uma certa aversão nas pessoas de bom senso".⁷⁹

O respeito pelo relato estava presente bem antes de Defoe. A nova forma da ficção em prosa não devia ser, por consequência, uma continuação da antiga ficção; a própria palavra, *romance*, tinha de ser substituída. Essa tendência se reforçará em 1748 com a intervenção de Smollett, para quem o *romance* derivava "da ignorância, da vaidade e da superstição" advindas da "mitologia pagã, que não passa de um uma coletânea de *romances* bizarros";⁸⁰ incapazes de competir com os épicos e os trágicos, os autores do *romance* "decidiram superá-los em inventiva e apelar para a maravilha, antes que ao juízo do leitor".⁸¹ Na argumentação de Smollett, o tema religioso reforça a recusa da ficção e os dois remetem à questão da verdade, pois o respeito ao relato era associado a valores de ordem filosófico-religiosa.

As variáveis presentes no processo de domesticação associavam a atenção ao interesse do público com considerações de ordem estética, política (a nação), pragmática (a utilidade) e filosófico-religiosa. Mas a intervenção de Hawkesworth em defesa do *romance* demonstra que o controle não operava combinado

---

78 Ibid.
79 Ibid., p.59.
80 Ibid., p.63.
81 Ibid., p.65.

a algum projeto oficial senão que dizia respeito às contradições sociais da comunidade literária.

Assim se explica a posição assumida por Hugh Blair em tratar a "estória fictícia" nas *Lições sobre retórica e poesia*, em que, à diferença de Smollett, não contrapõe os *romances* às boas maneiras, mas os define como "escritos de heroísmo e de alta moral", ainda que não possam ser tomados como modelos para os tempos atuais, pois que ligados "a lendas e ideias supersticiosas a propósito do mágico e da necromancia".[82] Sem se adequar ao rigor de Smollett, Blair assim se ajustava à opinião favorável a um gênero de prosa útil, moralista e vizinho da vida cotidiana do leitor comum, ideal encarnado pelo *Robinson Crusoe*, mas sobretudo pelos "romances do sr. Fielding", "distinguidos de modo relevante por seu humorismo".[83]

A *novel* suplantava o maravilhoso que se tornara dominante no *romance*. Em 1785, Clara Reeve define em termos taxativos:

> O *romance* é uma estória que trata de pessoas e coisas extraordinárias. A *novel* é uma representação da vida, dos costumes reais e também da época em que foi escrita. O *romance*, com uma linguagem nobre e elevada, descreve aquilo que não aconteceu nem poderá acontecer. A *novel* fornece um relato familiar das coisas que sucedem todo dia diante de nossos olhos.[84]

O mecanismo de controle é incontestável. Tratava-se de promover uma narrativa de entretenimento que falasse de um mundo prosaico e familiar, que permanecesse fiel ao horizonte da *history*, à vizinhança dos fatos, que fosse útil, favorável ao progresso e respeitosa da verdade e da religião. A codificação já está implícita em uma passagem de 1780, da autoria de Th. Holcroft: "Os escritores

---

82 Ibid., p.77.
83 Ibid., p.79-81.
84 Ibid., p.89. No mesmo sentido, confirma-o Michael McKeon ao notar que "só por volta da metade do Setecentos o termo *novel* se converte na palavra dominante e padrão" (Mckeon, *The Origins of the English Novel 1600-1740*, p.25).

modernos utilizam o termo *romance* para se referir a estórias de invenção formadas por aventuras singulares e independentes [...]. Em uma *novel*, há uma combinação de eventos, por si divertidos, criada para formar um todo uno".[85] Embora o critério fosse propensamente "estético", o autor concluía falando da "utilidade" da "*novel* autêntica e própria", que "merece ser justamente posta ao nível daquelas obras teatrais cuja utilidade é unanimemente reconhecida".[86]

A análise do debate setecentista explicita suas implicações sociopolíticas. Elas já estão evidentes em uma obra que permanece bastante conhecida para o leitor comum, o *Tom Jones*, de Henry Fielding. No primeiro capítulo do livro segundo, Fielding se autoproclamava "o fundador de uma nova província de letras".[87] Sua liberdade tinha por parâmetros as condições que se impunham ao gênero. No prefácio ao livro IX, o autor distingue seu livro das obras escritas pelo "historiador penoso e volumoso", que, "por amor à regularidade", não poupa o leitor de detalhes absolutamente privados de significação; Fielding, ao contrário, se identifica como um narrador seletivo a ocupar-se apenas de coisas importantes. Assim fazendo, obedece ao "universal desprezo" pelos autores "que não retiram seus materiais de documentos (*records*)",[88] e evita o termo "*romance*", na convicção de que "nosso trabalho merece com suficiência o nome de história" ("*our labours have sufficient title to the name of history*").

A declaração de Fielding é suficiente para entender-se a legitimação então alcançada pelo controle. E, contudo, seu alcance não impedirá o *Tristram Shandy* (1760-1767) – demonstração cabal de que o controle enquanto tal não impede a circulação de obras contrastantes. Sem pretender escrever um prefácio, muito menos multiplicá-lo, o narrador comenta: "Esta longa digressão,

---

85 Ibid., p.87.
86 Ibid., p.87-9.
87 Fielding, *The History of Tom Jones, a Foundling*, p.77.
88 Ibid., p.489.

na qual entrei acidentalmente, como de resto em todas as outras, exceto numa, é um golpe magistral digressivo".[89] A atenção voltada para a digressão, que será de fato o *principium compositionis* do livro, desmantela toda a máquina romanesca. O leitor já não conta com o guia seguro que podia orientá-lo; a narrativa ganha em ironia o que perde em função utilitária. Como dirá um de seus melhores intérpretes:

> Em vez de demonstrar alguma coisa, (o narrador) torna-se ele mesmo objeto da análise, assim provocando um escorregão na tradição narrativa e abrindo espaços até então inexplorados. Perdida a própria função tradicional, o narrador está livre para tornar-se um sujeito autônomo e, retornando a ser somente ele mesmo, como no início, começa a se descobrir em toda a sua complexidade.[90]

Iser demonstra que a função linear do relato, típica do romance inglês do Setecentos e desobedecida sistematicamente por Sterne, sempre subordinava a tematização do sujeito a outro parâmetro, a nação, a utilidade, a verdade etc. Por se rebelar ao tratamento linear, Sterne possibilitava a análise do sujeito em sua dimensão interna.

Podemos pois associar a função do controle do imaginário com a dupla instabilidade que McKeon nota na formação do romance inglês: "A instabilidade das categorias formais de gênero" e a instabilidade das "categorias sociais". A primeira registra uma crise epistemológica, uma grande transformação cultural no modo de conceber a relação entre a narrativa e a verdade; a segunda, uma crise cultural no modo de conceber a relação entre a ordem social externa e a vida moral dos membros da sociedade.[91] No primeiro caso, era preciso recusar todo parentesco da *novel* com o *romance* e ancorar aquela na *history*; o que equivalia a estabelecer um veto à autonomia do ficcional. No segundo,

---

89 Sterne, *Tristram Shandy*, p.51.
90 Iser, op. cit., p.3.
91 McKeon, op. cit., p.20.

apresentava-se a novel como guia e espelho; em consequência, tratava-se de simultaneamente domesticar o indivíduo, tornando-o útil e respeitoso das normas vigentes. Daí a importância do romance na formação de um espírito nacional. Benedict Anderson demonstrou que o declínio da legitimação da "monarquia sacral" principiou, na Inglaterra, com a execução de Carlos I Stuart, em 1649; em seguida, e em conjunto com outros fatores, como a crise do latim enquanto língua de cultura e o desenvolvimento da imprensa, nasce o nacionalismo como comunidade política imaginada.[92] Anderson sublinhava a importância que o romance terá nesse processo, em virtude de as ações e os atores se tornarem homogêneos como partes de uma nação.

Acentue-se por fim a relevância que, nesse contexto de crise e transformação, junto com Descartes, desenvolverá o *Novum organon* (1665), de Francis Bacon. Cauto quanto a seu contemporâneo francês, Bacon procurava não irritar o poder religioso, enquanto buscava reformar os procedimentos da consciência. Para ele, o progresso da consciência dependia de reconhecer que as palavras não passam de imagens da matéria, e enamorar-se das palavras assim equivalia a comportar-se de modo impróprio diante de um quadro. Tal desprezo pela palavra supunha o investimento no mundo, em acentuar a observação e o papel da ciência, em contraste com o desinvestimento no engano, na astrologia, na magia e na alquimia.

Em Descartes e Bacon encontramos a primeira manifestação de uma vasta crise que resultará no incentivo ao controle da imaginação. Se bem que a concepção de imaginação se transforme, sobretudo em seguida à difusão da terceira Crítica kantiana, a suspeita ante a palavra e a função de mero veículo de transmissão assignada à linguagem continuarão a operar em favor do controle e da hostilidade quanto à ficção.

Sei que estou falando superficialmente em nomes e eventos. Uma visão sócio-histórica mais crítica e aguda poderá retrucar que essas razões são muito inferiores à expansão da sociedade

---

92 Cf. Anderson, *Imagined communities*, 1991.

de mercado, que se desencadeia depois da Revolução Francesa. O alto pessimismo que Burckhardt guardava a propósito do futuro próximo da Europa, para ele às vésperas de tornar-se uma sociedade militarizada e mediocrizada, de fato mostrou-se infundado, mas nem por isso é de duvidar que as condições vigentes não tenham favorecido a exaltação da imaginação nem um melhor status do que aquele então concedido à linguagem. Ou seja, o historiador tornava a expectativa social muito mais negra do que a curto prazo ela viria a se confirmar. Sem que se especule sobre os graus da cor que pesarão sobre a sociedade, é incontestável que não se cogita do tom rosa. É da ausência do tom rosa que decorre toda a problemática levantada por este capítulo, pelo livro a que acresce, assim como a toda a questão em que ele se inclui.

Segunda versão, Rio de Janeiro,
fevereiro de 2018 a outubro de 2019

Referências bibliográficas

AGOSTINHO. *A doutrina cristã*. São Paulo: Paulus, 2002.
ALCIDES, S. The Itinerary of a Problem: LCL and the "Control of the Imaginary". *Portuguese & Cultural Studies*, n.4, 2000.
ALIGHIERI, Dante. *La divina commedia: Paradiso*. Org. U. Bosco e G. Reggio. Florença: Le Monnier, 1982. v.3.
ALIGHIERI, Dante *A divina comédia*. Trad., intr. e notas C. Martins. Belo Horizonte: Villa Rica, 1991. v.2.
ANDERSON, B. *Imagined Communities*: Reflections on the Origin and Spread of Nationalism. Londres: Verso Books, 1991. [Ed. bras.: Comunidades imaginadas. Trad. Denise Bottmann. São Paulo: Companhia das Letras, 2008.]
ARAÚJO, N. Contra a teoria: do romance (entre a lei do gênero e a lei do gênio). In: WERKEMA, A. S.; TEIXEIRA, M. J. G.; ARAÚJO, N. (Orgs.). *Variações sobre o romance II*. Rio de Janeiro: Edições Makunaima, 2018.
ARENDT, H. Concern with Politics in Recent European Philosophical Thought. In: *Essays in Understanding, 1930-1954*: Formation, Exile, and Totalitarianism. Org. J. Kohn. Nova York: Schocken Books, 1994.
ARISTÓTELES. *La Poétique*. Trad. R. Dupont-Roc e J. Lallot. Pref. T. Todorov. Paris: Éditions du Seuil, 1980.
ARISTÓTELES. *De anima*. In: BARNES, J. (Org.). *The Complete Works of Aristotle, the Revised Oxford Translation*. v.1. Trad. J. A. Smith. New Jersey: Princeton University Press, 1985.

ARISTÓTELES. *Poética*. Ed. bilíngue. Org. E. de Souza. São Paulo: Ars Poética, 1993.

ARISTÓTELES. *Retórica*. In: *The Complete Works of Aristotle, the Revised Oxford Translations*. Trad. R. Roberts. New Jersey: Princeton University Press, 1995. v.2. [Ed. bras.: *Retórica*. Trad. Edson Bini. São Paulo: Edipro, 2017.]

AUERBACH, E. *Gesammelte Aufsätze zur romanischen Philologie*. Berna/Munique: Francke Verlag, 1967.

AUERBACH, E. *Figura*. Trad. Duda Machado. São Paulo: Ática, 1997.

AUERBACH, E. *Dante:* poeta do mundo secular. Trad. Raul de Sá Barbosa. Rio de Janeiro: Topbooks, 1997.

BAKHTIN, M. Le Forme del tempo e del cronotopo del romanzo (1937-1938). In: *Estetica e romanzo*. Turim: Giulio Einaudi Editore, 1979.

BAKHTIN, M. Dalla preistoria dela parola romanzesca. In: *Estetica e romanzo*. Turim: Giulio Einaudi Editore, 1979.

BARASH, J. A. *Heidegger et son siècle:* Temps de l'être, temps de l'histoire. Paris: PUF, 1995. [Ed. bras.: Heiddeger e o seu século: tempo do ser, tempo de história. São Paulo: Instituto Piaget, 1997.]

BATESON, G. *Steps to an Ecology of Mind*. Chicago/Londres: The University of Chicago Press, 1972.

BELLMAN, P. N. (Org.). *Alle origini della letteratura moderna*: testi di poetica del Settecento inglese – il romanzo e la poesia. Milão: Bruno Mondadori, 1997.

BLUMENBERG, H. Geld oder Leben: Eine metaphorologische Studie zur Konsistenz der Philosophie Georg Simmels. In: BÖHRINGER, H.; GRÜNDER, H. (Orgs.). *Asthetik und Soziologie um die Jahrhundertwende:* Georg Simmel. Frankfurt: Vittorio Klostermann, 1976.

BLUMENBERG, H. *Die Legitimität der Neuzeit* (1983). Ed. ampl. Frankfurt: Suhrkamp Verlag, 1996.

BLUMENBERG, H. *Paradigmen zu einer Metaphorologie* (1960). Ed. ampl. Frankfurt: Suhrkamp Verlag, 1998.

BLUMENBERG, H. Nachahmung der Natur: Zur Vorgeschichte der Idee des schöpferischen Menchens (1957). In: *Ästhetische und metaphorologische Schriften*. Org. A. Haverkamp. Frankfurt: Suhrkamp Verlag, 2001.

BLUMENBERG, H. *Mímesis e a reflexão contemporânea*. Rio de Janeiro: Eduerj, 2010.

BLUMENBERG, H. *Teoria da não conceitualidade*. Trad. L. Costa Lima. Belo Horizonte: Editora UFMG, 2013.

BORON, R. de. *Le Roman du graal*. Estab. e apres. B. Cerquiglini. Paris: Union Générale d'Éditions, 1981.

BOUDON, R. Les *Problèmes de la philosophie de l'histoire* de Georg Simmel: une théorie de l'objectivité en histoire et dans les sciences sociales. In: SIMMEL, G. *Les Problèmes de la philosophie de l'histoire*. Paris: PUF, 1984.

BRUNNER, O.; CONZE, W.; KOSELLECK, R. *Geschichtliche Grundbegriffe*. Stuttgart: Klett-Cotta, 1972. 5v.

BUNDY, M. W. *The Theory of Imagination in Classical and Mediaeval Thought*. Urbana: University of Illinois, 1927.

CACCIARI, M. *Ensayo sobre la crisis del pensamiento negativo de Nietzsche a Wittgenstein* (1976). Trad. R. Medina. México: Siglo Veinteuno Editores, 1982.

CASTON, V. Pourquoi Aristote a besoin de l'imagination. *Les Études Philosophiques*, v.42, jan./mar. 1997.

CERQUIGLINI, B.; GUMBRECHT, H. U. *Der Diskurs der Literatur und Sprachhistorie*: Wissenschaftgeschichte als Innovationsvorgabe. Frankfurt: Suhrkamp Verlag, 1983.

COLERIDGE, S. T. *Notebooks 1794-1803*. Org. K. Coburn, K. Nova York: Bollingen Foundation, 1957. v.1.

COLERIDGE, S. T. *Notebooks 1808-1819*. Org. K. Coburn, K. Nova York: Bollingen Foundation, 1957. v.3

COLERIDGE, S. T. On Poesy or Art. In: *Biographia Literaria* (1817). Org. J. Shawcross. Londres: Oxford University Press, 1958. v.II.

COLERIDGE, S. T. Aesthetic Essays. In: *Biographia Literaria* (1817). Org. J. Shawcross. Londres: Oxford University Press, 1958. v.II.

COLLI, G.; MONTINARI, M. (Orgs.). *Kritische Studien Ausgabe*. Munique/Berlim: Deutscher Taschenbuch Verlag/Walter de Gruyter, 1988. 15v.

COSTADURA, E. "Réalité représentée": la mimesis dans *Mimesis* d'Erich Auerbach. *Mimesis: Perspectives Allemandes*. Paris: CNRS Éditions, 2015. v.22.

COSTA LIMA, L. L'Immaginazione e suoi confini. In: MORETTI, F. (Org.). *Il romanzo: Temi, luoghi, eroi*. Turim: Giulio Einaudi Editore, 2003. v.IV.

COSTA LIMA, L. The Control of the Imagination and the Novel. In: MORETTI, F. (Org.). *The Novel*. New Jersey: Princeton University Press, 2006. v.I.

COSTA LIMA, L. *O controle do imaginário & a afirmação do romance: Dom Quixote, As relações perigosas, Moll Flanders, Tristram Shandy*. São Paulo: Companhia das Letras, 2009.

COSTA LIMA, L. (Org.). *A literatura e o leitor* (1979). Reed. rev. e ampl. Rio de Janeiro: Paz e Terra, 2011.

COSTA LIMA, L. *Frestas*: a teorização em um país periférico. Rio de Janeiro: Contraponto, 2013.

COSTA LIMA, L. *Os eixos da linguagem*. São Paulo: Iluminuras, 2015.

COSTA LIMA, L. *Melancolia*: literatura. São Paulo: Edusp, 2017.

COSTA LIMA, L. *Mímesis e arredores*. São Paulo: CRV, 2017.

DEFOE, D. The Preface. In: *Robinson Crusoe*. Org. M. Shinaghel. Nova York: Norton Company, 1994.

DELEUZE, G. Platon et le simulacre. In: *Logique du sens*. Paris: Les Éditions de Minuit, 1969.

DE MAN, P. Allegory (*Julie*). In: *Allegories of Reading*: Figural Language in Rousseau, Nietzsche, Rilke, and Proust. New Haven/Londres: Yale University Press, 1979. cap.9.

DESCARTES, R. Principia philosophiae (1696). In: *Oeuvres de Descartes*. Paris: Librairie Philosophique J. Vrin, 1996. v.VIII.

DESCARTES, R. Méditations (1647) In: *Oeuvres de Descartes*. Paris: Librairie Philosophique J. Vrin, 1996. v.IX.

DOSTOIEVSKI, F. *Gente pobre*. Trad. Fátima Bianchi. São Paulo: Editora 34, 2009.

ENGELL, J. *The Creative Imagination*: Enlightenment to Romanticism. Cambridge: Harvard University Press, 1981.

FAORO, R. O espelho e a lâmpada. In: *Machado de Assis*: a pirâmide e o trapézio. São Paulo: Companhia Editora Nacional, 1974.

FERREIRA, J. Da vida ao tempo: Simmel e a construção da subjetividade no mundo moderno. *RBCS*, v.15, out. 2000.

FIELDING, H. *The History of Tom Jones, a Foundling* (1749). Org. F. Bowers. Nova York: The Modern Library, 1975.

FOUCAULT, M. *Les Mots et les choses*. Paris: Éditions Gallimard, 1967.

FOUCAULT, M. *As palavras e as coisas*. São Paulo: Martins Fontes, 1996.

FOUCAULT, M. *L'Herméneutique du sujet*: Cours au Collège de France. Paris: Gallimard/Seuil, 2001.

FREGE, G. Über Sinn und Bedeutung (1892). In: *Ensayos de semántica y filosofía de la lógica*. Trad., intr. e notas L. M. V. Villanueva. Madri: Editorial Tecnos, 1998.

FREUD, S. Zur Psychopatalogie der Altagsleben (1901). In: *Gesammelte Werke*. Frankfurt: S. Fischer Verlag, 1969. v.IV.

FREUD, S. *Sobre os sonhos* (1901). Trad. W. Ismael de Oliveira. Rio de Janeiro: Imago, 1972.

FREUD, S. *A interpretação dos sonhos* (1900). In: *Obras psicológicas completas*. Org. Jayme Salomão. Rio de Janeiro: Imago, 1972. v.IV.

FREUD, S. *Über den Traum* (1901). In: *Obras psicológicas completas*. Org. Jayme Salomão. Rio de Janeiro: Imago, 1972. v.V.

FREUD, S. *A análise terminável e a interminável* (1937). In: *Obras psicológicas completas: Moisés e o monoteísmo, Esboço de psicanálise e outros trabalhos* (1937-1939). Org. Jayme Salomão. Rio de Janeiro: Imago, 1975. v.XXIII.

FREUD, S. *Novas conferências introdutórias à psicanálise* (1933). In: *Obras completas: O mal-estar na civilização, Novas conferências introdutórias e outros textos* (1930-1936). Trad. Paulo César de Souza. São Paulo: Companhia das Letras, 2010. v.18.

FREUD, S. *O inconsciente* (1915). In: *Obras completas*: Introdução ao narcisismo, ensaios de metapsicologia e outros textos (1914-1916). Trad. Paulo César de Souza. São Paulo: Companhia das Letras, 2010. v.12.

FREUD, S. *O eu e o id* (1923). In: *Obras completas: O eu e o id, "Autobiografia" e outros trabalhos* (1923-1925). Trad. Paulo César de Souza. São Paulo: Companhia das Letras, 2011. v.16.

FREUD, S. *O poeta e a fantasia* (1908). In: *Obras completas: O delírio e os sonhos na Gradiva, Análise da fobia de um garoto de cinco anos e outros textos (1906-1909)*. Trad. Paulo César de Souza. São Paulo: Companhia das Letras, 2015. v.8.

FREUD, S. *Estudos sobre a histeria* (1924-1934). Trad. Laura Barreto. São Paulo: Companhia das Letras, 2016.

FREUD, S. *O chiste e sua relação com o inconsciente* (1905). In: *Obras completas*. Trad. Fernando Costa Mattos e Paulo César de Souza. São Paulo: Companhia das Letras, 2017. v.7.

FREUD, S. *A negação*. In: *Obras completas: O eu e o id, "Autobiografia" e outros trabalhos* (1923-1925). Trad. Paulo César de Souza. São Paulo: Companhia das Letras, 2017. v.16.

FUHRMANN, M. Die Fiktion im römischen Recht. In: HENRICH, D.; ISXER, W. (Orgs.). *Funktionen des Fiktiven, Poetik und Hermaneutik*. Munique: Wilhelm Fink Verlag, 1983.

GALLAGHER, C. Fiction. In: MORETTI, F. (Org.). *Il romanzo: La cultura del romanzo*. Turim: Giulio Einaudi, 2001. v.1.

GASSEN, K. *Essays on Sociology, Philosophy & Aesthetics*. Org. K. W. Wolff. Nova York: Harper Torchbooks, 1959.

GERHARDT, U. Georg Simmels Bedeutung für die Geschichte des Rollenbegriffs in der Soziologie. In: BÖHRINGER, H.; GRÜNDER, H.

Asthetik und Soziologie um die Jahrhundertwende: Georg Simmel. Frankfurt: Vittorio Klostermann, 1976.

GOFFMAN, E. *The Presentation of Self in Everyday Life.* Nova York: Anchor Books, 1959.

GOFFMAN, E. *Asylums:* Essays on the Social Situation of Mental Patients and Other Inmates. Nova York: Vintage Books, 1961.

GOFFMAN, E. *Relations in Public:* Microstudies of the Public Order. Londres: Allan Lane the Penguin Press, 1971.

GOFFMAN, E. *Manicômios, prisões e conventos.* São Paulo: Perspectiva, 1974.

GOFFMAN, E. *Frame Analysis.* Londres: Penguin Books, 1975.

GOODY, J. Dall'oralità ala scrittura: Riflessioni antropologiche sul narrare. In: MORETTI, F. (Org.). *Il romanzo: La cultura del romanzo.* Turim: Giulio Einaudi Editore, 2001. v.1.

HEGEL, G. W. F. *Ciencia de la lógica* (1840). Trad. A. e R. Mondolfo. Buenos Aires: Solar/Hachette, 1968. [Ed. bras.: Ciência da lógica. Petrópolis: Vozes, 2016/2017/2018. 3v.]

HEGEL, G. W. F. *Fenomenologia do espírito* (1807). Trad. P. Menezes e K.-H. Efken. Apres. Henrique Vaz. Petrópolis: Vozes, 1992. v.1.

HEGEL, G. W. F. *Curso de estética:* o belo na arte (1832). Trad. O. Vitorino. Martins Fontes: São Paulo, 1996.

HEIDEGGER, M. *Die Frage nach dem Ding.* Tübingen: Niemeyer, 1962. [Ed. port.: Que é uma coisa? Lisboa: Edições 70, 2018.]

HEIDEGGER, M. *Nietzsche.* 5.ed. Pfullingen: Verlag Günther Neske, 1989. 2v. [Ed. bras.: Nietzsche. 2.ed. Rio de Janeiro: Forense Universitária, 2014.]

HENRICH, D. *Hegel en su contexto* (1967). Trad. J. A. Díaz. Caracas: Monte Ávila Editores, 1990.

HERDER, J. G. *Eine Metakritik zur Kritik der reinen Vernunft:* Erster Teil: Verstand und Erfahrung. In: IRMSCHER, H. D. (Org.). *Werke.* Frankfurt: Deutscher Klassiker Verlag, 1998. v.8.

ISER, W. *O fictício e o imaginário:* perspectiva de uma antropologia literária. 2.ed. Trad. Johannes Kretschmer. Rio de Janeiro: Eduerj, 2013.

JANKÉLÉVITCH, V. Introduction. In: SIMMEL, Georg. *La Tragédie de la culture.* Paris: Éditions Rivage, 1988.

KANT, I. *Kritik der Urteilskraft* (1790). Frankfurt am Main: Bibliothek Deustcher Klassiker, 1996.

KANT, I. *Crítica da razão pura* (1781). Trad. M. Pinto dos Santos e A. Fradique Morujão. 5.ed. Lisboa: Fundação Calouste Gulbenkian, 2001.

KANT, I. *Crítica da faculdade de julgar*. Trad. F. Costa Mattos. Petrópolis: Vozes, 2016.

KOSELLECK, R. Fiktion und geschichtliche Wirklichkeit (1976). In: *Vom Sinn und Unsinn der Geschichte*. Org. C. Dutt. Frankfurt: Suhrkamp Verlag, 2010.

KOSELLECK, R. Vom Sinn und Unsinn der Geschichte (1997). In: *Vom Sinn und Unsinn der Geschichte*. Org. C. Dutt. Frankfurt: Suhrkamp Verlag, 2010.

KOSELLECK, R.; DUTT, C. *Erfahrene Geschichte*: Zwei Gespräche. Heidelberg: Universität Winter, 2013.

LEFEBVRE, R. La "phantasia" chez Aristote: subliminalité, indistinction et páthologie de la perception. *Les Études Philosophiques*, jan./mar. 1997.

LÉGER, F. *La Pensée de Georg Simmel*: Contribution a l'histoire des idées en Allemagne au début du XXe siècle. Paris: Éditions Kime, 1989.

LIBERA, A. de. *La Quête de l'identité*. 2.ed. Paris: Librairie Philosophique J. Vrin, 2007.

LIBERA, A. de. *Naissance du sujet*. 2.ed. Paris: Librairie Philosophique J. Vrin, 2008. [Ed. bras.: Arqueologia do sujeito: nascimento do sujeito. São Paulo: Unifesp, 2013.]

LOCKE, J. *An Essay Concerning Human Understanding* (1690). Org. W. Benton. Chicago/Londres/Toronto: Encyclopaedia Britannica, 1952. [Ed. bras.: Ensaio sobre o entendimento humano. Trad. Pedro Paulo Garrido Pimenta. São Paulo: Martins Fontes/Selo Martins, 2012.]

LÖWITH, K. *Meaning in History*: the Theological Implications of the Philosophy of History. Chicago/Cambridge/Toronto: The University of Chicago Press, 1949. [Ed. port.: O sentido da história. Lisboa: Edições 70, 1991.]

LÖWITH, K. *De Hegel à Nietzsche*. Trad. R. Laureillard. Paris: Gallimard, 1969. [Ed. bras.: De Hegel a Nietzsche: a ruptura revolucionária no pensamento do século XX – Marx e Kierkegaard. Trad. Flamarion Caldeira Ramos e Luiz Fernando Barrere Martin. São Paulo: Editora Unesp, 2014.]

LUKÁCS, G. *Estetica: La Peculiaridad de lo estético* (1963). Trad. M. Sacristán. Barcelona/México: Ediciones Grijalbo, 1966. v.I, 2.

MALEBRANCHE, N. *De la recherche de la vérité* (1674). IN: RODIS--LEWIS, G. (Org.). *Oeuvres*. Paris: J. Vrin, 1979. v.I.

MCKEON, M. *The Origins of the English Novel 1600-1740*. Baltimore: The Johns Hopkins University Press, 1987.

MEAD, G. H. *Mind, Self & Society* (1934). Org. C. W. Morris, D. R. Huebner e H. Joas. Chicago/Londres: The University of Chicago Press, 2015.

[Ed. bras.: Mente, self & sociedade. Org. Charles W. Morris. São Paulo: Ideias & Letras, 2010.]

MELBERG, A. *Theories of Mimesis*. Cambridge/Nova York: Cambridge University Press, 1995.

MERQUIOR, J. G. *A astúcia da mimese*: ensaios sobre lírica (1972). Rio de Janeiro: Topbooks, 1997.

MONTINARI, M.; COLLI, G. (Orgs.). *Kritische Studien Ausgabe*. Munique/Berlim: Deutscher Taschenbuch Verlag/Walter de Gruyter, 1988. 15v.

MORAES FILHO, E. (Org.). *Simmel*. São Paulo: Ática, 1983. Coleção Grandes Cientistas Sociais.

NICHOLS, S. G. Erich Auerbach's Political Philology. *Critique Inquiry*, University of Chicago, v.45, 2018.

NIETZSCHE, F. *Unzeitgemässe Betrachtungen I-IV* (1873-1874): Nachgelassene Schriften 1870-1873. In: *Kritische Studien Ausgabe*. Org. G. Colli e M. Montinari. Munique/Berlim: Deutscher Taschenbuch Verlag/Walter de Gruyter, 1988. 15v, v.I.

NIETZSCHE, F. Schopenhauer als Erzieher: *Unzeitgemässe Betrachtungen III*. In: *Kritische Studien Ausgabe*. Org. G. Colli e M. Montinari. Munique/Berlim: Deutscher Taschenbuch Verlag/Walter de Gruyter, 1988. 15v, v.I.

NIETZSCHE, F. Vom Nutzen und Nachtheil der Historie für das Leben: *Unzeitgemässe Betrachtungen II*. In: *Kritische Studien Ausgabe*. Org. G. Colli e M. Montinari. Munique/Berlim: Deutscher Taschenbuch Verlag/Walter de Gruyter, 1988. 15v., v.I.

NIETZSCHE, F. *La Volonté de puissance*. Trad. G. Bianquis. Paris: Gallimard, 1995. 2t. [Ed. bras.: A vontade de poder. São Paulo: Contraponto, 2018.]

NIETZSCHE, F. *Der Wille zur Macht*: Versuch einer Umwertung aller Werte. Stuttgart: Alfred Kröner Verlag, 1996.

NOVELLO, M. *O universo inacabado*: a nova face da ciência. Rio de Janeiro: N-1 Edições, 2018.

OGDEN, C. K. *Bentham's Theory of Fictions*. Nova York: Harcourt Brace and Company, 1932.

PAIGE, N. D. *Before Fiction*: the Ancien Régime of the Novel. Philadelphia: University of Pennsylvania, 2011.

PIMENTA, O. *A invenção da verdade*. Belo Horizonte: Editora UFMG, 1999.

PLÍNIO, O VELHO. *Histoire naturelle*. Trad. J. M. Croisille. Paris: Les Belles Lettres, 1997. [Ed. bras.: História natural. Trad. Antonio Fontoura. (s.c.): (publicação independente), 2019.]

POSNER, J. Erving Goffman: His Presentation of Self. In: FINE, G. A.; SMITH, G. H. (Orgs.). *Erving Goffman*. Londres: Saged Publications, 2000. 4v, v.1.

QUINTILIANO. *Institutio oratoria*. Trad., intr. e notas Henri Bornecque. Ed. bilíngue latim-francês. Paris: Garnier, 1933. v.1.

REYES, A. *El deslinde*: prolegómenos a la teoría literaria. México: El Colegio de Mexico, 1944.

RICHIR, M. *La Crise du sens el la phénoménologie*. Grenoble: Éditions Jérôme Millon, 1990.

ROBORTELLO, F. *In librum Aristotelis de arte poetica explicationes* (1548). Munique: Wilhelm Fink Verlag, 1968.

ROSENFIELD, K. H. Uma falha na *Estética* de Hegel: a propósito de um silêncio sobre o romance de Goethe. In: *A linguagem liberada*. São Paulo: Perspectiva, 1989.

SCHLEGEL, F. Lyceums-Fragmente (1797). In: Kritische Ausgabe seiner Werke: Charakteristiken und Kritiken 1. Org. H. Eichner. Munique/Paderborn/Viena/Zurique: Verlag Ferdinand Schöningh/Thomas Verlag, 1967. v.II.

SCHLEGEL, F. Athenäums-Fragmente (1798a). In: Kritische Ausgabe seiner Werke: Charakteristiken und Kritiken 1. Org. H. Eichner. Munique/Paderborn/Viena/Zurique: Verlag Ferdinand Schöningh/Thomas Verlag, 1967. v.II.

SCHLEGEL, F. Über Goethes *Meister* (1798b). In: Kritische Ausgabe seiner Werke: Charakteristiken und Kritiken 1. Org. H. Eichner. Munique/Paderborn/Viena/Zurique: Verlag Ferdinand Schöningh/Thomas Verlag, 1967. v.II.

SCHLEGEL, F. Gespräch über die Poesie (1800). In: Kritische Ausgabe seiner Werke: Charakteristiken und Kritiken 1. Org. H. Eichner. Munique/Paderborn/Viena/Zurique: Verlag Ferdinand Schöningh/Thomas Verlag, 1967. v.II.

SCHLEGEL, F. *Conversa sobre a poesia e outros fragmentos*. Trad. Victor-Pierre Schurmann. São Paulo: Iluminuras, 1994.

SCHLEGEL, F. *O dialeto dos fragmentos*. Trad. Márcio Suzuki. São Paulo: Iluminuras, 1997.

SCHOPENHAUER, A. *O mundo como vontade e representação* (1819). Trad. M. F. Sá Correia. Rio de Janeiro: Contraponto, 2001.

SCHORSKE, C. E. *Thinking with History*: Explorations in the Passage to Modernism. New Jersey: Princeton University Press, 1998. [Ed. bras.: Pensando com a história: indagações na passagem para o modernismo. Trad. Pedro Maia Soares. São Paulo: Companhia das Letras, 2000.]

SIMMEL, G. *The Problems of the Philosophy of History: an Epistemological Essay.* Trad., introd. e org. G. Oakes. Nova York: The Free Press, 1977.

SIMMEL, G. *Les Problèmes de la philosophie de l'histoire* (1892). Intr. e trad. R. Boudon. Paris: PUF, 1984.

SIMMEL, G. La Signification esthétique du visage (1911a). In: *La Tragédie de la culture.* Org. V. Jankélévitch. Trad. S. Cornille e P. Ivernel. Paris: Petite Bibliothèque, 1988.

SIMMEL, G. Le Concept et la tragédie de la culture (1911b). In: *La Tragédie de la culture.* Org. V. Jankélévitch. Trad. S. Cornille e P. Ivernel. Paris: Petite Bibliothèque, 1988.

SIMMEL, G. Métaphysique de la mort (1910). In: *La Tragédie de la culture.* Org. V. Jankélévitch. Trad. S. Cornille e P. Ivernel. Paris: Petite Bibliothèque, 1988.

SIMMEL, G. *Gesamtausgabe.* Org. G. Oakes e K. Röttgers. Frankfurt am Main: Suhrkamp Verlag, 2000-2016. 24t.

SIMMEL, G. Eine Kritik der ethischen Grundbegriffe (1892). In: *Gesamtausgabe.* Org. G. Oakes e K. Röttgers. Frankfurt am Main: Suhrkamp Verlag, 2000-2016. 24t. v.3-4.

SIMMEL, G. Zur Psychologie der Mode: Sociologische Studie (1895). In: *Gesamtausgabe.* Org. G. Oakes e K. Röttgers. Frankfurt am Main: Suhrkamp Verlag, 2000-2016. 24t. v.5.

SIMMEL, G. Philosophie des Geldes (1901). In: *Gesamtausgabe.* Org. G. Oakes e K. Röttgers. Frankfurt am Main: Suhrkamp Verlag, 2000-2016. 24t. v.6.

SIMMEL, G. Die Probleme der Geschichtsphilosophie (1905-1907). In: *Gesamtausgabe.* Org. G. Oakes e K. Röttgers. Frankfurt am Main:- Suhrkamp Verlag, 2000-2016. 24t. v.9.

SIMMEL, G. Von Wesen der Kultur (1908a). In: *Gesamtausgabe.* Org. G. Oakes e K. Röttgers. Frankfurt am Main: Suhrkamp Verlag, 2000-2016. 24t. v.8, t.2.

SIMMEL, G. Zur Philosophie des Schauspielers (1908b). In: *Gesamtausgabe.* Org. G. Oakes e K. Röttgers. Frankfurt am Main: Suhrkamp Verlag, 2000-2016. 24t. v.8., t.2.

SIMMEL, G. Zur Metaphysik des Todes (1910). In: *Gesamtausgabe.* Org. G. Oakes e K. Röttgers. Frankfurt am Main: Suhrkamp Verlag, 2000-2016. 24t. v.12.

SIMMEL, G. *Soziologie*: Untersuchungen über die Formen der Vergesellschaftung (1911a). In: *Gesamtausgabe.* Org. G. Oakes e K. Röttgers. Frankfurt am Main: Suhrkamp Verlag, 2000-2016. 24t. v.11.

SIMMEL, G. Der Begriff und das Tragödie der Kultur (1911). In: *Gesamtausgabe*. Org. G. Oakes e K. Röttgers. Frankfurt am Main: Suhrkamp Verlag, 2000-2016. 24t. v.12.

SIMMEL, G. Der Schauspielers und die Wirklichkeit (1912). In: *Gesamtausgabe*. Org. G. Oakes e K. Röttgers. Frankfurt am Main: Suhrkamp Verlag, 2000-2016. 24t. v.12.

SIMMEL, G. *Rembrandt*: Ein kunstphilophischer Versuch (1916). In: *Gesamtausgabe*. Org. G. Oakes e K. Röttgers. Frankfurt am Main: Suhrkamp Verlag, 2000-2016. 24t. v.15.

SIMMEL, G. *Lebensanschauung*: Vier metaphysische Kapitel (1918). In: *Gesamtausgabe*. Org. G. Oakes e K. Röttgers. Frankfurt am Main: Suhrkamp Verlag, 2000-2016. 24t. v.16.

SIMMEL, G. *The View of Life*: Four Metaphysical Essays with *Journal Aphorisms* (1918). Chicago/Londres: The University of Chicago Press, 2010.

SLOTERDIJK, P. Der ästhetische Imperativ: Schriften zur Kunst. In: *The Äesthetic Iimperative*: Writings on Art. Trad. K. Margolis. Cambridge: Polity Press, 2017.

STEMPEL, W.-D. Fiktion in konversationellen Erzählungen. In: HENRICH, D.; ISER, W. (Orgs.). *Poetik und Hermeneutik*. V.X: *Funktionen des Fiktiven*. Munique: Wilhelm Fink Verlag, 1983.

STERNE, L. *The Life and Opinions of Tristram Shandy, Gentleman*. Org., introd. e notas I. Watt. Boston: Houghton Mifflin Company, 1965.

STERNE, L. *A vida e as opiniões do cavalheiro Tristram Shandy*. Trad. J. P. Paes. Rio de Janeiro: Nova Fronteira, 1984.

STERNE, L. *Tristram Shandy*. Cambridge: Cambridge University Press, 1988.

TROYES, C. de. *Yvain, le Chevalier au lion, in romans de la table ronde*. Trad., pref. e notas J.-P. Foucher. Paris: Éditions Gallimard, 1970.

VAIHINGER, H. *Die Philosophie des Als Ob*: System der theoretischen, praktischenund religiösen Fiktionen der Menschheit auf grund eines idealistischen Positivismus (1911). Aalen: Scientia Verlag, 1988.

VAIHINGER, H. *A filosofia do como se*: sistema das ficções teóricas, práticas e religiosas da humanidade, na base de um positivismo idealista. Trad. J. Kretschmer. Chapecó: Argos, 2011.

VANCE, E. Dialectics and Fictive Truth. In: *From Topic to Tale*: Logic and Narrativity in the Middle Ages. Minneapolis: University of Minnesota Press, 1987.

VASCONCELOS, S. G. *A formação do romance inglês*: ensaios teóricos. São Paulo: Hucitec, 2007.

VERNANT, J.-P. *Religions, histoires, raisons*. Paris: Librairie François Maspero/Éditions La Découverte, 1979.

WAIZBORT, L. *As aventuras de Georg Simmel*. São Paulo: Editora 34, 2000.

WOLFF, K. H. *The Sociology of Georg Simmel*. Nova York: The Free Press, 1950.

WOLFF, K. H. (Org.). *Essays on Sociology, Philosophy & Aesthetics*. Nova York: Harper Torchbooks, 1959.

WOOLF, V. *To the Lighthouse* (1927). San Diego/Nova York/Londres: Harcourt Brace Jovanovich, 1954.

WOOLF, V. *Orlando: a* Biography (1928). Londres: Penguin Books, 1965.

WOOLF, V. *Orlando*. Trad. de C. Meireles. Rio de Janeiro: Nova Fronteira, 1978.

WOOLF, V. *Mrs. Dalloway* (1925). Trad. T. Tadeu. Belo Horizonte: Autêntica, 2013.

ZAMMITO, J. H. *The Genesis of Kant's Critique of Judgement*. Chicago/Londres: University of Chicago Press, 1992.

ZINK, L. *La Subjectivité littéraire*. Paris: PUF, 1985.

ZUMTHOR, P. Et la "littérature"? Le Cas du roman: L'illusion littéraire. In: *La Lettre et la voix: De la "littérature" médiévale*. Paris: Éditions du Seuil, 1987. [Ed. bras.: A letra e a voz: a "literatura" medieval. São Paulo: Companhia das Letras, 2018.]

ÍNDICE REMISSIVO

Absoluta, metáfora, 25
Agostinho, 16, 43-4
Alcides, S., 294
Alcmaion, 266
Análise, 12, 18, 22, 33, 43-4, 48, 62,
   103, 110, 122, 130-1, 148, 151,
   163-5, 171-2, 174, 180, 182,
   194-5, 198, 202-3, 212, 228,
   231, 237, 241, 250, 286, 305-6
Analogia, 14-5, 118-9, 133, 135,
   236, 250-1
Analysis, frame, 227-31
Anderson, B., 307
Antiguidade, 16, 59, 147, 270, 275,
   278
A priori, juízo sintético, 28-9, 55, 60-
   1, 63-4, 75, 105, 116, 186, 230
Aquino, T. de, 47
Araújo, N., 23
Arendt, H., 119
Aristóteles, 13-6, 47-9, 61, 248,
   250-1, 266, 275-8

Arnaud, Antoine, 280
Associações, 181-2, 218
Ator, 126, 146, 157-8, 171-2, 175,
   221, 224, 243, 303, 307
Atribuição, sujeito da, 48
Auerbach, E., 16-8, 21
Autocentrado, sujeito, 39, 69, 93,
   110, 115, 134, 150-1, 158, 164-
   6, 169-70, 213
Autocentramento, 30, 37-8, 40,
   100, 110-1, 115, 151, 204, 213,
   216, 220, 259

Bakhtin, M., 291, 293-4, 297
Barash, J. A., 120
Bateson, G., 182, 198, 204, 213,
   219, 228, 232-4
Baudelaire, C., 27, 212, 295
Bellman, P. N., 301-2
Belo, 84, 138, 140, 231, 290
Bentham, H., 166, 266-7
Bergson, H., 262

Blumenberg, H., 13-4, 25, 114, 143, 156, 158, 251, 267
Boltraffio, 272
Borges, J. L., 28, 249
Boron, R., 299
Boticelli, 272
Boudon, R., 115, 123
Breuer, J., 151, 202
Bundy, M. W., 278-9
Burckhardt, J., 308

Cacciari, M., 102-3, 105-7
Campos, H. de, 19
Camões, L. de, 209
Caráter, 14, 18, 20-1, 23, 28, 31, 35, 38-9, 42, 63, 67, 75, 80, 85, 89, 96, 103-4, 106, 115, 119, 122-3, 130, 132, 140, 145, 179, 185, 188-91, 196, 203-4, 208, 217, 220, 227-8, 237, 243, 253, 259, 263, 266, 273, 275, 277-8, 286, 295
Caston, V., 276-8
Causalidade, 50, 63, 65, 68, 102, 117-9, 121-2, 124, 131-2, 134, 158, 169, 186, 194, 208, 229-30
Censura, 39, 146, 183-4, 186, 191, 195, 203-5, 208, 218, 253, 259, 295, 300, 302
Cerquiglini, B., 22
Chladenius, J. M., 134
Cogito, 30, 51, 54-5, 59, 61, 72, 280
Coisa, a, 20, 29, 244-6, 249, 282
Coisa-em-si, 29, 66-9, 72-3, 103-4, 229, 267-8
Conceito, 12, 14, 19, 23-4, 27, 29, 35, 59-60, 62-4, 67, 69, 80, 83, 85, 86, 102-4, 113, 122, 129, 131-2, 134-5, 139, 144-6, 148-9, 152, 154-7, 159-61, 166, 171, 173, 176-7, 202, 229-31, 243, 246-9, 254, 256, 267-8, 270, 281, 290, 294-5
Conceitual e metafórico, eixos, 23, 25
Conhecimento, teoria do, 23, 30, 38, 56, 107, 121, 124-5, 213, 242, 267, 269, 273
Consciência, 19-21, 26, 57-8, 60, 66-9, 71, 83-4, 89, 104, 117, 121-3, 127, 134, 141, 150-2, 166-71, 174, 181, 190-2, 194-5, 198-9, 204-8, 210, 213, 215, 220, 232, 234, 269, 283, 289, 300, 307
Contradição, 27, 33, 83, 85, 87, 92, 95, 98, 104, 148-9, 158-9, 165, 189-91, 194, 220, 244, 251-2, 292-3, 299, 304
Controle, 39, 66, 182, 188, 190, 194, 203-4, 208, 210, 253-5, 258, 262, 275, 291-307
Costadura, E., 16
Cristianismo, 42-4, 86-7, 92, 96-7, 100, 251, 278, 280, 282, 285

Dante A., 16, 278-9
Defesa, mecanismo de, 198
Defoe, D., 255, 301, 303
Deleuze, G., 263
De Man, P., 254
Derrida, J., 21
Descartes, R., 46-7, 49, 51-7, 59, 280, 307
Deslocamento, 125, 145, 183, 186, 268
Discursiva/o, forma, formação, leque, 128, 134, 142, 168-70, 239-41, 268
Dostoievski, F. M., 35-6
Durkheim, É., 219

Efeito, estética do, 22
Einstein, A., 176
Eliot, T.S., 18
Em-si, 29, 33, 82, 142, 152, 169
Essência, 19-21, 24, 29, 45-6, 49, 50-1, 55, 63-4, 67, 73, 93, 105, 149, 161, 241-2, 244-5, 248, 259, 270, 273
Eu, centralidade e subjetividade, 49
Eu, consciência da afirmação, coerência do, função do, 54, 173, 37, 71, 173, 195
Externa, ficção, 222, 256-7, 262-5, 271

Ferreira, J., 109
Ficção, ficcionalidade, 12, 14, 19, 28, 34, 37, 50-1, 54, 129, 152, 166-9, 171-2, 175, 186, 195, 199, 204, 206, 2017-9, 222, 231, 233, 235, 240-1, 247, 252-9, 261-71, 273, 293, 297-303, 307
Fichte, J. G., 29, 220, 283, 287
Fielding, H., 304-5
Figura, 16-7, 23, 27, 60, 69, 92, 129, 219, 230, 243, 249, 264, 281
Finalidade, forma da, 228-9, 234
Foucault, M., 21, 40, 43-4, 236, 244, 249
Fraturado, sujeito, 39, 115
Frege, G., 246-9
Freud, S., 30, 73, 121, 151, 166, 168, 173, 179-87, 190-3, 195-7, 199-203, 207-9, 212, 217, 220, 231-2, 262, 272-3
Fuhrmann, M., 265, 270

Gallagher, C., 235, 255-6
Gassen, K., 110
Gênio, 28, 70-1, 77, 84, 281, 283

Gerhardt, U., 172-4
Godzich, W., 243
Goffman, E., 213, 219-22, 224-28, 230-1, 233
Guedes, A. G., 149
Gumbrecht, H. U., 243

Hansen, J. A., 296
Hauser, A., 237
Hegel, G. W. F., 16-7, 19, 21, 29-30, 37, 62, 95, 101, 103-4, 110, 134, 181, 212-3, 220, 239, 285, 287, 289-91, 297
Heidegger, M., 45-6, 49-50, 78, 81, 91, 101, 106, 107, 119, 161, 244, 246, 248, 250, 270
Henrich, D., 239
Herder, J. G., 62, 64, 72
História, espécies de, 79
História, filosofia da, 116, 119, 285
História e narração, 128-30, 257
Histórico, materialismo, 135, 239
Historie e *Geschichte*, 31-2, 142
Hume, D., 56
Husserl, E., 31

Ideia, 14, 20, 22, 51-7, 69-70, 81, 102, 111, 115, 139, 141, 146, 174, 187-8, 192, 205-6, 232, 263, 268-70, 279, 282, 284, 294, 297-8, 304
Ideias, lei do deslocamento das, 268
Ilusão, mecânica da, 20
Imagem, 15, 51-2, 66, 73, 82, 121, 123, 125, 127, 139, 149, 151, 157, 161-2, 176, 183-4, 199-200, 202-3, 205-7, 215, 218, 221, 252, 263, 276, 278-9, 283-4, 294, 296, 307

Imaginação, imaginário da/o, 39, 51-2, 56-7, 203, 209, 255, 258, 271, 275-85, 291-2, 294-6, 298, 302-3, 306-8
Imitatio, 11, 15, 17, 19, 25-6, 28, 35, 43, 69-70, 225, 234, 238, 263, 278, 283-5, 295-6
Inconsciente, conceito, domínio, 83, 152, 182-7, 189, 190-2, 194-5, 199-200, 204, 206, 208, 231, 234, 283
Inerência, sujeito da, 48
Invertida, imitação, 71
Investimento, primário e secundário, 206
Irreal, concretização do, 209
Iser, W., 22, 166-8, 243, 260, 262, 265-6, 268, 270, 306

James, W., 212, 27,
Jankélévitch, V., 154
Jauss, H. R., 22
Jogo, 87, 208-9, 216-7, 220, 232-4, 251, 253, 255, 261, 288
Joyce, J., 18, 19, 27

Kafka, F., 27
Kant, I., 29, 55-7, 59, 60-3, 65-6, 68-9, 72-3, 75-6, 103-4, 110, 116-8, 123, 137-8, 141, 144, 164-5, 169, 175, 181, 186, 208, 217, 228-9, 234, 239, 281, 283
Kantiano, antropológico, 61
Koselleck, R., 31-4, 37, 128-9, 242, 262

Lancelot, 280
Landman, M., 115
Laue, M. v. der, 176
Lefebvre, R., 278

Léger, F., 110.
Lei, tematização da, 131
Leiga, mística, 69, 72
Libera, A. de, 46-9, 57, 59
Liberdade, 77, 122, 132, 143, 150, 156, 164, 172, 256, 305
Libido, 188
Locke, J., 55-7
Lógica, 75, 82, 95, 102-6, 137, 141, 176-7, 299
Löwith, K., 31, 100-1
Luckmann, T., 227
Lukács, G., 237-9
Lucrécio, 16

Malebranche, N. de, 280
Mallarmé, S., 19, 27
Mann, T., 27
Mckeon, M., 304, 306
Mead, G. H., 213-6, 218, 232-3
Mediático/o, cunho, rede, 110, 115
Melberg, A., 16, 262-3
Melville, H., 212
Mercado, sociedade de, 220
Merquior, J. G., 11, 12
Metafísica, 49-50, 101, 160, 165
Metodológico, individualismo, 116
Metternich, K. v., 285
Mímema, 12, 19, 23, 25, 27, 34, 69, 238, 244, 259, 261
Mímesis, 11-9, 21-3, 27-8, 30, 34-5, 43, 69-70, 166, 180, 210, 225, 234-5, 238-9, 243-4, 248-9, 251-2, 259, 262-3, 273, 275, 278, 283, 295
Montinari, M., 80
Moraes Filho, E., 109
Moretti, F., 275

Narrativa, 18-9, 25-7, 32-3, 35-7, 130, 134, 186, 252, 256-8, 262, 272, 298-9, 302, 304, 306

Negação, 29, 37, 74-5, 92, 98, 103-5
Newton, I., 125
Nichols, S. G., 16
Nicole, N., 280
Nietzsche, F., 62, 75-82, 84, 86-95, 99-101, 103-5, 107, 163, 212
Niilismo, 87, 96-9, 101-3
Novello, M., 124

Objetivo, paradigma, 31
Outro, figuração do, 73-4

Paige, N. D., 252-5
Parsons, T., 172-3
Performático/ativo, 22, 111, 221
Personalidade, 89, 93, 116, 119-21, 123, 126, 138, 147-9, 153-4, 160, 166, 173, 200, 222
Physis, 13, 16, 23, 31, 240, 278
Platão, 40, 69-70, 100, 139, 262
Platônica, posição, 15, 262
Poe, E. A., 27, 212
Poiesis, 14, 26, 244, 248, 252, 254, 256, 259
Posner, J., 224, 226
Potência, vontade de, 80-8, 92, 95-6
Pound, E., 18
Pré-consciente, 183, 186, 188, 190-2, 194-5, 206-7
Profano, transcendentalismo, 163

Quintiliano, 265

Rabelais, F., 300
Ranke, L. v., 37, 121, 124, 134
Razão, faculdade da, princípio da, 63, 65, 68, 75
Realismo, princípio do, 238
Recepção, estética da, 21

Relativismo, para Simmel, 145-6, 160, 175-6
Rembrandt, 112-3, 155-7, 160-1
Representação, 12, 31, 45, 50, 55, 57-8, 61-3, 65-7, 73-5, 102, 117-8, 122-6, 132, 136, 139, 142-4, 149-50, 152, 157, 162, 187, 192, 205, 228-31, 241, 247, 259, 278, 290, 295, 304
Repressão, 107, 187, 190-1, 196, 204
Retorno, eterno, 100, 101
Reyes, A., 11-2
Richardson, S., 253
Richir, M., 31
Rickert, H., 145-6, 160, 163, 175-6
Robortello, F., 15, 296
Romance, 18, 27-8, 35, 195, 252-3, 255-6, 258, 285-9, 291-4, 296-7, 299-307
Rosenfield, K., 291
Rousseau, J.-J., 110, 254

Santayana, G., 219, 221
Saussure, F. de, 18, 23
Schelling, F. W. J., 29, 181, 220, 283
Schleiermacher, F. D. E., 202
Schopenhauer, A., 62-6, 68-70, 72-8, 84-7, 163, 212
Schorske, K., 24
Secundária, elaboração, 184-5
Semelhança e diferença, 13, 23, 25-6, 259
Sensorial, imagem, 206
Sentido, falta de, 35, 98, 129
Signorelli, 272
Simmel, G., 30, 51, 109-27, 129-34, 137-9, 141-6, 149-67, 170-6, 212-13, 220, 225-6
Sloterdijk, P., 261

Smollett, T. G., 303-4
Sofistas, 94, 100
Sonho, 173, 181-2, 184-6, 194-5, 199-206, 217, 227, 232, 243, 273, 276, 300
Spitzer, L., 21
Starobinski, J., 19
Stempel, W.-D., 240-1, 243
Sterne, L., 306
Stevens, W., 209
Subjetivo, paradigma, 15, 28, 30, 65, 110, 122
Substância, como sujeito e inerência, 47, 49, 57-9, 61
Sujeito, 12, 15, 19-20, 28-31, 39-40, 44-50, 55, 57-62, 65-75, 78-9, 86, 88, 93, 99-100, 102, 104-5, 109-11, 115-6, 118, 120, 122, 132, 134, 137-8, 140-5, 147, 150-1, 153, 155, 158, 160, 164-6, 168-70, 172, 174, 187, 189, 195, 201, 207, 213, 224, 228, 230, 258-9, 267, 271, 273, 282-3, 289-90, 297-8, 306
Sully, J., 173, 200
Superego, 194, 196-7

Teórico, pensamento, 180
Textual e sociológico, modelos, 22
Total, instituição, 223, 225
Troca, 138, 140, 143, 145, 147, 158, 173, 250, 264
Troyes, C. de, 299-300
Twain, M., 212

Ungaretti, G., 159

Vaihinger, H., 166-7, 267-9
Valor, julgamento de, 87, 92
Vance, E., 298-9
Velho, Plínio, o, 295-6
Verbal, signo, arbitrariedade do, 18, 32
Verdade, pressuposto da, 114, 175
Vernant, J.-P., 263
Vida, 25, 35-7, 41-2, 51, 70, 72-4, 78-80, 85-6, 90-1, 100, 111-3, 116, 188-9, 122, 127-9, 132, 135, 144, 147-8, 151, 153-8, 160-1, 163-4, 170, 173, 182, 190-1, 198-9, 202, 204, 206-9, 222-6, 232, 243, 250, 257-8, 264, 266, 269, 271, 286, 288-9, 304, 306
Visual, cena, 199, 220-1
Vitalismo, 110, 112, 156, 160, 163-5, 213, 220, 225
Vontade, império da, 66
Vossler, K., 21

Wagner, R., 77, 85, 87
Waizbort, L., 109, 115, 119, 154, 165
Weber, M., 237
Wolff, K., 110, 149
Woolf, V., 18-9, 27, 36, 168, 175
Würzbach, F., 81

Zammito, J. H., 281
Zink, V., 297-8
Zumthor, P., 291-2, 298

SOBRE O LIVRO

Formato
14 x 21 cm

Mancha
23,7 x 41,6 paicas

Tipologia
adobe jenson 11/14

Papel
off-white 80 g/m² (miolo)
cartão supremo 250 g/m² (capa)

1ª edição editora unesp: 2021

EQUIPE DE REALIZAÇÃO

edição de texto
Silvia Massimini Felix (copidesque)
Fábio Fujita (revisão)

capa
Quadratim Editorial

editoração eletrônica
Sergio Gzeschnik

assistência editorial
Alberto Bononi
Gabriel Joppert

Impressão e Acabamento